누구나 알기 쉬운

유학교양선집

유학 교양 교재 **4**

누구나 알기 쉬운
유학교양선집

김인규 엮음 · 어약 감수

성균관대학교
출 판 부

감수사 監修辭

　유학은 중원 대륙의 황하 문명을 중심으로 고대부터 동양권의 전통 학문이자 정신 문화이다. 중원 지방에서 극동을 거쳐 한반도에 이르기까지 민족은 다르지만 역술, 의약, 문화, 정치, 의례, 종교 등 사회 전반에 걸쳐 영향이 미치지 않은 곳이 없다.

　춘추시대 공부자가 유학을 집대성함으로부터 체계화되고 대중화되었으며 한 대(漢代)에 걸쳐 완성되었고, 1000여 년이 지난 송 대(宋代)에 와서 6현에 의하여 최고도로 융성하였으며, 우리나라는 고구려 소수림왕(372년)이 국내성에 태학(太學)을 설립하여 처음으로 유학을 교육하기 시작하였다. 조선조에 태조대왕(1392년)이 유학을 새로운 정치이념으로 수립하면서 우리 민족의 일상 문화로 자리 잡기에 이르렀으며 세종대왕(1446년)에 이르러 집현전을 열고 학문을 연구하며 비로소 훈민정음을 반포함으로써 우리의 영원한 문자를 소유하여 세계 속에 단일 민족으로 단일 문자를 갖는 자긍심을 갖게 되었다. 그때부터 문자는 달라졌지만 계승해 온 정신 문화만큼은 유학 사상이 우리 생활 속에 깊숙이 자리 잡고 있는 것이다.

　유학교양선집을 살펴보면 명심보감은 명대(明代)에 범립본이 옛 성현의 소중한 말씀을 편집하여 어린이들을 교육하였으며 마음을 밝게 하는 보배스럽고 귀감이 되는 교양서라고 할 수 있다.

　소학은 송 대(宋代)에 주자가 제자인 유자징에게 저술하도록 하였으며 기본 예절과 모범 사례로 도덕성을 배우는 인성교육 교재라고 할 수 있다.

　대학은 본래 『예기』 속에 있는 49편 중 42번째 편으로서 송 대(宋代)에 주자가 경문(經文)과 전문(傳文)으로 나누고 대학장구(大學章句)를 지었으며 자기수양(修己)과 대인관계(治人)를 정립하는 처세학이라고 할 수 있다.

사기열전은 한 무제(BC.126) 때에 태사령인 사마천이 황제(黃帝)로부터 한 무제에 이르기까지 중요 인물들의 전기(傳記)를 기록한 사기(史記) 5부 중의 한 가지이다.

논어는 공자(BC. 551~479)가 제자들과 문답한 내용을 제자인 증자와 유약의 문인들이 저술하였다고 하며 성실(忠)과 배려(恕)로 자기 성취와 관계 조화를 실현하는 인(仁)의 철학서라고 할 수 있다.

맹자는 맹가(BC. 372~289)가 제후 및 제자들과 문답한 내용을 제자인 만장과 공손추와 함께 저술하였다고 하며 부동심(不動心)과 호연지기(浩然之氣)로 왕도정치와 정의사회를 구현하는 의(義)의 철학서라고 할 수 있다.

중용은 본래 『예기』 속에 있는 49편 중 31번째 편으로서 공자의 손자인 자사의 저술이라고 하며 주자가 중용장구(中庸章句)를 지었고, 천도(天道)와 인도(人道)로써 중화(中和) 사상을 구현하는 성(誠)의 철학서라고 할 수 있으며 대학, 논어, 맹자, 중용을 사서(四書)라고 부르게 되었다.

『손자병법』과 『육도』와 『삼략』은 춘추전국시대의 병법서로서 『오자』와 『사마법』과 『울료자』와 『이위공문답』과 함께 무경칠서(武經七書)라고 한다.

이와 같이 유학의 핵심 고전을 누구나 알기 쉽게 편집하여 유학교양교재 시리즈 형식으로 3권이 출간되었지만 한문에 익숙하지 않은 세대를 위하여 3권을 1권으로 묶어 순수한 우리말로 편집하였으니 남녀노소 누구라도 유학의 경이로운 교양을 체득하고 정의롭고 아름다운 도덕사회가 실현될 수 있기를 간절히 바라면서 유학대학원 동양문화고급과정 김인규 동문의 오랜 정성과 노고에 거듭 격려의 마음을 전하면서, 감수한 유학교양선집이 온 국민의 새로운 가치관 형성과 성숙된 인격도야에 소중한 교양서가 되기를 바란다.

2013. 8.
성균관장 직무대행 어약

유학교양선집을 내면서

유학이란 동아시아의 반만년 역사와 문화를 아우르는 학문이자 동양인의 사상이다. 우리나라는 일찍부터 고구려 소수림왕 2년(372)에 국내성에 태학(太學)을 세우고 젊은이들을 교육하였으며 또 신라 신문왕 2년(682)에 국학(國學)을 설립하였고 다시 고려 성종 11년(992)에 국자감(國子監)을 설립하였다가 충선왕 때에 성균관으로 명칭을 바꾸었으며 조선 시대 태조가 서울 한성부 명륜동에 성균관을 건립(1398년)하여 19세기까지 준수한 인재들을 양성하여 문화 창달에 공헌을 하였다.

이토록 동양문화(유학)가 민족 정신과 미풍양속에 끼친 교화가 지극함에도 불구하고 급변하는 세계정세 속에 1960년대 대학 전공을 제외한 일반 국민들의 한자 교육과 사용이 단절되어 현재까지 지속되고 있다.

그러나 이제부터는 도덕성을 바탕으로 한 가치관의 정립과 현대 과학 물질 문명과의 조화와 균형을 이루고 미래 지향적인 길로 나아가야 한다. 세계 모든 나라가 한결같이 경제적 이익만을 추구하고 있지만 유구한 역사와 전통을 이어온 우리 대한민국은 예로부터 동방예의의 나라로 불리어왔다. 때문에 우리가 소중하게 생각하고 사명감을 다해야 한다.

물질적인 경제 풍요를 유지하고 정신적인 가치관과 인격 도야에 정진한다면 분명코 세계 속에 선망의 나라로 부각되어 아름다운 동양 문화를 본받으려고 할 것이다. 경제 풍요란 보편성에 도달하면 더 이상의 것은 그리 소중하지 않다. 오히려 최고만을 지향하다 보면 도의를 저버리게 되고 주변의 경계심과 증오 대상이 될 뿐이다.

사람다움을 추구하는 정신 문화가 국민의 정서와 행복 정서에 미치는 영향은 그 무엇과도 대신할 수 없으므로 국가적인 차원에서 온 국민 새마음 갖기 운동을 전개해서 살기 좋은 아름다운 사회를 이룩하는 것이 민족 통일을 앞당길 수 있는 계기도 될 수 있는 것이다.

이토록 아름다운 금수강산에 아름다운 문화만 정착시키면 금상천화인데 이미 갖춰진 것을 잃는다는 것은 미래를 못 보는 현명하지 못한 어리석음인 것이다. 평화와 미풍양속이 유행하는 아름다운 나라로 도약할 수 있는 길은 오직 국민화합이자 대통합이므로 지향하는 목적이 같으면 겸양지덕으로 포용력을 발휘해야 한다. 위와 아래가 하나이고 동서가 하나이고 남북이 하나여야 한다. 분열은 소모와 파멸을 가져오기 때문에 유학은 중화(中和) 사상을 가치고 삼으며 이것이 홍익인간(弘益人間)의 민족정신과도 일맥상통한다.

그리하여 유학은 지혜와 교양에 가깝고 도학은 양생과 수양에 가깝고 종교학은 평온과 기복(祈福)에 가깝다고 볼 수 있다.

더욱이 유학은 종교성이 다소 있지만 절대적 종교가 아니며 한민족의 정신문화를 계승해 온 학문으로서 종교로 인도하는 과오는 범하지 않아야 한다. 바로 그 순간부터 유학의 나아갈 길을 스스로 좁혀 놓는 결과를 초래하기 때문이다.

그러므로 우리 정신 문화에 익숙한 유학 사상의 본질을 올바르게 이해하기 위하여는 성현의 경전을 익히 알고 실천할 수 있어야 하며 그토록 방대하고 어렵게만 생각되는 경전을 조금이나마 누구나 알기 쉽게 접근해서 대중적인 교양교재로 한걸음 다가가서 진정으로 이 사회에 숭고한 유학 사상을 뿌리 내리기 위하여 고심한 결과물이 명심보감과 소학대학과 논어맹자선집을 유학교양교재 시리즈 형식으로 출간하였으나 한동안 한자 교육이 단절되었던 점을 감안하여 다시 세 권을 한 권으로 묶어 순수한 우리말로 한문에 익숙하지 않은 사람들을 위하여 어느 누구라도 성현의 말씀과 도덕성을 바탕으로 한 21세기에 필요한 정신 문화 함양과 가치관 정립에 다소의 도움이 되기를 바라면서 많은 관심과 애정 속에 교양서로 발돋움할 수 있기를 바라는 마음 간절하다.

아울러 이 책을 발간하는 데 처음부터 격려하여 주시고 감수하여 주신 어약 성균관 장님께 높고 깊은 은혜의 말씀을 올립니다. 성현의 말씀을 옮기는 데 대중화를 목적으로 참람된 점이 많은 줄 알지만 고명하신 석학존현의 넓은 양해와 아낌없는 충고를 기대합니다.

2013. 8.

성균관대학교 유학대학원 동양문화고급과정 연구원 김인규

● 차 례

우리나라 왕위 연보

대	신라 BC 57~935		고구려 BC 37~668		백제 BC 18~660		고려 918~1392		조선 1392~1910	
1	박혁거세	BC 57	고주몽	BC 37	온조왕	BC 18	왕건	918	李成桂	1392(6년)
2	남해차차웅	4	유리왕	BC 19	다루왕	28	혜종	943	定宗	1398(2년)
3	유리이사금	24	대무신왕	18	가루왕	77	정종	945	太宗	1400(18년)
4	탈해이사금	57	민중왕	44	개루왕	128	광종	949	世宗	1418(32년)
5	파사이사금	80	모본왕	48	초고왕	166	경종	975	文宗	1450(2년)
6	지마이사금	112	태조대왕	53	구수왕	214	성종	981	端宗	1452(3년)
7	일성이사금	134	차대왕	146	사반왕	234	목종	997	世祖	1455(13년)
8	아달라이사금	154	신대왕	165	고이왕	234	현종	1009	睿宗	1468(1년)
9	벌휴이사금	184	고국천왕	179	책계왕	286	덕종	1031	成宗	1469(25년)
10	내해이사금	196	산상왕	197	분서왕	298	정종	1034	燕山	1494(12년)
11	조분이사금	230	동천왕	227	비류왕	304	문종	1046	中宗	1506(38년)
12	첨해이사금	247	중천왕	248	계왕	344	순종	1083	仁宗	1544(1년)
13	미추이사금	262	서천왕	270	근초고왕	346	선종	1083	明宗	1545(22년)
14	유례이사금	284	봉상왕	292	근구수왕	375	헌종	1094	宣祖	1567(41년)
15	기림이사금	298	미천왕	300	침류왕	384	숙종	1095	光海	1608(15년)
16	흘해이사금	310	고국원왕	331	진사왕	385	예종	1105	仁祖	1623(26년)
17	내물마립간	356	소수림왕	371	아신왕	392	인종	1122	孝宗	1649(10년)
18	실성마립간	402	고국양왕	384	전지왕	405	의종	1146	顯宗	1659(15년)
19	눌지마립간	417	광개토대왕	391	구이신왕	420	명종	1170	肅宗	1674(46년)
20	자비마립간	458	장수왕	413	비유왕	427	신종	1197	景宗	1720(4년)
21	소지마립간	479	문자명왕	492	개로왕	455	희종	1204	英祖	1724(52년)
22	지증왕	500	안장왕	519	문주왕	475	강종	1211	正祖	1776(24년)
23	법흥왕	514	안원왕	531	삼근왕	477	고종	1213	純祖	1800(34년)
24	진흥왕	540	양원왕	545	동성왕	479	원종	1259	憲宗	1834(15년)
25	진지왕	576	평원왕	559	무녕왕	501	충렬왕	1274	哲宗	1849(14년)
26	진평왕	579	영양왕	590	성왕	523	충선왕	1298	高宗	1863(44년)
27	선덕여왕	632	영류왕	618	위덕왕	554	충숙왕	1313	純宗	1907(3년)
28	진덕여왕	647	보장왕	642	혜왕	598	충혜왕	1330	〈27대 518년간〉	
29	태종무열왕	654	〈28대 705년간〉		법왕	599	충목왕	1344		
30	문무왕	661			무왕	600	충정왕	1349		
31	신문왕	681			의자왕	641	공민왕	1351		
32	효소왕	692			〈31대 678년간〉		우왕	1374		
33	성덕왕	702					창왕	1388		
34	효성왕	737					공양왕	1389		
35	경덕왕	742					〈34대 474년간〉			
36	혜공왕	765								

37	선덕왕	780	41	헌덕왕	809	45	신무왕	839	49	헌강왕	875	53	신덕왕	912
38	원성왕	785	42	흥덕왕	826	46	문성왕	839	50	정강왕	886	54	경명왕	917
39	소성왕	799	43	희강왕	836	47	헌안왕	857	51	진성여왕	887	55	경애왕	924
40	애장왕	800	44	민애왕	838	48	경문왕	861	52	효공왕	897	56	경순왕	927

〈56대 992년간〉

유학 도통의 성현 시호

춘추시대 오성(五聖)

1. 大成至聖文宣王	공자(孔子)	BC 551	유학을 창시한 성인 『춘추』 저술(유학집대성)
2. 復聖公	안자(顔子)	BC 513	인(仁)을 실천한 공자 제자 72현 중 수제자
3. 宗聖公	증자(曾子)	BC 506	증자와 유자가 논어 편집 『대학』과 『효경』 저술
4. 述聖公	자사(子思)	BC 492	공자의 중용사상 계승 『중용(中庸)』 저술
5. 亞聖公	맹자(孟子)	BC 372	공손추 만장과 맹자 저술 성선설(性善說) 제창

송나라 육현(宋朝 六賢)

1. 道國公	주돈이(周惇頤)	1017	염계(濂溪) 송대(宋代) 성리학의 비조(鼻祖)
2. 豫國公	정호(程顥)	1032	명도(明道) 성리학
3. 洛國公	정이(程頤)	1033	이천(伊川) 『주역전(易傳)』 저술
4. 新安伯	소옹(召雍)	1011	강절(康節) 성리학(數철학)
5. 郿伯	장재(張載)	1027	횡거(橫渠) 기질지성(氣質之性)을 본연지성(本然之性)으로(氣철학)
6. 徽國公	주희(朱熹)	1130	회암(晦庵) 『사서집주』『근사록』 저술(성리학 집대성)

우리나라 십팔현(我國 十八賢)

1. 弘儒侯	설총(薛聰)	650	빙월당(氷月堂), 신라시대 국학(國學) 세움
2. 文昌侯	최치원(崔致遠)	857	고운(孤雲), 신라 유학자 경주최씨 시조(始祖)
3. 文成公	안향(安珦)	1243	회헌(晦軒), 고려 유학자 주자학 도입
4. 文忠公	정몽주(鄭夢周)	1337	포은(圃隱), 지방에 향교를 세워 유학 진흥
5. 文敬公	김굉필(金宏弼)	1454	한훤당(寒暄堂), 소학의 생활규범 실천에 역점
6. 文獻公	정여창(鄭汝昌)	1450	일두(一蠹), 성리학 계승
7. 文正公	조광조(趙光祖)	1482	정암(靜庵), 지치(至治)주의 개혁정치 주장
8. 文元公	이언적(李彦迪)	1491	회재(晦齋), 민본사상의 도덕정치 주장
9. 文純公	이황(李滉)	1501	퇴계(退溪), 주자학 계승(영남학파) 理氣이원론 주장
10. 文正公	김인후(金麟厚)	1510	하서(河西), 주자학 계승
11. 文成公	이이(李珥)	1536	율곡(栗谷), 『격몽요결』 저술(기호학파) 理氣일원론 주장
12. 文簡公	성혼(成渾)	1535	우계(牛溪), 사단칠정론으로 유학사상 고취
13. 文元公	김장생(金長生)	1548	사계(沙溪), 예학으로 가례(家禮) 보급에 공헌
14. 文烈公	조헌(趙憲)	1544	중봉(重峰), 진충보국의 의리정신 실천에 역점
15. 文敬公	김집(金集)	1574	신독재(愼獨齋), 예학(禮學)의 기본 정립
16. 文正公	송시열(宋時烈)	1607	우암(尤庵), 북벌과 백성을 위한 정치 주장
17. 文正公	송준길(宋浚吉)	1606	동춘당(同春堂), 생활예절 발전에 공헌
18. 文純公	박세채(朴世采)	1631	남계(南溪), 사제(師弟)관계와 교류에 역점

1. 명심보감 明心寶鑑

마음을 밝게 하는 보배스럽고 귀감이 되는 교양서

『명심보감』서문

　대체로 사람이 이 세상에 존재하며 중국에 태어나 살면서 3재(하늘·땅·사람)의 덕을 받고 만물의 영장이 되었으니 천지가 덮어주고 실어주며 해와 달이 비쳐준다. 자연의 기후와 풍토 속에 부모가 나를 낳아주시고 성현이 교훈을 드리워 가르침을 배우는 사람들을 공통된 도리로 우선하게 하였으니 널리 배우지 않으면 널리 알 수가 없고 마음이 밝지 않으면 본성을 볼 수가 없다. 비록 살면서 그것을 아는 사람이 있었지만 요즈음 세상에는 매우 드물며 옛적에 하나라의 우왕은 착한 말을 듣게 되면 반가워 수레에서 내려와 절하였다고 하니 어찌하여 하물며 보통사람에 있어서랴!

　지난 옛적에 성현이 남긴 기록과 경서의 모든 말이 오직 사람들을 가르쳐 착하게 살라고 하였던 것은 인의예지의 법도를 세우려고 한 것이다.
　군자와 소인의 품계를 나누고 현인과 어리석은 사람의 계층을 분별하며 선과 악의 차별을 분별짓는 것이다.
　대체로 경서를 만들 때에 유익한 말과 선행이 매우 많았지만 요즈음 사람들이 익히고 행하는 것을 보기가 적은 것은 게을리 하기 때문일 것이다.

　하물며 지금 배우는 사람들은 문학과 예능 배우는 것은 우선으로 삼고 지나치지 않으면서 덕행 배우는 것은 우선으로 삼지 않으니 근본을 위하는 것이 세상에 권장하기 가까운 일이지만 세상일 밖의 선 닦기를 권장함은 많고 따라서 마땅이 행동하여야 하는 선 실천하기를 권장함은 적으니 그 옛적에 현인의 글과 책을 받들어 다시 이에 세상에 퍼뜨리고 전하게 되었다.

지금 군자의 훌륭한 말 듣기 좋아하는 것 보기를 기이하다고 생각한다면 고금의 중요한 말은 없어지고 말 것이다.

이런 까닭으로 사람들로 하여금 미혹하는 마음을 적게 하고 성현의 일상생활에 쓰이는 중요한 도리를 알려주려고 하는 것이니 마음을 살피고 분수 지키기를 좋아하지 않음에 이르러서는 난동을 강행하게 되고 나쁜 행동을 일삼게 된다.

대체로 선이나 악을 행하면 재앙이나 복이 응당 보답이 분명하며 부귀와 빈곤과 성패와 흥망이 꿈과 같을 것이니 시시각각으로 마땅히 아침저녁으로 예측하지 못한 일 예방하기를 약한 얼음을 밟는 것같이 하고 항상 일념으로 살피게 되면 중정(中正)과 공평(公平)에 빗나감이 자연 영원히 그칠 것이다.

엎드려 살펴보건대 태상감응편에 이르기를 그러므로 선량한 사람은 선만을 말하고 보여주고 행동하여 세 가지로 선행을 하였으니 삼 년이면 하늘이 반드시 복을 내려주고 흉악한 사람은 악만을 말하고 보여주고 행동하여 하루에 세 가지로 악행을 하였으니 삼 년이면 하늘이 반드시 재앙을 내려주니라. 절효 서 선생이 말하기를 착한 일만을 말하고 행동하며 생각할 것이니 이와 같이 하고서 군자 되지 않는 사람은 아직 없었고 착하지 못한 일만을 말하고 행동하며 생각하였으니 이와 같이 하고서 소인 되지 않는 사람은 아직 없었다.
언급하면 선행만을 말하는 사람은 사람의 착한 마음을 감동시켜 일으킬 수 있고 악행만을 말하는 사람은 사람의 뛰어난 생각을 경계하여 조심하게 한다.

이런 까닭으로 선배들을 불러 모시고 이미 풍속으로 통용되는 모든 책의 중요한 말과 존현 가르침의 훌륭한 말씀을 알리려고 한 계보로 만들어서 명심보감이라고 하였으니 현인들이 다행히도 심심히 받아들였고 또한 그들의 어린 자제들을 가르쳤으며 풍속과 교화를 돈후하게 하는 데 보탬이 있어서 여러 가지 악행들이 일어나지 않았으며 여러 가지 선행들이 받들어 행해졌고 그 뜻을 유념하여 각자의 마음을 살피었고 자연히 언행을 돌아보게 되었으며 관습으로 친숙하게 의심 없이 실천할 수 있게 되었으니 어떻게 어긋나고 그릇됨을 따르기야 했겠으리오!

홍무 26년 계유(1393) 2월 16일에 무림의 후학도 범립본은 머리말을 적노라.

신묘 정월 16일에 춘포 **김인규** 번역

1. 계선편(繼善篇) | 선행을 계속하는 글

1 　공자가 말씀하시기를 "착한 일을 하는 사람은 자연적 복으로 보답이 오고, 착하지 않은 일을 하는 사람에게는 자연적 재앙으로 보답이 온다."

　　역주　子_ 부자(夫子)의 줄임말로 스승을 가리키며 공자(孔子, B.C. 551~479)를 높여 부른 것이다. 춘추시대 노(魯)나라의 대학자로, 유학(儒學)의 종사(宗師)이며 이름은 구(丘)이고 자는 중니(仲尼)이다.

　　天_ 1. 존재, 현상적인 하늘 2. 종교, 이상적인 하늘 3. 이치, 자연적인 하늘

> 참고　유학에 있어 子曰(夫선생 부·子임 자)은 공부자(孔夫子)의 말씀만을 뜻하며(예외도 있음) 증자(曾子), 맹자(孟子), 주자(朱子) 등의 姓 뒤에 쓰인 子는 한 가지 계통 전문가(一家之言)의 학설을 세운 사람들을 뜻한다. 그러나 자공(子貢), 자하(子夏), 자로(子路) 등의 字 앞에 쓰인 子는 字의 접두사로 간주된다.

2 　한나라의 소열황제가 임종하려 할 때에 후주(유선)에게 조칙을 내려 말하기를 "선행이 작다고 해서 안 하지 말며, 악행이 작다고 해서 하지 말라."

　　역주　漢_ 고대 중국의 나라 이름으로 촉한(蜀漢)을 가리킨다.

　　昭烈_ 161~223. 삼국시대에 촉한을 세운 군주로 성은 유(劉)이고, 이름은 비(備)이며, 자는 현덕(玄德)이다.

3 　장자가 말하기를 "하루라도 선행을 생각하지 않으면 여러 가지 악행이 모두 저절로 일어나게 된다."

　　역주　莊子_ 전국시대 송나라 사람으로 이름은 주(周, B.C. 369~289)이고, 노자(老子)의 무위자연(無爲自然)사상을 계승하여 도학(道學)의 기초를 닦았다.

4 　태공이 말하기를 "착한 것을 보면 목마를 때갈이 하고, 악한 것을

들으면 귀먹은 것같이 하라" 또 "착한 일은 마땅히 탐내고, 악한 일은 즐겨하지 말라."

[역주] **太公**＿ 주나라 창업 당시 현자로, 성은 강(姜)이고 이름은 여상(呂尙)이다. B.C. 1122년 주나라 중국 산동성 태생으로 위수가에서 낚시질을 하다가 문왕에게 기용되었으며 무왕으로부터 책봉받아 제나라의 시조가 된다.

5   마원이 말하기를 "평생 선행을 하여도 선은 그래도 부족하고, 하루만 악행을 하여도 악은 저절로 남아 있게 된다."

[역주] **馬援**＿ 후한 사람으로 자는 문연(B.C. 14~A.D. 49)이며, 광무제 때의 장군이다.

6   사마온공이 말하기를 "돈을 모아서 자손에게 물려준다 해도 반드시 자손이 모두 지키지를 못하고, 책을 모아서 자손에게 남겨준다 해도 반드시 자손이 모두 읽지를 못할 것이니 남모르는 가운데 음덕을 쌓음으로써, 자손들에 계교로 삼는 것만 못하다."

[역주] **司馬溫公**＿ 북송의 정치가이자 학자로 이름은 광(光, 1019~1086)이고 자는 군실(君實)이며, 온국공(溫國公)에 봉해졌고 시호는 문정공(文正公)이다. 자치통감을 저술함.

7   『경행록』에 말하기를 "은혜와 의리를 널리 베풀어라. 사람이 어느 곳에서 서로 만나지 않으랴? 원수와 원한을 맺지 말아라. 길이 좁은 곳에서 만나면 회피하기 어렵다."

[역주] **景行錄**＿ 송나라 때 만든 책으로 현재 남아 있지 않다.

8   장자가 말하기를 "나에게 착한 일을 하는 사람에게도 나 또한 착하게 하고, 나에게 악한 일을 하는 사람에게도 나 또한 착하게 할 것이다. 내가 이미 남에게 악한 일이 없었다면 남도 나에게 악하게 할 수 없을 것이다."

9   동악 성제 수훈에 말하기를 "하루 착한 일을 해서 복은 아무리 오

지 않지만 재앙은 저절로 멀어지고, 하루 악한 일을 해서 재앙은 아무리 오지 않지만 복은 저절로 멀어지므로,

착한 일을 하는 사람은 봄동산의 풀과 같아서 그 자라나는 것이 보이지 않지만 날로 커지는 것이 있고, 나쁜 일을 하는 사람은 칼을 가는 숫돌과 같아서 갈리어 없어지는 것은 보이지 않지만 날로 줄어드는 것이 있다."

역주 **東嶽聖帝**_ 도가(道家)로 자세한 것은 알려져 있지 않다.

10 공자가 말씀하시기를 "착한 일을 보면 도달하지 못한 것같이 하고, 착하지 않은 일을 보면 끓는 물 더듬는 것같이 하라."

11   맹자가 말하기를 "자연에 순종하는 사람은 생존하고, 자연에 역행하는 사람은 망하게 된다."

> [역주] **孟子**＿ 전국시대 추(鄒)나라 사람으로 이름은 가(軻, B.C. 372~289)이고 자는 자여(子輿)이며, 공자의 교학(教學)사상을 계승한 유가(儒家)사상가로 공자 다음가는 아성으로 불린다.

12   강절 소 선생이 말하기를 "자연의 들음이 고요하여 소리가 없는데 아득한 어느 곳에서 찾을 것인가. 높지도 않고 또한 멀지도 않다. 모두가 다만 사람의 마음에 있는 것이다."

> [역주] **康節邵先生**＿ 북송의 학자로, 이름은 옹(雍, 1011~1077)이고 자는 요부(堯夫)이며, 강절(節邵)은 시호이다.

13   현제 수훈에 말하기를 "사람 사이에 사사로운 말도 자연이 듣는 것은 우레 소리와 같고, 어두운 방에서 속이는 마음이라도 신명의 눈은 번개와 같다."

> [역주] **玄帝**＿ 도가(道家)로 자세한 것은 알려져 있지 않다.

14   『익지서』에 말하기를 "나쁜 마음이 가득 차면 자연적으로 반드시 망한다고 한다."

> [역주] **益智書**＿ 송나라 때에 만든 책으로 알려져 있다.

15   장자가 말하기를 "만일 사람이 착하지 않은 일을 해서 이름을 드날리게 된 사람은 남들이 비록 해치지 않더라도 자연적으로 반드시 망한다고 한다."

16 오이를 심으면 오이를 얻고, 콩을 심으면 콩을 얻으므로 자연의 법칙이 넓고 넓어서 엉성해도 새지 않는다.

17 공자가 말씀하시기를 "하늘(天理)에 죄를 얻게 되면 빌 곳이 없다."

18   공자가 말씀하시기를 "죽는 것과 사는 것은 명에 있고, 부자가 되고 귀하게 되는 것은 순리(理)에 있는 것이다."

19   모든 일에 분수가 이미 정해져 있는데, 세상 사람들이 공연히 스스로 바빠한다.

20   『경행록』에 말하기를 "재앙은 요행으로 면할 수 없고, 복은 다시 구할 수 없다."

21   때가 오자 바람이 (왕발을) 등왕각으로 불어 보냈고, 운수가 물러가자 벼락이 천복비를 쳤다고 한다.

　　　[역주] 滕王閣_ 양자강 유역 남창에 있는 누각.

　　　薦福碑_ 강서성 천복사에 있던 비석.

> 참고 ❶ 당나라 때 도독인 염백서가 양자강 유역 남창에다 등왕각을 짓고 잔치를 베풀어 그 자리에서 서문을 짓게 했다. 이때 왕발이 산신령의 현몽을 얻어 순풍을 만나 배를 타고 하룻밤 사이에 700리를 가서 「등왕각 서문」을 지었는데 이로 인해 천하에 이름을 떨치게 되었다.
> ❷ 구래공의 문객 한 사람이 몹시 가난하게 지내므로 어떤 사람이 천복비 비문의 탁본을 떠다주면 후한 사례를 하겠다고 했다. 이에 천신만고 끝에 천복비가 있는 곳을 찾아가니, 마침 밤은 어둡고 비바람이 불어서 이튿날 비가 그치면 탁본을 뜨기로 하고 객사에서 묵었다. 다음날 아침 천복비가 있는 곳에 가보니, 공교롭게도 지난밤 사이에 벼락이 그 비석을 때려서 산산조각이 나 있더라는 것이다.

22   열자가 말하기를 "어리석고 귀먹고 고질병 있고 벙어리라도 집안은 호화롭게 부자이고, 지혜롭게 총명해도 도리어 가난하다. 생년, 월, 일, 시 '사주팔자'는 모두 처음부터 정해져 있어, 계산해보면

부귀는 운명에 달려 있고 사람에게 달려 있는 것은 아닌 듯하다.”

[역주] **列子** _ 이름은 어구(禦寇)이며, 전국시대 초기 노나라의 철학자로, 그의 사상을 엮은 『열자』가 있다.

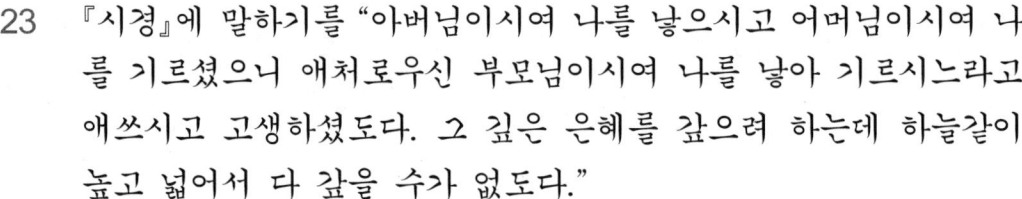

4. 효행편(孝行篇) | 효행을 권하는 글

23 『시경』에 말하기를 "아버님이시여 나를 낳으시고 어머님이시여 나를 기르셨으니 애처로우신 부모님이시여 나를 낳아 기르시느라고 애쓰시고 고생하셨도다. 그 깊은 은혜를 갚으려 하는데 하늘같이 높고 넓어서 다 갚을 수가 없도다."

[역주] **詩經**_ 삼경의 하나로 주대(周代)까지의 여러 나라의 시를 공자가 뽑아 엮은 것이라고 한다.

24 공자가 말씀하시기를 "효자가 어버이를 섬김에 있어 거처하시면 그 공경을 다하고, 봉양하면 그 즐거움을 다하며, 병이 나면 그 근심을 다하고, 상을 당하면 그 슬픔을 다하며, 제사 지내면 그 엄숙함을 다해야 한다."

25 공자가 말씀하시기를 "부모가 살아 계시면 멀리 놀러가지 않으며, 뵙고 갈 때도 반드시 가는 방향이 있어야 한다."

26 공자가 말씀하시기를 "아버지께서 부르시면 빨리 대답하여 머뭇거리지 말고, 음식이 입에 있으면 뱉어야 한다."

27 태공이 말하기를 "어버이께 효도하면 자식도 또한 효도하게 되므로, 내가 이미 효도하지 않았다면 자식이 어떻게 나에게 효도할 것인가."(보고 들은 것이 없다.)

28 효도하고 순종하는 사람은 똑같이 효도하고 순종하는 자식을 낳고,

거역하는 사람은 똑같이 거역하는 자식을 낳으니, 믿지 못하면 처마끝에 떨어지는 빗방울을 보라. 방울방울 떨어져 내릴 때 어기어 옆으로 옮겨가지 않는다.

5. 정기편(正己篇) | 자기를 정직하게 하는 글

29 성리서에 말하기를 "남의 선행을 보면 자신의 선행을 찾고, 남의 악행을 보면 자신의 악행을 찾아야 하니, 이와 같이 하게 되면 곧 유익함이다."

30 『경행록』에 말하기를 "대장부는 마땅히 남을 받아들여야(포용) 하고 남이 나를 받아들이게(포용) 하는 것은 되지 말아야 한다."

31 태공이 말하기를 "자신이 귀하다고 해서 남을 천하게 여기지 말고, 자신이 크다고 해서 남의 작음을 업신여기지 말고, 용맹을 믿고서 적을 가볍게 여기지 말아야 한다."

32 마원이 말하기를 "남의 잘못을 들으면 부모의 이름을 듣는 것같이 하여 귀로는 들을 수 있지만, 입으로는 말하지 않아야 한다."

33 강절 소 선생이 말하기를 "남의 비방을 들어도 곧 성내지 않으며, 남의 칭찬을 들어도 곧 기뻐하지 않으며 남의 악한 것을 들어도 곧 즐거워하지 않으며, 남의 착한 것을 들으면 곧 나아가 즐거워하고 또 따라서 기뻐할 것이다."
그의 시에 이르기를 "착한 사람 보기를 즐거워하며, 착한 일 듣기를 즐거워하며 착한 말하기를 즐거워하며, 착한 뜻 행하기를 즐거워하고, 남의 악한 것을 들으면 가시나무를 등에 진 것같이 하고, 남의 착한 것을 들으면 난초를 갖고 있는 것같이 하라."

34 　나의 좋은 점을 말하여 주는 사람은 나의 적이요, 나의 나쁜 점을 말하여 주는 사람은 나의 스승이다.

35 　태공이 말하기를 "부지런함은 값을 정할 수 없는 보배이고 조심하는 것은 몸을 보호하는 신표이다."

36 　『경행록』에 말하기를 "삶을 보전하려는 사람은 욕심을 적게 갖고 몸을 보전하려는 사람은 이름나는 것을 피해야 하니, 욕심을 없게 하기는 쉬우나 이름나는 것을 없게 하기는 어렵다."

37 　공자가 말씀하시기를 "군자는 세 가지 경계할 것이 있으니, 청년기 때는 혈기가 안정되지 않아 경계할 것이 여색에 있고, 장성함에 이르러서는 혈기가 한창 강성하여 경계할 것이 싸움에 있고, 늙음에 이르러서는 혈기가 이미 쇠약하여 경계할 것이 탐내는 데 있다."

38 　손진인의 양생명에 말하기를 "화냄이 심하면 기운을 상하고, 생각이 많으면 너무 정신을 손상한다. 정신이 피로하면 마음이 노역당하기 쉽고, 기운이 약하면 병이 서로 따르게 된다.
슬퍼하고 기뻐하는 것을 심하게 하지 말고, 음식은 마땅히 골고루 먹으며, 매일 밤마다 술에 취하지 말고, 이른 새벽에 화내는 것을 경계하라."
　[역주] 孫眞人＿ 도가(道家)로 자세한 것은 알려져 있지 않다.

39 　『경행록』에 말하기를 "음식이 담백하면 정신이 상쾌하고, 마음이 맑으면 꿈과 잠이 편안하다."

40 　마음을 안정하고 모든 일에 대응하면 아무리 배우지 않았다 해도

덕이 있는 군자라고 할 수 있다.

41 『근사록』에 말하기를 "분함 참기를 불을 끄는 것같이 하고, 욕심
막기를 물을 막는 것같이 하라."

역주 近思錄_ 송나라 때 주자(朱子)와 여조겸(呂祖謙)이 함께 지은 책으로 주돈이, 정호,
정이, 장재 선생의 학문적 요점을 정리한 성리학의 지침서이다.

42 『이견지』에 말하기를 "여색 피하기를 원수 피하는 것같이 하고, 세력
바람 피하기를 화살 피하는 것같이 하며, 빈속에 차를 마시지 말고,
밤중에는 밥을 적게 먹어라."

역주 夷堅志_ 송나라 때 홍매(洪邁 : 1123~1202)가 민간의 기이한 일이나 이야기를 모
아 엮은 책이다.

43 순자가 말하기를 "쓸데 없는 말과 급하지 않은 고찰은 버려두고
다스리지 말라."

역주 荀子_ 전국시대 조나라 사람으로, 이름은 황(況, B.C. 298~238)이며 자는 경(卿)이
고 유학자로서 성악설을 주장하였으며 제자인 이사와 한비자로부터 법가사상이 시작된다.

44 공자가 말씀하시기를 "모든 사람이 좋아해도 반드시 (좋아하는 이유)
살펴야 하며, 모든 사람이 미워해도 반드시 (미워하는 이유) 살펴야
한다."

45 술에 취한 가운데서도 실언하지 않는 것은 참다운 군자요, 재산 앞
에서 분명함은 대장부이다.

46 모든 일에 너그러움을 따르면 그 복이 저절로 두터워진다.

47 태공이 말하기를 "다른 사람을 살펴보려면 먼저 반드시 자신을 살

퍼보아라. 남을 해치는 말은 도리어 자신을 해치는 것으로, 피를 입에 물고 남에게 뿜자면 먼저 자기의 입이 더러워져야 한다.”

48 대체로 유흥이란 유익함이 없고 오직 부지런한 것만이 공덕이 있다.

49 태공이 말하기를 “오이밭에서는 신을 떨어뜨리지 않아야 하고 과일나무 아래에서는 갓을 고쳐 쓰지 않아야 한다.”

50 『경행록』에 말하기를 “마음은 편안하게 갖지만 육신은 수고롭게 하지 않을 수 없고 도는 즐기지만 마음은 걱정하지 않을 수 없으니, 육신은 수고롭게 하지 않으면 게을러서 퇴폐해지기 쉽고 마음은 걱정하지 않으면 빠져들고 방탕해져 안정하지 못한다.
그러므로 편안함은 수고로움에서 생겨나 항상 기쁜 것이고, 즐거움은 걱정에서 생겨나 싫어함이 없으니, 편안하고 즐거움을 생각하는 사람은 걱정과 수고로움을 잊을 수 있겠는가!”

51 귀로 남의 그릇됨을 듣지 않고, 눈으로 남의 단점을 보지 않으며, 입으로 남의 잘못을 말하지 않아야 거의 군자이다.

52 채백개가 말하기를 “기뻐하고 화내는 것은 마음속에 있고 말은 입에서 나오므로, 조심하지 않으면 안 된다.”
역주 蔡伯喈_ 후한 때의 학자로, 이름은 옹(邕)이며 백개는 자(字)이다.

53 재여가 낮잠을 자고 있자 공자가 말씀하시기를 “썩은 나무는 조각할 수 없고, 썩은 흙으로 만든 담장은 흙손질할 수 없는 것이다.”
역주 宰予_ 춘추시대 노나라 사람으로, 자가 자아(子我)로서 재아(宰我)라고도 하며, 공자의 제자로 언변이 뛰어났다.

54 자허원군의 성유심문에 말하기를 "복은 청렴하고 검소한 데서 생기고, 덕은 몸을 낮추고 겸손하게 하는 데서 생기며, 도는 편안하고 고요한 데서 생기고, 생명은 화창한 데서 생기며, 근심은 욕심이 많은 데서 생기고, 재앙은 탐욕이 많은 데서 생기며,

잘못은 경솔하고 거만한 데서 생기고, 죄는 어질지 못한 데서 생기니, 눈을 경계하여 다른 사람의 그릇된 것을 보지 말고, 입을 경계하여 다른 사람의 단점을 말하지 말며, 마음을 경계하여 탐내거나 화내지 말고, 몸을 경계하여 나쁜 친구를 따르지 말며,

유익함이 없는 말은 함부로 말하지 말고, 내게 관계없는 일은 함부로 하지 말며, 임금을 존경하며 부모에게 효도하고, 웃어른을 공경하고 덕이 있는 분을 받들며, 어짊과 어리석음을 분별하여 알지 못하는 사람을 용서하고,

사물이 순리로 오면 물리치지 말며, 사물이 지나가면 따르지 말고 몸이 대우받지 못하여도 바라지 말며, 일이 이미 지나갔으면 생각하지 말라. 총명한 사람도 어두운 수가 많고, 계산해놓은 계획도 편의성을 잃는 수가 있다.

남을 손해보게 하면 마침내 자기도 손실을 볼 것이요, 세력에 의존하면 재앙이 서로 따른다. 경계하는 것은 마음에 있고, 지키는 것은 용기에 있다. 절약하지 않아서 집안을 망치고, 청렴하지 않아서 지위를 잃는다.

그대에게 평생동안 스스로 경계할 것을 권고하는 것이니, 감탄하며, 깨닫고 생각해야 한다. 위로는 하늘이 거울로써 굽어보고 있고 아래로는 땅이 신명으로써 살펴보고 있다.

마음이 밝으면 세 가지 법이 서로 이어줌이 있고 마음이 어두우면 신명이 서로 따르고 있다. 오직 올바른 마음으로 지켜야 할 것이요, 마음은 속일 수 없는 것으로 경계(조심)하고 경계(조심)하라."

[역주] **紫虛元君**_ 원군(元君)이란 도교에서 여자가 도를 닦아 신선이 된 사람을 말하며,

남자가 도를 닦아 신선이 된 사람을 진인(眞人)이라고 한다. 자허원군은 자허(紫虛)라는 계명의 원군을 말하며, 「성유심문」은 그가 쓴 글로, "정성껏 마음을 깨우치는 글"이라는 뜻이다. 자허원군은 위부인(魏夫人)이라는 설이 있으며 이름은 화존(華存)으로, 『신선통감(神仙通鑑)』에 따르면, 진(晉)의 사도(司徒)인 위서(魏舒)의 딸로서 어려서부터 도교를 좋아하였다고 한다.

三法_ 주나라의 백성을 관용하는 형법제도

    1. 삼유(三宥) : 1) 모름　2) 과실　3) 잊음에 대하여

                  세 번 용서해주고 또 범하면 처벌

    2. 삼사(三赦) : 1) 7세 이하 유아　2) 80세 이상 노인　3) 정신박약자

                  에 대하여 형벌 면제

    3. 삼자(三刺) : 1) 여러 대신에 묻고　2) 여러 옥관에 묻고　3) 많은 백성에

                  묻고서 사형을 공정하게 결정하고 집행하는 형법

6. 안분편(安分篇) | 분수를 편안히 하는 글

55 『경행록』에 말하기를 "만족함을 알면 즐거울 것이고, 탐욕을 힘쓰면 근심하게 된다."

56 만족함을 아는 사람은 가난하고 천해도 즐거울 것이고, 만족함을 모르는 사람은 부유하고 귀해도 또한 근심한다.

57 지나친 생각은 다만 정신을 상하게 할 뿐이고, 망령된 행동은 도리어 재앙을 부른다.

58 만족한 것을 알아서 항상 만족하면 종신토록 욕되지 않고, 그칠 줄을 알아서 항상 그치면 종신토록 부끄러움이 없다.

59 『서경』에 말하기를 "가득 차면 덜어짐을 불러오고, 겸손하면 이익을 받는다."

   역주 **書經** _ 삼경의 하나로 요순(堯舜) 때부터 주나라 초기까지의 정치에 관한 내용을 기록한 것인데, 공자가 수집하여 편찬하였으며 후에 송나라의 채침(蔡沈)이 서집전을 지어 해설하였다.

60 안분음에 말하기를 "분수를 편안히 지키면 내자신에 욕됨이 없을 것이고, 일의 기미를 알면 마음이 스스로 한가해지므로, 아무리 인간 세상에 살더라도 그렇게 하면 도리어 인간 세상을 벗어나는 것과 마찬가지이다."(신선이라는 말)

   역주 **安分吟** _ 송나라 때의 안분시집으로 저자는 알려져 있지 않다.

7. 존심편(存心篇) | 마음을 보존하는 글

61 『경행록』에 말하기를 "은밀한 방에 앉았어도 마치 네거리에 앉아 있는 것처럼 하고, 작은 마음 제어하기를 말 여섯 마리가 끄는 수레 다루듯 하면 과오를 면할 수 있다."

62 격양시에 말하기를 "부귀를 만일 지혜의 힘으로 구할 수 있다면 '공자'도 젊은 시절에 마땅히 제후에 봉해졌을 것이다. 세상 사람들은 하늘 뜻은 알지 못하고, 공연히 몸과 마음으로 하여금 한밤중에 근심하게 한다."

[역주] **擊壤詩**_ 송나라 때 소옹(邵雍)이 지은 시집이다.

63 범충선공이 자제를 경계하여 말하기를 "자신은 아무리 지극히 어리석을지라도 남을 질책하는 데는 밝고, 아무리 총명해도 자기를 용서하는 데는 어둡다.

너희들은 마땅히 남을 질책하는 마음으로 자기를 질책하고, 자기를 용서하는 마음으로 남을 용서한다면 성현의 지위에 이르지 못할 것을 근심하지 않아도 된다."

[역주] **范忠宣**_ 중국 북송 때의 재상으로, 이름은 순인(純仁)이며 시호는 충선(忠宣)이다.

64 공자가 말씀하시기를 "총명하고 생각이 슬기로워도 고지식함으로 지켜야 하고, 공덕이 세상을 덮을 만해도 겸손한 마음으로 지켜야 하고, 용맹이 세상에 떨칠지라도 겁내는 마음으로 지켜야 하며, 부유함이 온 세상을 소유했다 해도 겸손함으로 지켜야 한다."

65 『소서』에 말하기를 "조금 베풀고 후한 것을 바라는 사람은 보답이 없고, 자신이 귀하게 되고 나서 천했던 때를 잊는 사람은 오래가지 못한다."

역주 **素書**_ 한나라 때의 황석공(黃石公)이 지은 책이다.

66 은혜를 베풀었으면 보답을 구하지 말고, 남에게 주었으면 따라서 후회하지 말라.

67 손사막이 말하기를 "담력은 크게 가져도 마음만은 조심스럽게 해야 하고, 지혜는 원만하게 가져도 행동만은 반듯하게 해야 한다."

역주 **孫思邈**_ 당나라 때의 한방명의로 『천금방(千金方)』을 저술하였다.

68 생각하는 것은 중요한 전쟁터에 나아가는 날과 같이 하고, 마음은 항상 다리를 건너는 때와 같이 해야 한다.

69 법을 두려워하면 아침마다 즐거울 것이고, 공정한 일을 속이면 날마다 근심하게 된다.

70 주문공이 말하기를 "입 지키기를 물병같이 하고, 나쁜 생각 막기를 성벽같이 하라."

역주 **朱文公**_ 남송 때의 대학자인 주자(朱子)로 이름은 희(熹)이고 자는 원회(元晦) 또는 중회(仲晦)이며 호는 회암(晦庵), 문공(文公)은 시호이다. 성리학(性理學)을 대성시켰으며, 주자학(朱子學)이라고도 한다. 『소학』, 『근사록』, 『사서집주』 등을 지었다.

71 마음으로 남을 저버리지 않았으면 얼굴에 부끄러운 빛이 없을 것이다.

72 사람이 백 살 사는 사람이 없지만 헛되이 천 년의 계획(를욕)을 세

운다.

73 구래공의 육회명에 말하기를 "관리가 바르지 못한 일을 하면 관직을 잃을 때 뉘우치게 되고, 부유했을 때에 아껴 쓰지 않으면 가난해졌을 때 뉘우치게 되고,
재주를 어렸을 때 배우지 않으면 시기가 지났을 때 뉘우치게 되고, 일을 보고 배우지 않으면 써야 할 때 후회하게 되고, 취한 뒤에 함부로 말하면 술이 깨었을 때 후회하게 되고, 몸이 편안할 때 양생(수양)하지 않으면 병이 들었을 때 뉘우칠 것이다."

[역주] **寇萊公**_ 북송 진종(眞宗) 때의 재상으로, 성은 구(寇)이고 이름은 준(準)이며 자는 평중(平仲)이다. 내국공(萊國公)에 봉해졌다.

74 『익지서』에 말하기를 "도리어 아무 사고 없이 집이 가난해도 사고 있으면서 집이 부자 되지 않을 것이요, 도리어 아무 사고 없이 초가집에 살아도 사고 있으면서 호화스러운 집에 살지 않을 것이요, 도리어 병이 없이 잡곡밥을 먹어도 병이 있어 좋은 약을 먹지 않을 것이다."

75 마음이 편안하면 초가집도 편안하고, 성품이 안정되면 나물국도 향기롭다.

76 『경행록』에 말하기를 "남을 질책하는 사람은 사귐을 온전히 하지 못하고 자신을 용서하는 사람은 잘못을 고치지 못한다."

77 아침 일찍 일어나서부터 밤 늦게 잠들 때까지 충효할 것을 생각하는 사람을 남들은 알아주지 않지만 하늘에는 반드시 알려지게 될 것이요, 배부르게 먹고 따뜻하게 입고서 즐거운 듯이 자위하는 사람은 자신은 아무리 편안하지만 그 자손을 어떻게 할 것인가!

78 처자식을 사랑하는 마음으로 어버이를 섬긴다면 그 효도가 극진할 수 있을 것이요, 부귀를 보전하려는 마음으로 임금을 받든다면 어디가나 충성하지 못함이 없을 것이요, 남을 질책하는 마음으로 자기를 질책한다면 과오가 적을 것이요, 자기를 용서하는 마음으로 남을 용서한다면 사귐을 온전히 할 수 있을 것이다.

79 너의 생각이 착하지 않으면 뉘우친들 어떻게 도달할 것이며 너의 지혜가 길게 보지 못한다면 무슨 보탬이 되리요. 이기심만 한결같으면 도리를 배반하게 되고 나만을 위하는 생각만 확고하게 되면 공평한 일을 망치게 된다.

80 일을 만들면 일이 생기고, 일을 덜면 일이 덜어진다.

8. 계성편(戒性篇) | 성품을 경계하는 글

81 『경행록』에 말하기를 "사람의 성품은 물과 같아서 물이 한 번 기울
어지면 회복할 수 없고, 성품이 한 번 방종하면 돌이킬 수 없으므
로, 물을 제어하려는 사람은 반드시 둑을 쌓음으로 해야 하고, 성
품을 제어하려는 사람은 반드시 예법으로 해야 한다."

82 한때의 분함을 참으면 백일 동안의 근심할 일을 모면하게 된다.

83 참을 수 있으면 또 참고, 경계할 수 있으면 또 경계하라. 참지도 않
고 경계하지 않으면 작은 일이 크게 된다.

84 어리석고 흐릿한 사람이 화를 잘 내는 것은 모두 이치를 소통하지
못했기 때문이다. 마음 위에 불길을 더하지 말고 다만 귓전을 스치
는 바람결로 여겨라. 장점과 단점은 집집마다 있고 따뜻하고 싸늘한
것은 곳곳이 똑같다. 옳고 그름이란 실속이 없어서 마침내는 모두가
헛된 것이 된다.

85 자장이 길을 떠나려고 할 때에 공자께 하직 인사를 하면서 "수신하
는 데 아름다움이 될 만한 말씀 해주기를 바랍니다."라고 말하자
공자가 말씀하시기를 "모든 행실의 근본은 참는 것이 으뜸이니라."
자장이 말하기를 "무엇 때문에 참아야 합니까?"
공자가 말씀하시기를 "천자가 참으면 나라에 해가 없고, 제후가 참
으면 큰 나라를 이룩하고, 관리가 참으면 그 지위가 올라가고, 형제
가 참으면 집안이 부귀해지고, 부부가 참으면 일생을 마칠 수 있고,

친구끼리 참으면 명성이 없어지지 않고, 자신이 참으면 재앙이나 해로움이 없게 된다."

역주 **子張**_ 공자의 제자로, 성은 전손(顓孫)이고 이름은 사(師)이며 자는 자장(子張)이다.

86 자장이 말하기를 "참지 않으면 어떻게 됩니까?" 공자 말씀하시기를 "천자가 참지 않으면 나라의 인재가 텅 비고, 제후가 참지 않으면 그 자신을 잃고, 관리가 참지 않으면 형법에 의하여 처벌받게 되고, 형제가 참지 않으면 각자 헤어져서 살게 되고, 부부가 참지 않으면 자식을 외롭게 하고, 친구끼리 참지 않으면 우정이 멀어질 것이고, 자신이 참지 않으면 근심을 덜지 못한다." 자장이 말하기를 "좋고도 좋으신 말씀입니다. 참기 어렵고 참기 어려움이여. 사람이 아니면 참지 못할 것이요, 참지 못하면 사람이 아닐 것입니다."라고 말하였다.

87 『경행록』에 말하기를 "자기를 굽히는 사람은 중요한 지위에 머물 수 있으며, 이기기를 좋아하는 사람은 반드시 적수를 만난다."

88 악한 사람이 착한 사람을 욕하면 착한 사람은 일일이 대꾸하지 말아라. 대꾸하지 않는 사람은 마음이 맑고 한가하지만, 꾸짖는 사람은 입이 뜨겁게 끓어오른다. 마치 사람이 하늘에다 침을 뱉는 것과 같아서 도로 자기 몸을 따라 떨어지게 된다.

89 내가 만약 남에게서 욕설을 당한다 해도 거짓 귀먹은 체하고 말을 나누지 않을 것이다. 비유하자면 불이 허공에서 타는 것과 같아서, 끄지 않아도 저절로 꺼진다. 내 마음은 허공과 같은데 모두들 너의 입술과 혀만을 엎쳤다 뒤쳤다 할 뿐이다.

90 모든 일에 인정을 유의하면 후일에 서로 만나보기가 좋다.

9. 근학편(勤學篇) | 학문을 부지런히 하는 글

91 자하가 말하기를 "널리 배워 뜻을 독실하게 하고 간절하게 묻고 가까운(대상, 장소) 것에서 생각하면 인(仁)이 그 속에 있을 것이다."

[역주] **近思**_ 높고 먼 것보다 낮고 가까운 것부터 생각(卑近).

92 장자가 말하기를 "사람이 배우지 않으면 하늘을 오르는 데 재주가 없는 것과 같고, 배워서 지혜가 원대하면 상서로운 구름을 헤치고 푸른 하늘을 쳐다보는 것과 같으며, 높은 산에 올라 사해를 바라보는 것과 같을 것이다."

93 『예기』에 말하기를 "옥은 다듬지 않으면 그릇을 만들지 못하고, 사람은 배우지 않으면 도의를 알지 못한다."

[역주] **禮記**_ 오경(五經)의 하나로, 대성(戴聖)이 주나라 말기부터 진한(秦漢)시대의 제도와 예법 등을 수록한 책으로, 주례(周禮)·의례(儀禮)와 함께 삼례(三禮)라고 한다.

94 태공이 말하기를 "사람이 배우지 않으면 참참한 밤에 다니는 것과 같다."

95 한문공이 말하기를 "사람이 옛날과 지금을 소통하지 못한다면 말이나 소에 옷을 입힌 것과 같다."

[역주] **韓文公**_ 당나라 덕종 때의 학자로, 이름은 유(愈, 768~824)이고 자는 퇴지(退之)이다. 당송(唐宋) 팔대가(八大家)의 한 사람이다.

96 주문공이 말하기를 "집안이 만약 가난해도 가난으로 인해서 학문

을 폐지해선 안 되고, 집안이 만약 부유해도 부유한 것을 믿고 학문을 게을리 해선 안 되니, 가난한 사람이 만약 부지런히 배운다면 몸이 출세할 수 있을 것이요, 부유한 사람이 만약 부지런히 배운다면 이름이 빛나고 영화로울 것이다.

오직 배우는 사람만이 출세하는 것을 보았고, 배우는 사람으로서 성취하지 못하는 것은 보지 못했다. 배움은 곧, 자신의 보배요, 배우는 사람은 곧 세상의 보배다. 그러므로 배우면 곧 군자가 되고 배우지 않으면 소인이 되므로, 뒤에 배우는 사람은 마땅히 각자 힘써야 한다."

97 휘종 황제가 말하기를 "배우는 사람은 곡식 같고 벼 같고, 배우지 않는 사람은 쑥 같고 풀 같도다. 곡식 같고 벼와 같음이여, 나라의 정결한 양식이요 세상의 큰 보배로다. 쑥 같고 풀 같음이여, 밭 가는 사람이 싫어하며 김 매는 사람이 고민한다. 훗날 담장만 바라보고 뉘우쳐도 이미 늦었으리라."

[역주] **徽宗皇帝**_ 북송의 황제로, 이름은 조길(趙佶, 1082~1135)이다.

98 『논어』에 말하기를 "학문을 도달하지 못한 것같이 하고, 오직 배운 것을 잃을까 두려워해야 한다."

[역주] **論語**_ 사서(四書)의 하나로, 공자가 죽은 뒤에 제자들이 그의 행실과 말을 모아 엮은 책으로, 유학의 대표적 경전이다.

10. 훈자편(訓子篇) | 자식을 가르치는 글

99 『경행록』에 말하기를 "손님이 오지 않으면 가문이 저속해지고, 학문을 가르치지 않으면 자손이 어리석어진다."

100 장자가 말하기를 "일이 아무리 작다 해도 하지 않으면 이루지 못하고, 자식이 아무리 어질다 해도 가르치지 않으면 현명하지 못하다."

101 『한서』에 말하기를 "황금이 상자에 가득 차 있다 해도 자식에게 경서 한 권 가르치는 것만 못하고, 자식에게 천금을 물려준다 해도 자식에게 예능 한 가지를 가르치는 것만 못하다."
   [역주] **漢書**_ 전한 고조(高祖)에서 왕망(王莽)까지 229년 동안의 역사를 기록한 책이다.

102 지극히 즐거움으로는 책을 읽는 것만한 것이 없고, 지극히 중요한 것으로는 자식을 가르치는 것만한 것이 없다.

103 여형공이 말하기를 "집안에 어진 어버이와 형이 없고, 밖으로 엄한 스승과 벗이 없이 성취하는 사람은 적을 것이다."
   [역주] **呂榮公**_ 북송 때의 학자로 이름은 희철(希哲)이고 자는 원명(原明)이며, 형국공(滎國公)에 봉해졌다.

104 태공이 말하기를 "남자가 교육 기회를 놓치면 자라서 반드시 완고하며 어리석고, 여자가 교육 기회를 놓치면 자라서 반드시 거칠게 된다."

105 남자가 나이가 들어 장성하면 풍악과 술 마시기를 습관들이지 말아야 하고, 여자가 나이가 들어 장성하면 하는 일 없이 놀러다니거나 뛰어다니지 말아야 한다.

106 엄한 아버지는 효자를 낳고, 엄한 어머니는 효녀를 낳는다.

107 아이를 사랑하면 사랑의 매를 많이 주고, 아이를 미워하면 사랑의 음식을 많이 주어야 한다.

108 남들은 모두 옥(보물)을 사랑하지만, 나만은 자손 어진 것을 사랑한다.

11. 성심편 상(省心篇上) | 마음을 성찰하는 글

109 『경행록』에 말하기를 "보물과 재물은 쓰면 다함이 있지만, 충성과 효도는 누려도 다함이 없다."

110 집안이 화목하면 가난해도 좋겠지만 의롭지 않다면 부자인들 무엇 하랴. 다만 한 자식이라도 효성이 있다면 자손이 많아서 무엇 하리오(집안의 화목과 효성을 강조하기 위한 말).

111 아버지가 근심하지 않음은 자식이 효도하기 때문이요, 남편이 번뇌가 없는 것은 대체로 아내가 어질어서이다. 말이 많아 실수함은 모두 술 때문이요, 의리가 끊어지고 친함이 소원해지는 것은 오직 돈이다.

112 이미 정상이 아닌 즐거움을 가졌으면 마땅히 예측하지 못했던 근심을 대비해야 한다.

113 혼자만이 사랑을 받으면 욕됨을 생각하고, 편안히 살면 위급함을 생각해야 한다.

114 영화가 가벼우면 욕됨이 얕고, 이익이 많으면 손해도 깊다.

115 아낌이 심하면 반드시 허비가 심하고, 칭찬받음이 심하면 반드시 헐뜯음이 심하고, 기뻐함이 심하면 반드시 근심이 심하고, 뇌물 받음이 심하면 반드시 잃음이 심하다.

116 공자가 말씀하시기를 "높은 낭떠러지를 가보지 않으면 어떻게 굴러 떨어지는 근심을 알며, 깊은 못에 가지 않으면 어떻게 빠지는 근심을 알며, 큰 바다를 가보지 않으면 어떻게 풍파의 근심을 알리오."

117 미래를 알려면 먼저 이미 지나간 일을 살펴보아야 한다.

118 공자가 말씀하시기를 "밝은 거울은 모습을 살펴볼 수 있는 물건이고, 지나간 옛일은 현재를 알아볼 수 있는 방법이 된다."

119 지나간 일은 밝기가 거울 같고, 미래의 일은 어둡기가 칠흑 같다.

120 『경행록』에 말하기를 "내일 아침 일을 저녁때에 꼭 그렇게 되리라 기약할 수 없고, 저녁때 일을 오후 네 시경에 꼭 그렇게 되리라 기약할 수 없다."

121 하늘에는 예측하지 못할 바람과 비가 있고 사람에겐 아침저녁으로 재앙과 복이 있다.

122 1미터쯤 되는 무덤 속으로 돌아가지 않았을 때는 백년 동안 자신을 보전하기 어렵고, 이미 1미터쯤 되는 무덤 속으로 돌아갔을 때는 백년 동안 무덤을 보전하기 어렵다.

123 『경행록』에 말하기를 "나무를 기르는 일이 있으면 뿌리가 튼튼하고 가지와 잎이 무성해져 동량의 재목을 이루고, 물을 양성함이 있으면 샘의 근원이 장대하고 흐르는 물줄기가 길어서 관개의 이로움이 널리 베풀어지고, 사람을 양성함이 있으면 뜻과 기상이 크고 지혜가 총명하여 충의의 선비가 나오는데 기르지 않을 수 있겠는가!"

124 스스로 믿는 사람은 남도 또한 믿게 되어 오나라와 월나라도 형제 같이 지낼 수 있고 스스로 의심하는 사람은 남도 또한 의심하게 되어, 자신 이외에는 모두 원수의 나라와 같이 된다.

[역주] 吳越_ 전국시대의 오나라와 월나라를 말하는 것으로, 오왕 부차와 월왕 구천이 서로 싸워 원수의 나라였으나 북방 여러 나라의 침략을 받으면 힘을 합치기도 하였다.

125 사람을 의심하면 쓰지 말고, 사람을 쓰면 의심하지 말라.

126 풍간에 말하기를 "물밑의 물고기와 하늘 주변의 기러기는, 높으면 활로 쏘고 낮으면 낚을 수 있겠지만, 오직 사람의 마음은 지척 사이에 있지만, 지척 사이에 있는 사람 마음은 헤아릴(살펴볼) 수가 없다."

[역주] 諷諫_ 사람을 풍자하여 간하는 내용인데, 자세한 것은 분명하지 않다. 지척 24cm

127 호랑이를 그리고 가죽을 그려도 뼈는 그리기 어렵고, 사람을 알고 얼굴을 알아도 마음은 알지 못한다.

128 얼굴을 마주하고 같이 말해도 마음은 온 산이 막혀 있는 것과 같다.

129 바다가 마르면 마침내 바닥을 보지만 사람은 죽어도 마음을 알지 못한다.

130 태공이 말하기를 "모든 사람의 일은 미리 점칠 수 없고, 바닷물은 그릇으로 측량할 수 없다."

131 『경행록』에 말하기를 "남에게 원한 맺는 것은 재앙을 심는 것이라고 하고, 착한 것을 놔두고 하지 않는 것을 스스로를 해치는 것이라고 한다."

132 만약 한쪽 말만 들으면 곧 서로 이별함을 볼 것이다.

133 배부르고 따뜻하면 음탕한 욕심이 생각나고, 굶주리고 추우면 도의 생각이 일어난다.

134 소광이 말하기를 "어진 사람이 재물이 많으면 그 의지를 손상하고, 어리석은 사람이 재물이 많으면 그 과오가 많아지게 된다."

　[역주]　**疏廣**＿ 한나라 때 사람으로 자는 중옹(仲翁)이다.

135 사람이 가난하면 지혜가 짧아지고, 복이 오면 마음이 신령스러워진다.

136 한 가지 일을 경험하지 않으면 한 가지 지혜가 밝지 못하다.

137 시비가 종일 있다 해도 듣지 않으면 자연히 없어진다.

138 와서 시비를 말하는 사람은 곧 시비하는 사람이다.

139 『격양시』에 말하기를 "평생에 눈썹 찡그릴 일을 하지 않으면 세상에 반드시 이를 갈 사람이 없을 것이다. 큰 이름을 꼭 단단한 돌에 새겨야만 하는가. 길 가는 사람의 입이 비석보다 낫다."

140 사향을 가졌으면 자연히 향기가 날 터인데 왜 꼭 바람을 마주하고 서 있어야만 하는가!

141 복이 있다 해도 다 누리지 말라. 복이 다하면 몸이 빈궁해진다. 권세가 있다 해도 다 부리지 말라. 원통한 사람과 서로 만난다. 복이 있으면 항상 스스로 아끼고 권세가 있으면 항상 스스로 공손하라.

사람이 살아가는 데 있어 교만과 사치는 시작은 있지만 거의가 끝이 없다.

142 왕참정 사류명에 말하기를 "여유 있게 다 쓰지 않은 재주를 보류하였다가 조물주한테 돌려주고, 여유 있게 다 쓰지 않은 녹봉을 보류하였다가 조정에 돌려주고, 여유 있게 다 쓰지 않은 재물을 보류하였다가 백성에게 돌려주고, 여유 있게 다 누리지 않은 복을 보류하였다가 자손에게 돌려줄 것이다."

143 황금 천 냥이 귀한 것이 아니고, 남의 좋은 말 한마디 얻어듣는 것이 천금보다 낫다.

144 재주 있는 사람은 재주 못한 사람의 심부름꾼이고, 괴로움은 즐거움의 모체이다.

145 작은 배는 무거운 짐을 견디기 어렵고, 깊숙한 길은 혼자 다니기에 적당하지 않다.

146 황금이 귀한 것이 아니고, 편안하고 즐거운 것이 가치가 많은 것이다.

147 집에 있을 때 손님을 맞이할 줄 모르면, 밖에 나가서 곧 반겨주는 주인들이 적은 것을 알게 될 것이다.

148 가난하게 번화한 시장거리에 살아도 서로 아는 사람이 없고, 넉넉하게 깊은 산중에 살아도 먼 데서 찾아오는 친구가 있다.

149 사람의 의리는 다 가난에 따라 끊어지고, 세상의 인정은 곧 돈 있는 집으로 향한다.

150 도리어 밑 없는 항아리는 막을 수 있어도 코 아래 가로놓인 입은 막기 어렵다.

151 사람의 정은 다 군색한 가운데서 소원하게 된다.

152 『사기』에 말하기를 "하늘에 제사를 지내고 사당에 제사 올림에도 술이 아니면 흠향하지 못할 것이요, 임금과 신하, 친구 사이에도 술이 아니면 의리가 두터워지지 못할 것이요, 싸움을 하고 서로 화해함에도 술이 아니면 권하지 못할 것이다.

그러므로 술은 성사와 실패가 있어서 들뜨게 마셔서는 안 된다."

[역주] **史記**_ 한나라의 사마천(司馬遷)이 황제(黃帝)로부터 한나라 무제(武帝) 때까지 약 3천 년의 역사를 기록한 책이다.

153 공자가 말씀하시기를 "선비가 도에 뜻을 두고도 나쁜 옷과 나쁜 음식을 부끄러워하는 사람과는 도의를 함께 의논할 수가 없다."

154 순자가 말하기를 "선비가 벗을 시기하는 일이 있으면 좋은 사귐으로 친하여지지 않고 임금이 신하를 시기하는 일이 있으면 어진 사람이 오지 않는다."

155 하늘은 행복 없는 사람을 내지 않고, 땅은 이름 없는 풀을 기르지 않는다.

156 큰 부자는 순리에 달려 있고, 작은 부자는 부지런한 데 달려 있다.

157 집안을 일으키는 아이는 거름 아끼기를 금과 같이 하고, 집안을 망치는 아이는 돈 쓰기를 분뇨같이 한다.

158 강절 소 선생이 말하기를 "한가롭게 살 때 삼가 방해되는 것이 없 다고 말하지 말라. 겨우 방해되는 것이 없다고 말하자마자, 방해되 는 일이 있게 된다. 입에 상쾌한 음식이 많으면 병을 일으킬 수 있 고, 마음에 통쾌한 일이 지나고 나면 반드시 재앙이 있으리라. 병이 난 후에 약을 먹는 것보다는 병이 나기 전에 스스로 예방하는 것만 못하다."

159 재동제군의 수훈에 말하기를 "신묘한 약이라도 원통함으로 인한 병은 고치기 어렵고, 횡재라도 운명이 궁핍한 사람은 부자되게 못 한다. 일을 만들면 일이 생기는 것을 그대는 원망하지 말고, 남을 해치면 남도 해치는 것을 너는 화내지 말라. 순리와 자연이 모두 갚음이 있어서 멀면 자손에게 있고 가까우면 자신에게 있다."

[역주] **梓潼帝君**_ 도가(道家)로 자세히 알려져 있지 않다.

160 꽃이 지고 피었다. 또 지고 비단옷과 베옷도 바꿔 입게 된다. 호화 로운 집이라고 해서 반드시 항상 부귀한 것이 아니요, 가난한 집이 라고 해서 반드시 오래 적적하지는 않다. 사람을 부축해준다 해도 반드시 하늘에 올려놓지는 못할 것이요, 사람을 밀쳐도 반드시 구렁에 빠뜨리지는 못한다. 그대에게 권고하 는 것이니, 모든 일에 하늘을 원망하지 말라. 하늘은 사람에게 후하 고 박함이 없다.

161 사람의 마음이 독하기 뱀 같음을 한탄하여 마지 않는다. 누가 하늘 의 눈이 수레바퀴처럼 굴러다니고 있음을 알리오. 지난해에 망령 되게 동녘 이웃의 물건을 가져왔지만 오늘은 도리어 북녘 집으로 돌아가는구나.

의로움이 없이 얻은 돈과 재물은 끓는 물에 뿌려진 눈이요, 갑자기 굴러들어온 논밭은 물에 밀려온 모래이다. 만약 간교한 속임수로 생계를 삼는다면 아침에 피었다가 저녁에 지는 꽃과 흡사하다.

162 명약으로도 재상의 목숨을 고칠 수는 없고, 돈이 있다 해도 자손의 어짊을 사기는 어렵다.

163 하루라도 정신이 맑고 한가로우면 하루 신선이다.

12. 성심편 하(省心篇下) | 마음을 살피는 글

164 진종 황제 기록문에 말하기를 "위급함을 알고 험난한 것을 알면 마침내 법망에 걸려드는 문이 없을 것이요, 착한 사람을 등용하고 어진 사람을 천거하면 스스로 몸이 편안한 길이 있다. 인을 베풀고 덕을 폄은 곧 대대로 번영하고, 창성할 것이요,

시기하는 마음을 품고 원한을 갚는 것은 자손에게 위태로운 근심을 주게 된다. 남을 해롭게 해서 자기를 이롭게 한다면 마침내 출세하는 후손이 없고, 여러 사람을 해롭게 해서 집안을 일으킨다면 어떻게 오래 갈 부귀가 있겠는가.

명성이 바뀌고 신분이 달라지는 것은 모두 교묘한 말로 인하여 생긴 것이고 재앙이 일어나고 몸이 상하게 됨은 모두 어질지 못한 마음이 불러들인 것이다."

역주 **眞宗皇帝**_ 북송의 제3대 황제이며 휘는 조덕창(趙德昌, 968~1022)이다.

4대 玄孫(高孫)   5대 來孫   6대 昆孫   7대 仍孫   8대 雲孫

165 신종 황제 기록문에 말하기를 "도리가 아닌 재물을 멀리하고 정도에 지나친 술을 경계하며 거주할 때는 반드시 이웃을 가리고, 교제할 때는 반드시 벗을 가리며, 질투를 마음에 일으키지 말고, 무고하는 말을 입에서 내놓지 말며, 친척의 가난한 사람을 소홀히 하지 말고,

다른 사람의 부자를 후하게 하지 말며, 자신을 극복함에는 부지런하고 검소함을 첫째로 삼고 대중을 사랑함에는 겸손하고 온화함으로 첫째로 삼을 것이며, 항상 지나간 날의 잘못됨을 생각하고 항상 미래의 과오를 생각하라. 짐의 말을 의존한다면 집안과 나라를 다

스림이 오래갈 수 있을 것이다."

[역주] **神宗皇帝**_ 북송의 제6대 황제이며 휘는 조욱(趙頊, 1048~1085)이다.

166 고종 황제 기록문에 말하기를 "한 점의 불티도 만경의 섶을 태우고, 반 마디 그릇된 말도 잘못하면 평생의 덕을 훼손한다. 몸에 한 오라기의 실을 입어도 항상 옷 짜는 여자의 수고로움을 생각하고, 하루 세 끼니의 밥을 먹어도 항상 농부의 고생을 생각하라. 구차하게 탐내고 시기해서 손해를 끼친다면 마침내 10년의 편안함도 없을 것이요, 선을 쌓고 인을 보존하면 반드시 영화를 누리는 후손이 있으리라. 복이 선행으로 연유하는 것은 다수가 덕행을 쌓음에 따라 생겨나고 성인 경지에 들어가 보통사람을 초월하는 것은 모두가 진실함으로 얻어지는 것이다."

[역주] **高宗皇帝**_ 남송의 초대 황제이며 휘는 조구(趙構, 1107~1187)이다.

167 왕량이 말하기를 "그 임금을 알려고 한다면 먼저 그 신하를 보고, 그 사람을 알려고 한다면 먼저 그 벗을 보고, 그 아버지를 알려고 한다면 먼저 그 자식을 보라. 임금이 성군다우면 신하가 충성스럽고, 아버지가 인자하면 자식이 효도할 것이다."

[역주] **王良**_ 춘추시대 진(晉)나라 사람이다.

168 『공자가어』에 말하기를 "물이 지극히 맑으면 고기가 없고, 사람이 지극히 살피면 친구가 없다."

[역주] **家語**_『공자가어』를 말하며, 공자의 언행과 세상에 드러나지 않은 사실들을 모은 책이다.

169 허경종이 말하기를 "봄비는 거름과 같으나 길 가는 사람은 그 진흙을 싫어하고, 가을 달이 빛을 드날리나 도둑은 비춰 보여지는 것을 싫어한다."

170 『경행록』에 말하기를 "대장부는 선행을 보는 데 밝으므로 명분과 절의를 태산보다 중하게 여기고, 마음씀이 굳세므로 죽는 것과 사는 것을 기러기 털보다 가볍게 여긴다."

171 남의 흉한 것을 민망히 여기고, 남의 선행을 즐겁게 여기며, 남의 급한 것을 구제해주고, 남의 위태함을 구원해주어야 한다.

172 눈으로 보고 경험한 일도 모두 진실하지 않을까 두려운데, 등 뒤에서 하는 말을 어떻게 깊이 믿을 수 있겠는가.

173 자기 집 두레박 줄이 짧은 것은 한탄하지 않고, 다만 남의 집 우물 깊어서 고생하는 것만 한스러워한다.

174 뇌물을 탐내는 사람이 세상에 가득하지만, 죄는 박복한 사람에게 걸리게 된다.

175 하늘이 만약 일정함을 바꾸면 바람 아니면 비가 오고, 사람이 만약 일정함을 바꾸면 병 아니면 죽음일 것이다.

176 장원시에 말하기를 "나라가 바르면 민심도 유순하고, 관리가 깨끗하면 국민들이 편안해진다. 아내가 어질면 남편의 재앙이 적을 것이요, 자식이 효도하면 아버지의 마음이 너그럽다."

177 공자가 말씀하시기를 "나무가 먹줄을 따르면 곧아지고, 사람이 간청을 받아들이면 성스러워진다."

178 한 줄기 푸른 산의 경치가 아름다웠는데, 앞사람의 논밭을 뒷사람 이 거두는구나. 뒷사람은 거두어 얻는 것을 기뻐하지 말라. 다시 거둘 사람이 뒤에 있게 된다.

179 소동파가 말하기를 "이유 없이 천금을 얻으면 큰 복이 있는 것이 아니라, 반드시 큰 재앙이 있을 것이다."
　[역주] **蘇東坡**_ 북송 때의 문인으로, 이름은 식(軾, 1037~1101)이고 호는 동파(東坡)이 며, 당송(唐宋) 팔대가(八大家)의 한 사람이다.

180 강절 소 선생이 말하기를 "어떤 사람이 와서 점을 묻기를, 어떤 것 이 재앙과 복입니까? 내가 남을 피해 입히면 재앙이고, 남이 나를 피해 입히면 복이 될 것이다."

181 큰 집이 천 간이라도 밤에 여덟 자 몸이 누울 뿐이요, 좋은 밭이 만 경(토지 단위)이라도 하루에 쌀 두 되만을 먹을 뿐이다.

182 오래 머물러 있으면 남으로 하여금 천하게 여기게 되고, 자주 오면 친하던 것도 소원해진다. 오직 사흘이나 닷새 만에 보는데도, 서로 보는 것이 처음과 같지 않다.

183 목이 마를 때 한 방울의 물은 단 이슬과 같고, 취한 뒤에 잔을 더 하는 것은 없는 것만 못하다.

184 술이 사람을 취하게 하는 것이 아니라, 사람이 스스로 취하는 것이 고, 여색이 사람을 혼미하게 하는 것이 아니라, 사람이 스스로 혼 미해지는 것이다.

185 공적인 일을 위하는 마음을 만약 사적인 일을 위하는 마음에 비교

할 수 있다면 무슨 일이든 처리하지 못할 것이며, 도의 생각을 만약 애정 생각같이 한다면 부처 된 사람이 수시로 많았을 것이다.

186 염계 선생이 말하기를 "재주 부리는 사람은 말을 잘하고, 어리석은 듯한 사람은 과묵하며 재주 부리는 사람은 수고로우나, 어리석은 듯한 사람은 한가하며, 재주 부리는 사람은 해치나 어리석은 듯한 사람은 덕성스러우며, 재주 부리는 사람은 흉하고 어리석은 듯한 사람은 길하다.
아아! 천하가 겸손하면 형벌로 다스리는 정치가 철폐되어 윗사람은 편안하고 아랫사람은 유순하며, 풍속이 맑아지고 폐단은 단절될 것이다."

역주 **濂溪先生**_ 북송(周敦頤 : 1017~1073)의 유학자로 자는 무숙(茂叔)이며 염계는 호이다. 『태극도설(太極圖說)』을 저술하였다.

187 『주역』에 말하기를 "덕이 적으면서 지위가 높고, 지혜 없으면서 꾀하는 것이 크다면, 재앙 없는 사람이 적을 것이다."

역주 **周易**_ 삼경(三經)의 하나로 역경(易經)이라고도 하며, 우주의 원리와 인간의 길흉화복을 기록한 책으로, 문왕(文王)·주공(周公)·공자(孔子)에 의해 완성되었다고 한다.

188 『설원』에 말하기를 "벼슬하는 사람은 지위가 성취되는 데서 게을러지고, 병은 조금 낫는 데서 더해지며, 재앙은 게으른 데서 생기고, 효도는 처자에게서 쇠하여지니, 네 가지를 살펴서 끝까지 삼가하기를 처음과 같이 해야 한다."

역주 **說苑**_ 한나라 유향(劉向)이 지은 책으로 명인들의 일화를 수록하였다.

189 그릇이 가득 차면 넘치고, 사람이 넘치면 잃게(증용) 된다.

190 한 자 되는 옥구슬이 보배가 아니요, 일각(15분)의 시간을 다투어야

한다.

191 양고기 국이 아무리 맛이 좋으나, 여러 사람의 입을 고루 맞추기는 어렵다.

192 『익지서』에 말하기를 "흰 옥은 진흙 속에 묻혀도 그 빛을 더럽힐 수 없고, 군자는 혼탁한 지방에 갈지라도 그 마음을 더럽히거나 어지럽힐 수 없으니, 그러므로 소나무와 잣나무는 눈이나 서리를 견딜 수 있고 밝은 지혜는 위험이나 곤란도 견뎌낼 수 있다."

193 산에 들어가 호랑이를 사로 잡기는 쉬우나, 입을 열어 남을 고발하기는 어렵다.

194 먼 곳에 있는 물은 가까운 불을 끄지 못하고, 먼 곳의 친척은 가까운 이웃만 못하다.

195 태공이 말하기를 "해와 달이 아무리 밝지만 엎어놓은 그릇 밑은 비추지 못하고, 칼날이 아무리 예리해도 죄 없는 사람은 형벌하지 못하고, 천재 아닌 재앙이거나 비켜갈 수 있는 재앙은 조심하는 집 대문에는 들어가지 못한다."

196 태공이 말하기를 "좋은 밭 일만 이랑(토지 단위)이 소박한 재주 자신이 갖고 있는 것만 못하다."

197 성리서에 말하기를 "일을 대하는 데 중요한 것은 자기가 하고 싶지 않은 것을 남에게 시키지 말고, 행동하고 얻지 못하는 일이 있으면 돌이켜 그것을 자기에게서 찾아야 한다."

198　술과 여색과 재물과 기운, 네 가지를 모아놓은 담장 안에 다수의
　　어질고 어리석은 사람이 행랑 안에 함께 있다고 하자. 만약 세상
　　사람 중에 그곳을 뛰어넘어 나올 수 있다면 곧 신선으로서 죽지 않
　　는 방법일 것이다.

13. 입교편(立教篇) | 가르침을 세우는 글

199 공자가 말씀하시기를 "출세함에 도의가 있으니 효도가 근본이 되고, 장례에 예가 있으니 슬퍼함이 근본이 되고, 군대에 대오가 있으니 용맹이 근본이 되고, 나라를 다스리는 데 순리가 있으니 농사가 근본이 되고, 나라를 지키는 데 도리가 있으니 후계가 근본이 되고, 재물을 생산함에 시기에 있으니 노력이 근본이 된다."

200 『경행록』에 말하기를 "정치를 하는 데 중요한 것은 공정성과 청렴성이요, 집안을 일으키는 도리는 검소와 근면이다."

201 글을 읽는 것은 집안을 일으키는 근본이요, 순리를 따름은 집안을 잘 보존하는 근본이요, 부지런하고 절약하는 것은 집안을 잘 다스리는 근본이요, 화목하고 유순한 것은 집안을 가지런히 하는 근본이다.

202 공자의 삼계도에 말하기를 "일생의 계획은 어릴 때에 있고, 일년의 계획은 봄에 있고, 하루의 계획은 오전 4시경에 있으니, 어려서 배우지 않으면 늙어서 아는 것이 없고, 봄에 만약 밭 갈지 않으면 가을에 바랄 것이 없고, 새벽에 만약 일어나지 않으면 그날 힘쓸 일이 없다."

203 성리서에 말하기를 "다섯 가지 가르침의 조목은, 아버지와 자식 사이에는 친함이 있어야 하고, 임금과 신하 사이에는 정의가 있어야

하며, 남편과 아내 사이에는 분별이 있어야 하고, 어른과 어린이 사이에는 서열이 있어야 하며, 친구 사이에는 믿음이 있어야 한다."

204 삼강이라는 것은, 임금은 신하의 벼리(기강)이고, 아버지는 자식의 벼리(기강)이고, 남편은 아내의 벼리(기강)이다.

[역주] **벼리**_ 그물의 위와 아래 있는 굵은 밧줄을 말하며 고기가 벗어나지 못하도록 그물을 당기는 역할을 한다.

205 왕촉이 말하기를 "충신은 다른 왕족의 임금을 섬기지 않고, 열녀는 다른 남편을 바꾸어 섬기지 않는다."

[역주] **王蠋**_ 전국시대 제나라 사람으로, 제나라가 연나라에게 패망하자 항복하지 않고 자결하였다.

206 충자가 말하기를 "관청 일을 다스림에는 공평한 것만한 것이 없고, 재물에 관하여는 청렴한 것만한 것이 없다."

207 장사숙 좌우명에 말하기를 "모든 말은 반드시 진실하고 믿음이 있어야 하고, 모든 행실은 반드시 돈독하고 공경하며, 음식을 반드시 삼가고 절제하고, 글씨를 반드시 바르게 쓰며, 용모를 반드시 단정하고 장엄하게 하고, 의관을 반드시 엄숙하고 반듯하게 하며,
걸음걸이를 반드시 편안하고 자상하게 하고, 거처하는 곳을 반드시 바르고 정숙하게 하며, 일하는 것을 반드시 계획을 세워 시작하고, 말을 할 때는 반드시 그 실천할 것을 돌아보고서 하며, 평소에 덕행을 반드시 굳게 지니고,
일을 허락하는 것은 반드시 신중히 생각해서 응하며, 선행을 보면 자기에게서 나온 것같이 하고, 악행을 보면 자기의 병인 것같이 하라. 대체로 이 열네 가지는 모두 내가 아직 깊이 살피지 못한 것이다. 이를 마땅히 자리의 오른편에 써 붙여놓고 아침저녁으로 보고

경계로 삼으려고 한다."

역주 **張思叔**_ 북송 때의 학자로, 이름은 역(繹)이고 사숙(思叔)은 자이다. 성리학(性理學)의 대가로 이천 선생의 제자이다.

208 무왕이 태공에게 묻기를 "사람이 세상에 사는데 어찌하여 귀천과 빈부가 같지 않습니까? 말씀을 듣고서 이를 알려고 합니다." 태공이 대답하기를 "부귀는 성인의 덕과 같아서 순리에 달렸지만 부자는 쓰는 데 절약이 있고 부유하지 못한 사람은 집에 열 가지 도둑이 있습니다."라고 하였다.

역주 **武王**_ 주나라 문왕(文王)의 아들로 이름은 발(發)이다. 아우인 주공 단(周公旦)과 협력하여 은(殷)나라 주왕(紂王)을 쳐서 멸하고 주왕조를 세웠다.

209 무왕이 말하기를 "무엇을 십도라고 합니까?" 태공이 대답하기를 "곡식이 익은 것을 제때에 거두어들이지 않는 것이 첫째의 도둑이요, 거두어 쌓는 것을 마치지 않는 것이 둘째의 도둑이요, 일 없이 등불을 켜놓고 잠자는 것이 셋째의 도둑이요, 게을러서 밭 갈지 않는 것이 넷째의 도둑이요, 공력을 들이지 않는 것이 다섯째의 도둑이요, 교묘하게 해로운 일을 멋대로 하는 것이 여섯째의 도둑이요, 딸을 많이 키우는 것이 일곱째의 도둑이요, 낮잠 자고 일어나기를 게을리 하는 것이 여덟째의 도둑이요, 술을 탐내고 유흥을 즐기는 것이 아홉째의 도둑이요, 억지 부려 시기하는 것이 열째의 도둑입니다."라고 하였다.

210 무왕이 말하기를 "집에 십도가 없고도 부유하지 못한 것은 어찌하여 그렇습니까?" 태공이 대답하기를 "그런 사람의 집에는 반드시 삼모가 있을 것입니다." 무왕이 말하기를 "무엇을 삼모라고 말합니까?" 태공이 대답하기를 "창고에 비가 새는데도 지붕을 덮지 않아서 쥐와 새들이 어지럽게 먹어대는 것이 첫째의 소모요, 씨뿌리고 거들

때를 놓치는 것이 둘째의 소모요, 곡식을 흘려 더럽히고 천하게 다
루는 것이 셋째의 소모입니다."라고 하였다.

14. 치정편(治政篇) | 정사를 다스리는 글

211 명도 선생이 말하기를 "가장 처음으로 임명받은 선비가 진실로 사물을 사랑하는 데 마음을 둔다면 남에게 반드시 구제할 일이 있을 것이다."

[역주] **明道先生**_ 북송 때의 대학자로, 성은 정(程)이고 이름은 호(顥, 1032~1085)이며, 자는 백순(伯淳)이고 명도는 호이다.

212 송나라 태종의 기록문에 말하기를 "위에는 지휘하는 사람이 있고, 중간에는 다스리는 사람이 있으며, 아래에는 따르는 백성이 있어서, 예물로 받은 비단을 입고 곳간에 있는 곡식을 먹으니, 너희의 봉록은 백성들의 피와 땀인 것이다.
아래에 있는 백성은 학대하기 쉽지만, 위에 있는 푸른 하늘은 속이기 어렵다."

213 『동몽훈』에 말하기를 "관직을 담당하는 방법이 오직 이 세 가지가 있으니 청렴과 신중과 근면이다. 이 세 가지를 알면 몸가짐의 방법을 안다고 할 것이다."

[역주] **童蒙訓**_ 송나라 때 여본중(呂本中)이 지은 책이다.

214 관직을 담당하는 사람은 반드시 심하게 화내는 것을 경계하여, 일에 옳지 않음이 있으면 마땅히 자상하게 처리하라. 반드시 맞아 들어가지 않는 것이 없겠지만, 만약 먼저 격노한다면 다만 자신을 해롭게 할 뿐으로서, 어떻게 남까지 해롭게 할 수 있겠는가!

215 임금 섬기기를 어버이 섬기는 것같이 하고, 윗관리 섬기기를 형님 섬기는 것같이 하며, 동료들과 함께 하기를 자기 집안 사람같이 하고, 여러 하급관리 대접하기를 가까운 사람같이 하며, 백성 사랑하기를 처자같이 하고, 관직 처리하기를 자기 집안 일처럼 하고 난 다음에야 내 마음을 다했다고 할 수 있으니,
만약 털끝만큼이라도 부족한 것이 있다면 모두가 내 마음을 다하지 못한 점이 있는 것이다.

216 어떤 사람이 묻기를 "출납을 담당하는 관리는 현령을 보좌하는 사람으로서 관리가 하려는 일을 현령이 혹시 따르지 않는다면 어떻게 합니까?" 이천 선생이 대답하기를 "마땅히 성의로 감동시켜야 할 것이다.
이제 현령과 관리가 화목하지 않은 것은 곧 사사로운 생각으로 다투는 것이고 현령은 고을의 수장이니 만약 부형을 섬기는 도리로 섬겨서, 잘못이 있으면 자기에게로 돌리고, 잘한 것은 현령에게로 돌아가지 않을까를 염려해야 한다.
이와 같이 성의를 쌓는다면 어떻게 사람을 감동시키지 못하겠는가!"라고 하였다.
[역주] **伊川**_ 북송 때의 학자로 명도(明道) 선생의 아우이며, 성은 정(程)이고 이름은 이(頤, 1033~ 1107)이며, 자는 정숙(正叔)이고 이천은 호이다. 성리학(性理學)의 대가이다.

217 유안례가 백성에 대하는 도리를 묻자 명도 선생이 말하기를 "백성으로 하여금 각자 그들의 생각을 말할 수 있게 하는 것이다." 하급관리 거느리는 도리를 묻자 "자기를 바르게 하고 나서 남을 바르게 하는 것이다."라고 하였다.
[역주] **劉安禮**_ 북송 때의 사람으로 자는 원소(元素)이다.

218 포박자 말하기를 "도끼로 맞는다 해도 바른 길로 간청하며, 솥안에 들어간다 해도 옳은 말을 다한다면 이런 사람을 충신이라고 한다."

역주 **抱朴子**＿ 진(晋)나라 초기의 도가(道家)로, 성은 갈(葛)이고 이름은 홍(洪)이며, 포박자는 호이다.

15. 치가편(治家篇) | 집안을 다스리는 글

219 사마온공이 말하기를 "대체로 손아랫사람들은 일의 크고 작음이 없이 마음대로 행동하지 말고 반드시 집안 어른께 여쭈어보고서 해야 한다."

220 손님을 접대함에는 풍성하게 하지 않을 수 없으며, 가정을 다스림에는 검소하지 않을 수 없다.

221 태공이 말하기를 "어리석은 사람은 아내를 두려워하고 어진 여자는 남편을 공경한다."

222 대체로 아랫사람을 부리는 데는 먼저 배고프고 추운지를 생각해주어야 한다.

223 자식이 효도하면 부모님이 즐거워하시고, 집안이 화목하면 만사가 이루어진다.

224 수시로 불이 나는 것을 예방하고, 밤마다 도적이 드는 것을 예방해야 한다.

225 『경행록』에 말하기를 "아침밥과 저녁밥의 이르고 늦음을 보아 그 사람의 집안이 흥기하거나 쇠락함을 점칠 수가 있다."

226 문중자가 말하기를 "혼인하고 장가들 때에 재물을 의논하는 것은
오랑캐들이 하는 도리이다."

[역주] **文仲子**_ 수나라 학자인 왕통(王通)의 시호이다.

16. 안의편(安義篇) | 도의를 편안히 하는 글

227 안씨 가훈에 말하기를 "대체로 백성이 있은 다음에 부부가 있고,
부부가 있은 다음에 부자가 있으며, 부자가 있은 다음에 형제가 있
으니, 한 집안의 친목은 세 가지뿐이다. 여기에서부터 나아가 구족
에 이르기까지 모두 삼친에 근본을 두고 있다.
그러므로 인륜에 있어서 가장 중요한 일로서 돈독하게 하지 않으면
안 된다."

역주 **顔氏家訓** _ 북제나라의 안지추(顔之推)가 지었다.

三親 _ 부부, 부자, 형제

九族 _ 고조, 증조, 조부, 부모, 자기, 자녀, 손자, 증손, 현손(고손)

228 장자가 말하기를 "형제는 수족이고 부부는 의복이니, 의복이 떨어
졌을 때는 다시 새 것을 입을 수 있지만 수족이 끊어졌을 때는 잇
기가 어려운 것이다."

229 소동파가 말하기를 "부유하다고 친하지 않으며 가난하다고 멀리하
지 않는 사람은 인간의 대장부이고, 부유하면 나아가고 가난하면
물러나는 사람은 인간의 진정한 소인배이다."

17. 준례편(遵禮篇) | 예의를 따르는 글

230 공자가 말씀하시기를 "집안에 거처하면서 예절이 있으므로 어른과 어린이의 분별이 있고 가정에 예절이 있으므로 '부부·부자·형제' 친족이 화목하며, 조정에 예절이 있으므로 관직의 서열이 있어야 하고, 사냥하는 데 예절이 있으므로 무사 일이 익숙하여야 하며, 군대에 예절이 있으므로 무공이 이루어져야 한다."

> [역주] 軍旅＿ 고대에 1군(軍)은 1만 2천5백 명, 1여(旅)는 5백 명으로 편제되었으므로 군대를 총칭하는 말로 쓰인다.

231 공자가 말씀하시기를 "군자가 용맹만 있고 예절이 없으면 난동을 일으키고, 소인이 용맹만 있고 예절이 없으면 도둑질을 하게 된다."

232 증자가 말하기를 "조정에서는 직책만한 것이 없고, 사회에서는 나이만한 것이 없으며, 세상을 돕고 백성을 잘 살게 하는 데는 은덕만한 것이 없다."

> [역주] 曾子＿ 춘추시대 노나라 사람으로 이름은 삼(參, B.C. 505~436)이고, 자는 자여(子輿)이며 공자의 제자이다.

233 노인과 젊은이, 어른과 어린이는 천륜으로 나누어놓은 질서이니, 윤리를 어기거나 도리를 해쳐서는 안 된다.

234 문 밖에 나설 때는 큰 손님을 뵙는 것과 같이 하고, 방으로 들어갈 때는 사람이 있는 것같이 하라.

235 만약 남들이 나를 소중히 여겨주길 바란다면 내가 남을 소중히 여
   기는 것을 지나침이 없어야 한다.

236 아버지는 아들의 덕택을 말하지 않고, 자식은 아버지의 과오를 말
   하지 않아야 한다.

18. 언어편(言語篇) | 말에 관한 글

237　유회가 말하기를 "말이 논리에 맞지 않으면, 말하지 아니함만 못하다."

238　한 마디 말이라도 논리에 맞지 않으면, 천 마디가 쓸데없다.

239　군평이 말하기를 "입과 혀는 화근과 근심을 불러들이는 문이고, 자신을 멸망하게 하는 도끼와도 같다."

　　　[역주]　**君平**_ 전한 무제(武帝) 때 사람으로 추정된다.

240　사람을 이롭게 하는 말은 따뜻하기 솜과 같고, 사람을 해롭게 하는 말은 날카롭기 가시 같아서, 한 마디 말이 사람을 이롭게 함에 귀중하기가 천금 값어치요, 한 마디 말이 사람을 해롭게 함에 아프기가 칼로 베는 것과 같다.

241　입은 사람을 해롭게 하는 도끼요 말은 혀를 베는 칼로서, 입을 막고 혀를 깊이 감추면 몸이 편안하고 가는 곳마다 조용하고 편안할 것이다.

242　사람을 만나서 말을 하게 되면 삼할 정도만 하고, 자기가 지니고 있는 핵심 마음을 모두 버리지 않아야 하니, 호랑이에게 세 개의 입이 생기는 것은 두렵지 않고, 오직 사람 생각의 두 가지 마음이 두려운 것이다.

243　술은 자기를 알아주는 사람을 만나면 천 잔도 적고, 말은 기회(상황)에 맞지 않으면 한 구절도 많다.

19. 교우편(交友篇) | 친구를 사귀는 글

244 공자가 말씀하시기를 "착한 사람과 같이 살면 영지와 난초 있는 방 안에 들어간 것과 같아서 오래되어 그 향기를 맡지 못한다 해도 곧 그 향기와 동화되고, 착하지 못한 사람과 같이 있으면 생선 가게에 들어간 것과 같아서
오래되어 그 냄새를 맡지 못한다 해도 또한 그 냄새와 동화되므로, 붉은 염색을 가진 사람은 붉은색에 오염되고, 검은 염색을 가진 사람은 검은색에 오염된다. 이런 까닭으로 군자는 반드시 함께 거처할 사람을 신중히 생각하게 된다."

245 가어에 말하기를 "학문을 좋아하는 사람과 동행하면 마치 안개 속을 가는 것과 같아서 아무리 옷은 젖지 않아도 때때로 습기가 배어 듦이 있고, 상식이 없는 사람과 동행하면 마치 화장실에 앉은 것 같아서 비록 옷은 더럽히지 않아도 때때로 그 냄새를 맡게 되는 것과 같다."

246 공자가 말씀하시기를 "안평중은 사람들과 사귀는 것을 잘한다. 오래도록 공경하는구나!"

[역주] **晏平仲**_춘추시대 제나라의 재상으로, 이름은 영(嬰)이며 평중은 자이다.

247 서로 얼굴을 아는 사람은 세상에 많지만, 마음을 아는 사람은 몇이나 되겠는가?

248 술이나 음식을 먹을 때에 형·동생 하는 친구는 천 명 정도 되지

만, 급하고 어려운 일을 당했을 때에 친구는 하나도 없을 수 있다.

249 열매를 맺지 않는 꽃은 심으려고 하지 말고, 의리 없는 친구는 사
     귀지 않아야 한다.

250 군자의 사귐은 담박하기가 물 같고, 소인의 사귐은 달콤하기가 단
     술과 같다.

251 길이 멀어야 말의 힘을 알 수 있고, 날짜가 오래 지나야 사람의 마
     음을 알아볼 수가 있다.

20. 부행편(婦行篇) | 부인의 행실에 관한 글

252 『익지서』에 말하기를 "여자는 네 가지 덕의 명예가 있으니, 첫째 는 부녀자의 덕행이요, 둘째는 부녀자의 용모요, 셋째는 부녀자 의 말씨요, 넷째는 부녀자의 솜씨이다."

253 부덕이라는 것은 반드시 재주가 있다는 명성이 뛰어나야 하는 것 이 아니요, 부용이라는 것은 반드시 얼굴이 아름답고 고움을 말함 이 아니요, 부언이라는 것은 반드시 구변이 좋아서 말을 듣기 좋게 하는 것이 아니요, 부공이라는 것은 반드시 기술적인 솜씨가 다른 사람보다 뛰어남을 말하는 것이 아니다.

254 그 부덕이라 함은 맑고 절개 곧고 염치 있고 절도 있어 분수를 지 키며 몸을 가지런히 하고, 행동거지에 부끄러워함이 있어 동정에 절도가 있는 것으로 이것이 부덕이요, 부용이라 함은 먼지나 때를 씻고 빨아서 의복을 깨끗이 하고 목욕을 제때에 해서 몸에 더러움 이 없게 하는 것으로 이것이 부용이요,
부언이라 함은 본받을 만한 것을 가려 말해서 예의가 아니면 말하 지 않고, 말을 해야 할 때에 해서 남들이 그 말을 싫어하지 않는 것 으로 이것이 부언이요, 부공이라 함은 오직 길쌈을 부지런히 하고 독한 술 빚기를 좋아하지 말며 맛있는 음식을 갖추어 손님을 받드 는 것으로 이것이 부공이다.

255 이 네 가지 덕은 바로 부녀자가 빼놓을 수 없는 것이다. 실천하기 매우 쉽고 힘씀이 올바르게 하는 데 있으니, 이것을 기본으로 실천

한다면 이것이 부녀자의 법절이다.

256 태공이 말하기를 "부인의 예절은 말이 반드시 가늘어야 한다."

257 어진 부인은 남편을 귀하도록 하고, 아첨하는 부인은 남편을 천하도록 한다.

258 집안에 어진 아내가 있으면 남편은 빗나갈 재앙은 만나지 않는다.

259 어진 부인은 육친을 화목하게 하고, 아첨하는 부인은 육친의 화목을 깨뜨린다.

[역주] **六親**_부·모·형·제·처·자의 여섯 친족을 가리키나 모든 친척을 지칭하기도 한다.

21. 증보편(增補篇) │ 더 보충하는 글

260 『주역』에 말하기를 "선행을 쌓지 않으면 명성을 이룰 수 없을 것이고, 악행을 쌓지 않으면 몸을 망치지 않을 수 있는데, 소인은 자그마한 선행으로 유익함이 없다고 해서 하지 않고, 자그마한 악행으로 해로움이 없다고 해서 버리지 않는다.
그러므로 악행이 쌓여도 막지 못하고 죄가 커져도 풀지 못한다."

261 서리를 밟으면 굳은 얼음철이 다가오는데, 신하가 그 임금을 죽이며 자식이 그 아비를 죽이는 것이 하루 아침 하루 저녁의 일이 아니라 그 유래되어 온 것이 점진적이었을 것이다.

22. 팔반가 팔수(八反歌八首) | 여덟 가지 반성하는 노래

262 어린아이가 혹 나를 꾸짖으면 내 마음에 기쁨을 느끼고, 아버지와 어머니가 나에게 진노하시면 내 마음에 도리어 달갑지 않다. 한편은 기쁘고 한편은 달갑지 않으니 아이를 대하는 마음과 어버이를 대하는 마음이 어찌하여 현격한가!
그대에게 권고하는 것이니, 오늘 어버이의 노여움을 만나면 꼭 어버이를 아이로 여겨보아라.

263 아이들은 천 마디 말을 해도 그대가 듣기에는 항상 싫지 않고, 어버이는 한 번 입을 열면 곧 한가하게 참견이 많다고 한다. 한가로이 참견함이 아니라 어버이는 마음에 걸리고 끌려서이며, 하얗게 센 흰머리에 알고 익힌 것이 많아서이다.
그대에게 권고하는 것이니, 노인의 말씀을 공경하여 받들고 젖내나는 입으로 길고 짧음을 논쟁하지 않도록 해야 한다.

264 어린아이의 오줌똥 더러운 것은 그대 마음에 싫어하거나 꺼림이 없지만, 늙은 어버이의 눈물과 침이 떨어지는 것은 도리어 꺼리고 싫어하는 생각이 있다. 2미터 되는 몸이 어디서 왔는가! 아버지의 정기와 어머니의 피로 너의 몸이 이루어졌다.
그대에게 권고하는 것이니, 늙어가는 사람을 공경심으로 대접하라. 건장할 때 그대를 위하여 몸이 쇠약해지신 것이다.

265 그대가 새벽에 시장에 가서 가루떡과 흰떡 사는 것을 보면, 부모에게 드린다는 말은 듣기가 적고, 자식에게 준다는 말을 많이 한다.

어버이는 아직 맛보지도 않았는데 자식이 먼저 배부르니, 자식에 대한 마음이 부모의 마음 좋아하는 것과 비교하지 못할 것이다. 그대에게 권고하는 것이니, 떡을 살 돈을 많이 내어, 흰머리에 생존하실 날이 적은 어버이를 공양하라.

266 시장 약 파는 가게에 오직 아이를 살찌게 하는 약은 있고 어버이를 건강하게 하는 약은 없으니 두 가지를 무슨 이유로 보아야 할까? 아이도 병들고 어버이도 병들었을 때 아이의 병 고치는 것을 어버이의 병 고치는 것과 비교하지 못할 것이다.
다리의 살을 베어 부모님 병을 고친다고 해도, 도리어 어버이의 몸이니 그대에게 권고하는 것이니 빨리 양친의 여생을 보전케 하라.

267 부유하고 귀하면 어버이를 봉양하기 쉬우나 어버이는 항상 불편해하는 마음이 있고, 가난하고 천하면 아이를 기르기 어려우나 아이는 배고프고 추운 것을 구애받지 않는다. 한 가지 마음과 두 가지 길에 아이를 위함이 마침내 어버이를 위함만 못하다.
그대에게 권고하는 것이니, 부모님 봉양하기를 아이를 기르는 것과 같이 하고 모든 일을 집안이 넉넉하지 않다고만 미루지 말라.

268 어버이를 봉양함에는 다만 두 분뿐인데 늘 형과 동생이 서로 다투고, 아이를 기름에는 열 명이 된다 해도 그대들은 모두 혼자 맡으려고 한다. 아이가 배부르고 따뜻한 것은 친절하게 늘 묻지만, 어버이의 배고프고 추운 것은 마음에 두지 않는다.
그대에게 권고하는 것이니, 어버이 봉양하기를 마땅히 힘을 다하라. 당초에 입을 것과 먹을 것이 그대에게 빼앗김을 당한 것과 마찬가지이다.

269 어버이는 십분의 사랑함이 있었지만 그대는 그 은혜를 생각하지 않고, 아이는 일분의 효도만 있어도, 그대는 나아가 그 이름을 드러내려 한다. 어버이를 대접하는 것은 어둡고 아이를 대하는 것은 밝으니, 누가 어버이의 자식 기른 마음을 알 것인가?

그대에게 권고하는 것이니, 아이들의 효도를 믿는다는 것은 아득하다. 아이들의 본보기가 그대 자신한테 있는 것이다.

270　손순이 집이 가난하여 그의 아내와 남의 집에 품팔이 일을 해서 어머니를 봉양하였는데, 아이가 있어 언제나 어머니의 음식을 빼앗았다.

　　손순이 아내에게 말하기를 "아이가 어머니의 음식을 빼앗으니 아이는 얻을 수 있지만 어머니는 다시 구하기 어렵다"고 하고 곧 아이를 업고 귀취산 북쪽 교외로 가서 묻으려고 땅을 팠는데 문득 기이한 돌종이 나와서, 놀랍고 이상하게 여겨 종을 쳐보았는데

　　울리는 소리가 듣기 좋았다. 아내가 말하기를 "이 기이한 물건을 얻은 것은 거의 아이의 복으로 땅에 묻는 것이 옳지 않다"고 하자 손순도 그렇게 생각해서 아이를 데리고 종을 갖고 집으로 돌아와서 대들보에 매달고 쳤는데,

　　임금이 종소리가 맑게 멀리서 울리는 소리를 듣고 이상하게 여겨 그 사실을 캐묻고는 말하기를, "옛적에 곽거가 자식을 묻었을 때는 하늘이 금솥을 주셨는데 지금 손순이 아이를 묻으려 하자 땅에서 돌종이 나왔으니 앞일과 뒷일이 서로 꼭 맞는다."고, 하면서 집 한 채를 주고 해마다 쌀 오십 섬을 주었다고 한다.

역주　**孫順**_ 경주 손씨의 시조로, 신라 42대인 흥덕왕 때 신라 삼기(三器)의 하나인 석종을 얻은 효자이다.

郭巨_ 중국 후한 때의 효자이다.

신라 三器_ 박혁거세 때 金尺　신문왕 때 萬波息笛　흥덕왕 때 石鐘

271　상덕은 흉년과 전염병이 유행하는 때를 만나서 아버지와 어머니가 굶주리고 병들어 거의 돌아가시게 되었다. 상덕이 낮이나 밤이나

옷을 벗지 않고 정성을 다해 편안히 위로하였지만 봉양할 것이 없을 때 넙적다리 살을 베어 드시게 하였고, 어머니 몸에 종기가 생겼었는데 입으로 빨아서 낫게 하였다.

왕이 가상히 여겨 하사품을 매우 후하게 내리고, 그 집 문앞에 정려문을 세우도록 명하여, 비석을 세우고 선행을 기록하게 하였다.

[역주] **尙德**_ 신라 때 사람으로 효성이 지극하였다 한다.

旌閭門_ 충신이나 효자·열녀를 기리기 위하여 그가 사는 마을에 정려문을 세우고 그 안에 그 사실을 기록한 현판을 게시함을 이른다.

272 도씨는 집이 가난했어도 효성이 지극하였다. 숯을 팔아 고기를 사서 어머니의 반찬을 빠뜨림이 없었다. 하루는 시장에서 늦게 바삐 돌아오는데 솔개가 갑자기 고기를 채가자 도씨가 슬피 울며 집에 돌아와 보니 솔개가 벌써 고기를 집 안 뜰에 던져놓았었다.

하루는 어머니가 병이 나서 때아닌 홍시를 찾기에 도씨가 감나무 숲에서 방황하다 날이 저문 것도 모르고 있는데, 어느 호랑이가 여러 번 앞길을 가로막으며 타라고 하는 뜻을 보였다. 도씨가 타고 백여 리 되는 산촌에 이르러 집을 찾아 투숙했는데,

잠깐 있자 주인이 제삿밥을 주는데 홍시가 있었다. 도씨는 기뻐하며 감의 내력을 묻고 또 자신의 뜻을 말하자, 대답하기를 "돌아가신 아버지께서 감을 즐기시므로 해마다 가을에 감 이백 개를 가려서 그것을 굴 안에 저장하였다가 이 오월에 이르면 온전한 감이 칠, 팔 개에 지나지 않았지만,

오늘 오십 개의 온전한 것을 얻었으므로 마음속으로 이상스럽게 여겼는데 바로 하늘이 그대의 효성에 감동한 것이다." 하고는 이십 개를 주기에 도씨가 사례하고 문밖을 나오자, 호랑이가 그때까지 엎드려 기다리고 있었다.

타고서 집에 도착하자 새벽닭이 '꼬끼오' 하고 을 때였다. 훗날 어

머니가 천명으로 돌아가시자 도씨는 뜨거운 눈물을 흘렸다고 한다.

[역주] **都氏**＿조선 철종 때 예천 사람이라 한다.

273 인관이 시장에서 솜을 파는데 서조라는 사람이 있어 곡식으로 바
꿔 사 가지고 돌아가는데 어느 독수리가 그 솜을 채 가지고 인
관의 집에 떨어뜨렸다. 인관이 서조에게 돌아와서 말하기를 독수
리가 너의 솜을 내 집에 떨어뜨렸으므로 그대에게 돌려주겠소.
서조가 말하기를 "독수리가 솜을 채다가 그대에게 준 것은 하늘이
한 것이다. 내가 어떻게 받는다고 하겠는가!" 인관이 말하기를 "그
렇다면 곡식을 돌려주겠소."
서조가 말하기를 "내가 그대에게 준 지가 벌써 7일이 넘었는데 곡
식은 이미 그대에게 속한 것이다." 하고는, 두 사람이 서로 사양하
다가 솜과 곡식을 모두 시장에 버리자 시장을 맡아 다스리는 관원
이 임금께 알려지게 하여 다같이 벼슬을 주었다고 한다.

역주 **印觀**_ 신라 때 사람이다.

274 홍기섭이 젊어서 몹시 가난하여 생활이 말할 수 없었는데 하루는
아침에 하인 아이가 뛰어와서 돈 일곱 냥을 바치며 말하기를, "이
것이 솥 안에 있었으니, 쌀로는 몇 섬이요 나무로는 몇 수레이오니
하늘이 주신 것입니다."
홍공이 놀라서 말하기를 "이것이 어떻게 된 돈인가?" 하고 곧 돈 잃
은 사람은 와서 찾아가라는 등의 글을 써서 대문 위에 붙이고 기다
렸는데 얼마 안 되어 성이 유씨라는 사람이 찾아와 글 뜻을 묻기에
홍공이 모두 말하자 유씨가 말하기를 "남의 솥 안에다 돈을 잃을
리가 없습니다.

과연 하늘이 주신 것인데 왜 갖지 않으시는 것입니까?" 홍공이 말하기를 "나의 물건이 아닌데 어찌하겠소?" 유씨가 엎드리며 말하기를 "소인이 어젯밤 솥을 훔치러 왔다가 도리어 가세가 쓸쓸한 것을 민망하게 여기고 넣어놓은 것이었는데

지금 홍공의 청렴하심에 감동하고 양심이 저절로 일어나 다시는 도둑질을 안 할 것을 맹세하옵고 항상 모시기를 바라오니 염려하지 마시고 가지십시오." 하자

홍공이 곧 돈을 돌려주며 말하기를 "네가 어진 사람이 된 것은 잘한 일이나, 돈은 가질 수 없다." 하고 끝끝내 받지 않았다. 후일에 홍공은 판서가 되고 그의 아들 재룡은 헌종의 장인이 되었으며, 유씨 또한 신임을 받아서 자신과 집안이 크게 번창하였다고 한다.

[역주] 洪耆燮_ 조선 순조 때의 사람이다.

275 고구려 평원왕의 딸이 어렸을 때 울기를 잘해서 왕이 희롱하면서 "너를 장차 바보 온달에게 시집보내리라" 하였는데 자라남에 이르러서 상부 고씨에게 시집을 보내려고 하자, 딸이 임금으로서 식언하시면 안 된다며 굳이 사양하고 마침내 온달의 아내가 되었다. 대체로 온달이 집이 가난하여 다니며 빌어다가 어머니를 봉양하였는데 그때부터 사람들이 바보 온달이라고 지목하게 되었다. 하루는 온달이 산 속에서 느릅나무 껍질을 짊어지고 돌아오는데 공주가 찾아와 보고 말하기를 "내가 바로 그대의 배필이다." 하고,

곧 머리장식을 팔아 밭과 집과 살림살이를 사서 무척 부유해졌고, 말을 많이 길러 온달을 도와서 마침내 이름이 나타나고 영달하게 되었다고 한다.

[역주] 平原王_ 고구려의 제25대 왕으로 재위 559~590이며, 온달 장군과 평강 공주의 사랑 이야기가 충북 단양군 영춘면 하리의 온달산성에 유적으로 남아 있으며, 당시에는 고구려 영토였다.

25. 권학편(勸學篇) │ 학문을 권하는 글

276 주자가 말하기를 "오늘 배우지 않고 내일이 있다고 말하지 말고, 올해 배우지 않고 내년이 있다고 말하지 말라. 세월은 가기만 하는 것이다. 나이란 나만 늘려지는 것이 아니므로. 아아 늙었구나! 이것이 누구의 허물이란 말인가!"(나이는 누구나 똑같이 늘어남)

277 소년은 늙기 쉽고 학문은 이루기 어려우니, 일각(15분)의 시간이라도 가벼이 해서는 안 된다. 아직 연못에 봄풀은 꿈에서 깨어나지도 않았는데 뜰 앞에 오동잎은 벌써 낙엽 소리를 내는구나!

278 도연명의 시에 말하기를 "성년은 다시 오지 않고, 하루는 두 번 새벽 되지 않으므로, 때가 왔을 때 마땅히 힘써야 한다. 세월은 사람을 기다리지 않는다오."

역주 陶淵明_ 동진(東晋)의 은사(隱士)로, 이름은 잠(潛)이고 자는 원량(元亮)으로 『귀거래사(歸去來辭)』가 유명하다.

279 순자가 말하기를 "반 걸음을 모으지 않으면 천 리에 도달할 수 없을 것이고, 시냇물이 모이지 않으면 강물을 이루지 못한다."

2. 사자소학 四字小學

1. 효도편(孝道篇)

1   아버님이시여, 나의 몸을 낳아주시고
     어머님이시여, 우리 몸을 길러주셨도다

2   배로 나를 품어주셨고
     젖으로 나를 먹여주셨도다

3   옷을 만들어 나를 따뜻하게 하여주셨고
     밥을 지어 나를 배부르게 하여주셨도다

4   은혜는 높아서 하늘과 같고
     덕은 두터워서 땅과 같으니
     자식 된 사람으로서 어떻게 효도하지 않으리요

5   그 은덕을 갚으려 해도
     하늘(높고 넓어서) 같아서 다할 수 없도다

6   부모님이 나를 부르시면
     빨리 대답하고 달려가야 한다

7   부모님께서 나에게 일을 시키시면
     거역하지 말고 게을리 하지도 말아야 한다

8 　부모님께서 명령하시는 일이 있으면
　　머리를 숙이고 공경하여 들어야 한다

9 　앉아서 명령하시면 앉아서 듣고
　　서서 명령하시면 서서 들어야 한다

10 　부모님이 출입하시면
　　항상 반드시 일어서야 한다

11 　부모님의 의복을
　　넘어 다니지 말고 밟지도 말아야 한다

12 　부모님이 병이 있으시면
　　걱정하며 나으시는 방법을 생각하여야 한다

13 　밥상을 대하고 드시지 않으시면
　　좋은 반찬 구해 드릴 것을 생각해야 한다

14 　외출할 때는 반드시 말씀드려야 하고
　　돌아와서도 반드시 뵈어야 한다

15 　삼가 멀리 놀러 다니지 말아야 하고
　　놀러 가더라도 반드시 방향이 있어야 한다

16 　무릎 앞에 앉지 말고
　　어버이 얼굴을 쳐다보지 말아야 한다

17 부모님을 모시고 앉으면
   화내며 남을 꾸짖지 말아야 한다

18 어버이 앞에 모시고 앉으면
   걸터앉지 말고 눕지도 말아야 한다

19 부모님께 물건을 드리게 되면
   꿇어앉아 나아가 드려야 한다

20 나에게 음식을 주시면 꿇어앉아 받아야 한다

21 의복이 아무리 좋지 않아도
   주시는 것은 반드시 입어야 한다

22 음식이 아무리 맛이 없어도
   주시는 것은 반드시 먹어야 한다

23 신체와 모발과 피부를
   훼손하지 말고 상처 입지도 말아야 한다

24 부모님이 사랑해주시면
   기뻐하며 잊지 않아야 하고
   부모님이 꾸짖으시면
   반성하고 원망하지 말아야 한다

25 높은 나무에 올라가지 말아야 한다
   부모님이 걱정하시게 된다

26 깊은 물에서 수영하지 말아야 한다
   부모님이 염려하시게 된다

27 남들과 싸우지 말아야 한다
   부모님이 불안해하시게 된다

28 일할 때는 반드시 말씀드린 다음에 행동하고
   감히 자기 마음대로 행동하지 말아야 한다

29 한 번만 부모님을 속인다 해도
   그 죄는 산(크기)과 같다

30 나 자신이 현명할 수 있으면
   명예가 부모님에게 미치고
   나 자신이 현명하지 않으면
   욕됨이 부모님에게 미친다

31 먼 선조까지 추모하고 근본에 보답하여
   제사를 반드시 정성껏 모셔야 한다

32 선조가 계시지 않았다면
   우리 몸이 어떻게 태어났겠는가

33 사람의 윤리 중에 충성과 효도가 근본이니
   효도는 마땅히 힘을 다하여야 하고
   충성은 곧 목숨을 바쳐야 한다

34　어버이 섬기기를 이와 같이 한다면
　　효도라고 말할 수 있을 것이다

35　이렇게 못한다면 금수와 다를 것이 없을 것이다

36　부모님이 과오가 있으시면
　　간청드리며 거스리지 않아야 한다

37　간청드려서 만약 받아들이지 않으셔도
　　기쁘게 해드리면서 다시 간청드려야 한다

38　신체와 모발과 피부는 부모님에게서 받은 것이니
　　감히 훼손하거나 상처 입지 않는 것이 효도의 시작이다

39　자신이 출세하여 도리를 실천하고
　　후세에 명성을 떨쳐서
　　부모님을 드러나게 하는 것이 효도의 끝이다

40　삼가 함으로 속마음을 정직하게 하고
　　마땅한 도리로 행실을 반듯하게 하라

2. 부부편(夫婦篇)

41   부부의 윤리는 두 사람의 성씨가 화합한 것이니
      안과 밖의 일이 구별이 있어서
      서로 공경하기를 손님과 같이 하여야 한다

42   남편의 도리는 온화하고 올바름이요
      아내의 덕성은 부드럽고 순종함이다

43   백성들의 삶에 시작이며
      모든 복의 근원이니
      남편이 주도하고 아내가 따라주면
      가정의 도리가 이루어질 것이다

44   군자의 도의(조화)는 단서가 부부에게서
      시작된다고 하였다

3. 형제편(兄弟篇)

45 형제와 자매는 똑같은 정기로 태어났으니
    형은 우애하고 아우는 공경하여
    감히 원망하거나 화내지 않아야 한다

46 몸은 아무리 나뉘어졌지만
    근본은 한 가지 정기로 태어났으며
    형체는 아무리 다르지만
    본래는 한 분의 피를 받고 자랐다

47 이것을 나무에 비교하면
    똑같은 뿌리에 가지만 다를 뿐이요
    이것을 물에 비교하면
    똑같은 샘근원에 지류만 다를 뿐이다

48 형이 아무리 나를 꾸짖는다 해도
    감히 반항하거나 화내지 말아야 하고
    아우가 아무리 잘못이 있다 해도
    마땅히 큰소리로 꾸짖지 말아야 한다

49 아무리 다른 친척이 있다고 하지만
    어떻게 형제만 하겠는가

형제가 화목하면
부모님이 기뻐하실 것이다

4. 은사편(恩師篇)

50   스승 섬기는 것을 어버이와 똑같이 하여
      반드시 공손히 하고 반드시 공경하여야 한다

51   선생님이 교육을 베풀어주시면
      제자는 본받아야 한다

52   일찍 일어나고 밤늦게 잠자고서
      독서를 게을리 하지 말아야 한다

53   공부를 부지런히 힘쓰게 되면
      부모님이 기뻐하실 것이다

54   부모님께 효도하려고 하면서
      어떻게 스승을 공경하지 않겠는가

55   문자를 처음으로 익힐 때는
      글자 획을 바르게 써야 하고
      책이 어지럽게 흩어져 있으면
      항상 반드시 정돈하여야 한다

56 삼강과 오륜은 오직 스승님이 가르쳐주신 것이니
   효도할 수 있고 공경할 수 있는 것이
   스승님의 은혜가 아닌 것이 없으며
   알 수 있고 실천할 수 있는 것이
   모두 스승님의 은공이시다

5. 장유편(長幼篇)

57   노인과 청소년과 어른과 어린이는
        천륜이 구분해놓은 질서이니
        윤리를 거스려도 안 되고
        도리를 해쳐서는 더욱 안 된다

58   어른은 어린이를 사랑하고
        어린이는 어른을 공경하여야 하며
        어른의 앞에서는 나아가고 물러나는 것을
        반드시 공손히 하여야 한다

59   나이가 많아서 갑절(20세)이면
        아버지 연세로 섬겨야 하고
        십 년이 많으면 형으로 섬겨야 한다

60   내가 남의 어버이를 공경하면
        남도 나의 어버이를 공경할 것이고
        내가 남의 형을 공경하면
        남도 나의 형을 공경하게 될 것이다

61   손님이 찾아오면 대접을 반드시 정성껏 하여야 한다
        손님이 오지 않게 되면 가문이 쓸쓸해질 것이다

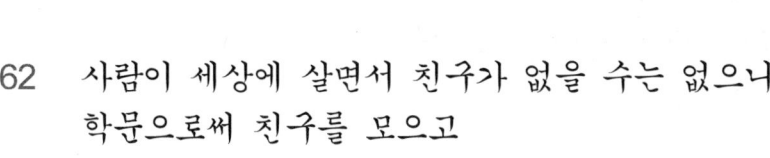

6. 붕우편(朋友篇)

62 사람이 세상에 살면서 친구가 없을 수는 없으니
학문으로써 친구를 모으고
친구로써 인의 실천을 도와야 한다

63 친구가 올바른 사람이라면
나 역시 저절로 올바르게 되고
간사한 사람을 따라다니며 놀게 되면
나 역시 저절로 간사하게 된다

64 쑥이 삼밭 속에서 자라게 되면
붙잡아매지 않아도 저절로 곧게 자라고
하얀 모래가 진흙 속에 있게 되면
오염되지 않으려 해도 자연히 더러워진다

65 먹을 가까이하는 사람은 검은색에 오염되고
붉은색을 가까이하는 사람은 붉은색에 오염되니
거주할 때는 반드시 이웃을 선택하여야 하고
진출할 때는 반드시 덕망 있는 사람에게 나아가야 한다

66 선택하고서 사귀게 되면
도움과 보탬되는 것이 있을 것이고
선택하지 않고서 사귀게 되면

도리어 해로움이 있게 될 것이다

67 친구 간에 과오가 있으면
    충고하여 잘 인도해주어야 하고
    사람이 책선하여 주는 친구가 없다면
    불의에 빠지기가 쉽다

68 남의 책선을 싫어하는 사람은 그 행실에 진전이 없다

69 잘하는 점을 보고 따라가야 하고
    잘못을 알았으면 반드시 고쳐야 한다

70 말해놓고 믿음을 주지 않는다면
    정직한 친구가 아닌 것이다

71 유익한 친구 세 가지니
    정직하고 진실하고 보고 들은 것이 많은 사람이요
    손해되는 친구 세 가지니
    편벽되고 아첨하고 유약(나약)하기를 잘하는 사람이다

72 제나라의 재상 관중과 대부 포숙아의 교분은
    지위와 신분을 내세우지 않았다

7. 경신편(敬身篇)

73 만물의 시초와 성장과 성숙과 완성은
대자연 진리의 상도(영구불변)이고
인과 도의와 예절과 지혜는
사람 본성의 강령이다

74 문을 출입할 때는
열고 닫는 것을 반드시 공손히 하여야 한다

75 문 한가운데 서 있지 말고
방 가운데 앉지 말아야 한다

76 걸어다닐 때는 거만하게 걷지 말고
앉아 있을 때는 몸을 기대지 말아야 한다

77 아버지와 자식은 친근함이 있어야 하고
임금과 신하는 도의가 있어야 하며
남편과 아내는 구별이 있어야 하고
어른과 어린이는 서열이 있어야 하며
친구와 친구는 신의가 있어야 하니
이것을 오륜이라고 한다

78 임금은 신하의 벼리(기강)가 되어야 하고

아버지는 자식의 벼리(기강)가 되어야 하고
남편은 아내의 벼리(기강)가 되어야 하니
이것을 삼강이라고 한다

79 사람이 귀중하다고 하는 까닭은
그 오륜과 삼강이 있기 때문이다

80 발의 모습을 반드시 무겁게 하고
손의 모습을 반드시 공손히 하며
눈의 모습을 반드시 단정히 하고
입의 모습을 반드시 조용히 하며
음성의 모습을 반드시 조용히 하고
머리의 모습을 반드시 곧게 하며
기운의 모습을 반드시 엄숙히 하고
서 있는 모습을 반드시 덕망스럽게 하며
얼굴빛의 모습을 반드시 근엄하게 하여야 하니
이것을 구용이라고 한다

81 볼 때에는 반드시 분명하게 볼 것을 생각하고
들을 때에는 반드시 총명하게 들을 것을 생각하며
얼굴빛은 반드시 온화하게 할 것을 생각하고
예모는 반드시 공손히 할 것을 생각하며
말할 때는 반드시 진실하게 할 것을 생각하고
일할 때는 반드시 정성들일 것을 생각하며
의심날 때는 반드시 물어볼 것을 생각하고
분할 때는 반드시 어려운 일 생길 것을 생각하며
이득을 보았을 때는 정의인지를 생각하여야 하니

이것을 구사라고 한다

82   예의가 아니면 보지 말아야 하고
       예의가 아니면 듣지 말아야 하며
       예의가 아니면 말하지 말아야 하고
       예의가 아니면 행동하지 말아야 한다

83   행실은 반드시 정직하게 하고
       말은 곧 믿음 있고 진실해야 하며
       용모는 단정하게 하여야 하고
       의관은 가지런하게 하여야 한다

84   거처할 때는 반드시 공손하게 하여야 하고
       발걸음은 반드시 편안하고 자세하게 하여야 하며
       일을 시작할 때는 처음부터 계획하여야 하고
       말을 내놓을 때는 실천할 것을 돌아보아야 한다

85   항상 덕성을 굳게 지녀야 하고
       그렇게 하겠다는 대답을 신중하게 응답하여야 하며
       음식을 삼가고 절제하여야 하고
       언어를 공손하게 하여야 한다

86   덕행이 될 수 있는 일은 서로 권장하고
       잘못은 서로 바로잡아주어야 하며
       예절에 알맞는 풍속은 서로 교류하고
       걱정되는 일과 어려운 일은 서로 도와주어야 한다

87　가난하고 궁핍하여 곤궁한 재앙에는
　　친척들이 서로 구원해주어야 하며
　　혼례와 장례에는
　　이웃들이 서로 보살피고 도와주어야 한다

88　자신을 수양하고 가정을 가지런하게 하는 것은
　　나라를 다스리는 근본이요
　　책을 읽고 근면하고 검소함은
　　가정을 일으키는 데 근본이 된다

89　성실하고 신의 있고 인자하고 자상하며
　　온화하고 선량하고 공손하고 검소하여라
　　사람의 덕행은 겸손과 사양심이 으뜸이 된다

90　다른 사람의 단점을 말하지 말고
　　자기의 장점을 믿지 않아야 한다

91　자기가 하고 싶지 않은 것을
　　남에게 시키지 말아야 한다

92　선행을 쌓는 가정에는
　　반드시 경사를 남기게 될 것이요
　　악행을 쌓는 가정에는
　　반드시 재앙을 남기게 될 것이다

93　남을 손해보게 하고 자기를 이롭게 하면
　　마침내는 자신을 해치는 것이 된다

94 재앙과 복은 출입문이 없어서
    오직 사람들이 불러들이는 것이다

95 예의는 삼가지 않음이 없어야 하고
    법은 시행되지 않음이 없어야 한다

96 큰 방위는 모퉁이가 없고
    큰 그릇(재능)은 완성이 늦으며
    큰 음향은 소리가 은은하고
    큰 형상은 형체가 없어 보인다

97 세상을 이롭게 하는 사람은
    세상 사람들이 길을 열어주고
    세상을 잘 살게 하는 사람은
    세상 사람들이 은덕으로 생각하며
    세상을 잘 다스리는 사람은
    세상 사람들이 소통하도록 하고
    세상을 편안하게 하는 사람은
    세상 사람들이 신뢰하게 된다

3.
소학 小學

기본 예절과 모범 사례로 도덕성을 배우는 인성 교육

소학小學

『소학』은 송나라 때 주자(朱子 1130~1200)가 제자인 유자징(劉子澄)에게 자라나는 청소년들을 가르치기 위하여 만들도록 하여 교열하고서 가필하였다고 한다. 남송 1185년에 착수하여 2년 만에 완성하였고, 내용은 내편 4권(입교·명륜·경신·계고)은 사람으로서 꼭 지켜야 할 예절과 도덕규범을 밝혔으며, 외편 2권(가언·선행)은 한나라 이후부터 송나라까지의 성현 말씀과 선인들의 모범된 행실을 수록하였다. 특히 율곡 선생(李珥 1536~1584)은 그의 저서 『격몽요결』 독서장에 『소학』을 사서(대학·논어·맹자·중용)와 함께 오서(五書)라고 하여 초학자가 『명심보감』과 함께 가장 먼저 읽어야 한다고 하였다.

1. 입교편(立教篇)

1   자사자가 말하기를, "하늘이 사람에게 부여한 것을 성이라 하고, 성을 따르는 것을 도라 하고, 도를 닦는 것을 교라고 한다." 하였다. 하늘의 밝은 천명을 본받고, 성인의 법도를 따라 이 편을 지어, 스승된 사람은 가르쳐야 할 이유를 알게 하고, 제자된 사람은 배워야 할 이유를 알게 하였다.

역주   **자사자**_ 이름은 급(伋), 공자의 손자, 자사는 자(字)이다.

子_ 부자(夫子)의 줄임말로 스승을 가리키며 공자(孔子, B.C. 551~479)를 높여 부른 것이다. 춘추시대 노(魯)나라의 대학자로, 유학(儒學)의 종사(宗師)이며 이름은 구(丘)이고 자는 중니(仲尼)이다.

> 참고   유학에 있어 子曰(夫선생 부·子임 자)은 공부자(孔夫子)의 말씀만을 뜻하며(예외도 있음) 증자(曾子), 맹자(孟子), 주자(朱子) 등의 姓 뒤에 쓰인 子는 한 가지 계통 전문가(一家之言)의 학설을 세운 사람을 뜻한다. 그러나 자공(子貢), 자하(子夏), 자로(子路) 등의 字 앞에 쓰인 子는 字의 접두사로 간주된다.

2   『예기·곡례』에 말하기를, "어린아이에게는 항상 속이지 않는 것을 보여주어야 하고, 서 있을 때는 반드시 자세를 바르게 하며, 귀를 기울여 엿듣지 않게 해야 한다." 하였다.

역주   **곡례**_ 『예기』의 편명.

3   『예기·학기』에 말하기를, "옛날에 교육은 집주변마을에 숙(塾)이 있고, 향리에는 상(庠)이 있으며, 고을에는 서(序)가 있고, 나라에는 태학(太學)이 있었다." 하였다.

역주   **학기**_ 『예기』의 편명. 25가구가 모여 사는 여(閭)에는 입구마다 문이 있고 문 곁에 숙(塾)이라는 학교가 있었고 500가구가 모여서 당을 이루는데 당에는 상이라는 학교가 있었으며, 수(術)는 주(州)로서 12,500가구가 모여서 주가 되고 주의 학교를 서라고 했으며 천자와·제후나라의 도성에 태학(太學)이 있었다.

4 맹자가 말하기를, "사람에게는 도리가 있는데 배불리 먹고 따뜻하게 입고 편안히 살면서 교육이 없으면 그것은 금수에 가깝다. 성인이 이것을 근심하여 설을 사도 벼슬에 임명하고 인륜을 가르쳤으니, 아버지와 아들은 친애함이 있고, 임금과 신하는 도의가 있으며, 남편과 아내는 분별이 있고, 어른과 어린이는 서열이 있으며, 친구 사이에는 신뢰가 있어야 하는 것이다." 하였다.

[역주] **맹자**_ 이름은 가(軻), 자는 자여(子輿), 전국시대 추나라 사람. 공자 다음가는 성인이라 하여 아성(亞聖)으로 불리어지며 노나라 맹손씨의 후손으로서 공자의 손자 자사의 문인에게서 배우고 유학을 계승하고 전하였다. 사도. 교육 담당 직책.

5 『관중책』의 제자직에 말하기를, "스승이 가르치면 제자는 그것을 본받고, 온화하고 공손한 태도로 마음을 겸허하게 갖고 배운 것을 극진히 해야 한다.

선행을 보면 그것을 따르고, 정의로운 말을 들으면 그것을 실천해야 하며 온화하고 유순하여 부모에게 효도하고 어른을 공경해야 하며, 능력을 믿고 교만한 마음을 갖는 일이 없어야 한다. 생각은 거짓됨과 간사함이 없어야 하고, 행실은 반드시 바르고 곧아야 하며, 노는 곳과 거처하는 곳이 일정하여 반드시 덕망 있는 어른에게 배워야 한다.

얼굴빛을 바르게 하면 마음도 경건하게 되므로, 아침 일찍 일어나서 밤에 잠잘 때까지 복장을 반드시 단정히 해야 한다. 아침에 더 배우고 저녁에 익혀서 조심하고 삼가야 하니 한결같이 이렇게 하여 게을리하지 않는 것이 배움의 본보기라고 한다." 하였다.

[역주] **제자직**_ 『관중』의 편명.

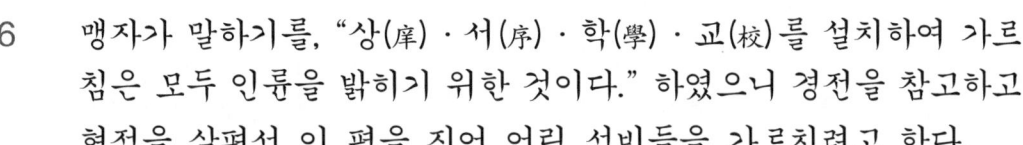

2. 명륜편(明倫篇)

6   맹자가 말하기를, "상(庠)·서(序)·학(學)·교(校)를 설치하여 가르 침은 모두 인륜을 밝히기 위한 것이다." 하였으니 경전을 참고하고 현전을 살펴서 이 편을 지어 어린 선비들을 가르치려고 한다.

> 역주 『맹자』 원문에는 "하나라에서는 교, 은나라에서는 서, 주나라에서는 상이라고 했으 며, 학은 삼대(하·은·주의 세 나라)가 공통이다." 하였고, 『예기』의 학기에는 "집에 숙 (塾)이 있고, 당(黨)에 상이 있고, 주(州)에 서가 있으며, 나라에는 학이 있다." 하였으니, 학은 국학이고 다른 것은 지방 학교이다.

7   『예기 곡례』에 말하기를, "남의 자식된 사람은 방 아랫목에 앉지 않고, 자리 한가운데 앉지 않으며, 길 한복판으로 다니지 않고, 문 한가운데 서지 않으며 음식과 향연에 분량을 제한하지 않고, 제사 에 시동을 앉히지 않는다. 소리가 없어도 듣고 형체가 없어도 보며 높은 곳에 오르지 않고, 깊 은 곳에 가지 않으며, 구차하게 남을 비방하지 않고, 구차하게 웃지 않는다." 하였다.

> 역주 **사향**_ 사는 음식을 대접하는 것. 향은 손님 대접이나 제사 같은 것을 말함.
> **시동**_ 옛날에는 제사 지낼 때 신 대신으로 앉히던 아이를 시동(尸童)이라고 하였다.

8   『예기』에 말하기를, "아버지가 명령으로 부르시면 빨리 대답하고 느리게 대답하지 않는다. 손에 일을 잡고 있으면 놔두고 음식이 입 에 있으면 뱉고 달려가며, 걸어가지 않는다. 어버이가 늙으셨으면 나가서 가는 곳을 바꾸지 않고, 집에 돌아올 때, 약속한 때를 넘기지 않으며, 어버이가 병드셨으면 얼굴빛을 펴

지 않는 것이 효자의 기본예절이다.

아버지가 돌아가신 뒤 아버지의 책을 읽지 못하는 것은 아버지의 손때가 그곳에 묻어 있기 때문이며, 어머니가 돌아가신 뒤 쓰시든 그릇을 사용하지 못하는 것은 어머니의 입김이 그곳에 남아 있는 듯하기 때문이다." 하였다.

9   증자 말하기를 "효자의 부모 섬김은 마음을 즐겁게 해드리고 뜻을 어기지 않으며 듣고 보시는 것을 즐겁게 해드리고, 잠자리와 거처를 편안히 해드리며, 또 맛있는 음식을 드려서 정성으로 봉양한다. 이런 까닭에 부모가 사랑하시든 사람을 사랑하고 부모가 공경하시든 어른을 공경한다. 개와 말까지도 모두 이와 같이 하는데 더욱이 사람이랴." 하였다.

[역주] **증자**_ 공자의 제자이고 이름은 삼(參)이며 자는 자여(子輿)이다. 공자의 손자 자사(子思)에게 유학을 전하였다.

10   『예기 내칙』에 말하기를, "부모가 과오가 있으시면 기운을 낮추고 얼굴빛을 온화하게 하여, 부드러운 음성으로 과오를 고치도록 간청한다. 만약 듣지 않으셔도 공경하고 효도하는 마음을 일으켜서 기뻐하시면 다시 간청한다.

부모가 기뻐하지 않으셔도 부모로 하여금 사회에 죄를 짓게 하기보다는 도리어 귀에 젖도록 간청해야 할 것이다. 부모가 화내시어 종아리 맞고 피가 흐른다해도 감히 미워하거나 원망하지 않으며, 더욱 공경하고 효도하는 마음을 일으켜야 한다." 하였다.

[역주] **내칙**_ 『예기』의 편명.

11   『예기 제통』에 말하기를, "대체로 제사지내는 것은 반드시 부부가 직접 봉행하는 것으로 이것이 밖과 안의 제관이 갖추어지는 것으로 제관이 갖추어져야 모두 구비된 것이다." 하였다.

제통_『예기』의 편명. 부부친이란 제주와 그 아내가 함께 직접 제사를 받드는 것.

12 『예기 제의』에 말하기를, "안에서 재계하고 밖에서도 재계하여 재
계하는 날에 그 계시든 일을 생각하고, 그 웃고 말씀하시든 일을
생각하며, 그 뜻하시든 일을 생각하고, 그 즐거워하시든 일을 생각
하며, 그 좋아하시든 일을 생각한다면, 재계한 지 사흘 만이면 그
재계를 받아주신 어버이가 보이는 듯할 것이다.
　제사 지내는 날에 사당에 들어가면 거의 완연하게 어버이의 모습이
그 신위에 나타나 보이고, 두루 돌아보고서 문을 나오게 되면 숙연
히 어버이의 동작하는 소리가 들리며, 제례를 마치고 문밖에 나와
서 들으면 한숨으로 탄식하는 소리가 들리는 듯하다.
　이런 까닭에 선왕의 효도함은 어버이의 얼굴빛을 눈에서 잊지 않
고, 어버이의 음성을 귀에서 끊이지 않으며, 어버이의 뜻과 좋아하
시든 일을 마음에 잊지 않았다.
　은애함을 극진히 하면 신이 존재하고 정성을 극진히 하면 신의 모
습이 나타나는 듯하는데 신이 존재하고 모습이 나타난다는 것을 마
음에 잊지 않으니, 어떻게 공경하지 않을 수 있으랴." 하였다.
역주 **치재**_(3일간) 안에서 재계하는 것. 치재는 제사를 앞두고 3일 동안 정전(正殿)에
있으면서 오로지 제사의 대상인 어버이의 일을 생각하는 것.

산재_(7일간) 밖에서 재계하는 것으로 재계란 몸과 마음을 정결하게 하여 신과 통하게
하는 것이다.

13 공자가 증자에게 말씀하시기를 "신체와 모발과 피부는 부모로부터
받았으니 감히 훼손하거나 다치지 않는 것이 효도의 시작이고 훌
륭한 인물이 되어 도리를 실천하며, 이름을 후세에 남겨서 부모를
세상에 드러나게 하는 것이 효도의 끝이다.
　대체로 효도는 어버이를 섬기는 데서 시작하여 임금을 섬기는 것이
중간이 되고 자신이 훌륭한 인물이 됨으로써 끝나는 것이다. 어버

이를 은애하는 사람은 감히 남을 미워하지 않으며, 어버이를 공경하는 사람은 감히 남에게 교만하지 않는다.

은애하고 공경함을, 어버이 섬기는 일에 극진히 한다면 덕의 교화가 백성에게 퍼져서 세상의 법도가 되므로 이것은 천자의 효도다. 남의 위에 있으면서 교만하지 않으면 지위가 높아도 위태롭지 않으며, 예절을 절도에 맞게 하여 법도를 삼가고, 지키면 가득 차도 넘치지 않는다.

그렇게 한 다음에야 나라를 보전하고 백성을 평화롭게 할 수 있으니, 이것은 제후의 효도다. 선왕의 법도에 맞는 옷이 아니면 감히 입지 않고, 선왕의 법도에 맞는 말이 아니면 감히 말하지 않으며, 선왕의 어진 행실이 아니면 감히 하지 않는다.

그렇게 한 다음에야 종묘를 보전할 수 있으니, 이것은 경대부의 효도다. 어버이에게 효도하는 마음으로 임금을 섬기면 충성이 되고, 공경하는 마음으로 어른을 섬기면 공손이 된다. 충성과 공손의 도리를 잃지 않고, 윗사람을 섬긴 다음에 그 제사를 받들 수 있으니, 이것은 선비의 효도다.

자연의 법칙에 따르며, 땅의 이로움을 이용하여 농사짓고, 몸가짐을 삼가고 비용을 절약하여 부모를 봉양하는 것은 서민의 효도다. 이런 까닭에 천자에서부터 서민에 이르기까지 효도를 한결같이 하지 않으면서도 재앙이 몸에 미치지 않은 사람은 아직 없었다."라고 하였다.

14 안자(晏子)가 말하기를, "임금이 명령하면 신하는 공손하게 받들며, 아버지는 인자하고 아들은 효도하며, 형은 사랑하고 아우는 공경하며, 남편은 온화하고 아내는 유순하며, 시어머니는 사랑하고 며느리는 순종하는 것이 예법이다.

임금은 명령을 내릴 때 그 명령이 도리게 어긋나지 않고, 신하는 공손하게 명령을 받들어 충성을 다할 뿐 변함이 없으며, 아버지는 사랑하여 자식을 가르치고, 자식은 효도하여 아버지의 과오를 간청하며, 형은 아우를 사랑하여 우애로 인도하고,

아우는 형을 공경하여 온순하며, 남편은 즐겁게 아내를 대하여 옳은 길로 이끌고, 아내는 유순하여 바른 도리로 남편을 섬기며, 시어머니는 사랑으로 며느리의 뜻도 따라주고, 며느리는 시어머니의 말씀을 들을 때 아름다운 태도를 보이는 것이 예법의 좋은 사례이다." 하였다.

[역주] **안자**_ 춘추시대 제나라 재상으로 이름은 영(嬰)이고 자(字)는 평중(平仲)이며 관중보다 100년 후의 재상이다.

15 순자가 말하기를 "사람에게 세 가지의 상서롭지 못한 것이 있다. 나이 어리면서 어른 섬기기를 좋아하지 않는 것. 신분이 낮으면서 존귀한 사람 섬기기를 좋아하지 않는 것. 어질지 못하면서 어진 사람 섬기기를 좋아하지 않는 것. 이것이 사람의 세 가지 상서롭지 못한 것이다." 하였다.

쓸데없는 변론이나 급하지 않은 일들은 버려두고 신경 쓰지 말아야 한다. 그러나 군신 간의 도의와 부자 간의 친애와 부부 간의 분별 같은 것은 날로 갈고 닦아야 하고 그대로 놔두면 안 된다.

[역주] **순자**_ 이름은 황(況). 전국시대의 조나라 사람. 성악설(性惡說)을 주장하였다. 상서롭지 못한 것은 재앙의 동기가 됨을 말한다.

3. 경신편(敬身篇)

16 　공자가 말씀하시기를 "군자는 삼가하지 않는 것이 없지만 몸을 삼
　　가하는 것을 가장 소중하게 여긴다. 내 몸은 어버이 몸의 가지와
　　같으므로 감히 삼가하지 않을 수 있으랴.
　　그 몸을 삼가하지 않는다면 그것은 어버이의 몸을 손상하는 것이
　　며, 그 어버이를 손상한다면 그것은 근본을 손상하는 것으로, 근본
　　이 손상된다면 가지는 따라서 망하게 된다." 하였다. 성현의 규범을
　　우러러 사모하고 이 편을 지어 어린 선비들을 가르치려고 하는 것
　　이다.

17 　『단서』에 말하기를, "삼가하는 마음이 게으른 마음을 이기는 사람
　　은 길하고, 게으른 마음이 삼가하는 마음을 이기는 사람은 망한다.
　　의리의 마음이 욕심을 이기는 사람은 순조롭고, 욕심이 의리의 마
　　음을 이기는 사람은 흉한다." 하였다.

　　[역주] **단서**_ 대대례(大戴禮)의 무왕천조(武王踐阼)편에 주 무왕이 황제(黃帝)와 전욱(顓頊)의
　　도를 묻는 말에, 태공의 『단서』에 있다고 인용한 서적의 이름인데 붉은 새가 물고 온 책이
　　라고 전한다.

18 　『예기 곡례』에 말하기를, "삼가하지 않는 것이 없어서, 단정하고
　　엄숙하여 무엇인가를 생각하는 것같이 하며 응답하는 말을 안정하
　　게 한다면 백성을 편안하게 할 수 있을 것이다. 오만한 마음을 싹
　　트게 해서는 안 되고, 욕심을 방종하게 해서도 안 된다.
　　뜻을 가득 채우려고 해서는 안 되고, 즐거움을 극도로 누리려 해서
　　도 안 된다. 현명한 사람은 친하지만 공경하고, 두려워하지만 사랑

하며, 사랑하지만 그 나쁜점을 알고, 미워하지만 그 좋은 점을 알아야 하며, 모았어도 나누어 줄 것을 알아야 하고, 편안한 것을 편안하게 여기지만 옮겨가야 할 때에는 옮길 줄 알아야 한다.

재물에 대하여 구차하게 얻으려고 하지 말고, 환난을 당하여 구차하게 모면하려고 하지 말며, 싸워서 이기려고 하지 말고, 남과 물건을 나눌 때 많이 가지려고 하지 말며, 의심 나는 일을 자신이 바로잡아서 결정하지 말고, 자기의 의견을 정직하게 말할 뿐, 나의 뜻으로 소유하려고 하지 말라." 하였다.

19 『예기 관의』에 말하기를, "대체로 사람이 사람다운 까닭은 예의가 있기 때문이다. 예의의 기초는 용모를 바르게 하고 얼굴빛을 온화하게 하며, 응답하는 말을 부드럽게 하는 데 있다. 용모가 바르고 얼굴빛이 온화하며 응답하는 말이 유순한 다음에 예의가 갖추어진다. 그렇게 함으로써 임금과 신하가 도의를 바르게 하고, 아버지와 자식이 친애하며, 어른과 어린이 사이가 화목하게 되니, 임금과 신하의 도의가 바르게 되고, 아버지와 자식이 친애하며 어른과 어린이 사이가 화목한 다음에 예의가 확립된다." 하였다.

역주 **관의**_『예기』의 편명. 예는 사회생활의 도덕적인 규범이고, 의는 일의 마땅한 도리이다.

辭令_사람에게 응답하는 말.

4. 계고편(敬身篇)

20 맹자는 본성의 착함을 말했는데, 말할 때마다 반드시 요 임금과, 순 임금을 예로 들었다. 맹자 말하기를, "순 임금은 세상에 모범이 되어 후세에 이름을 전할 수 있었는데 나는 아직도 보통사람을 면하지 못하고 있다면 그것은 근심할 만할 것이다.

근심만 한다면 무엇할 것인가. 순 임금과 같게 할 따름이다." 하였으므로 옛 현인들의 선행을 수록하여 이 편을 지어 이 책을 읽는 사람들이 감동하고 분발할 수 있도록 하려고 한다.

21 맹자 어머니의 집은 무덤에서 가까웠다. 맹자가 어려서 놀이할 때에 산소 쓰는 일을 흉내내어 뛰며, 쌓으며, 묻곤 하였다. 맹자의 어머니가 말하기를, "여기는 아들을 살게 할 곳이 못 된다." 하고는 그곳을 떠나서 시장으로 집을 정하자, 이번에는 상인들의 물건파는 놀이를 했다.

맹자의 어머니가 말하기를, "여기도 아들을 살게 할 곳이 못 된다." 하고는 다시 학당 옆으로 집을 옮기자, 그제야 제기를 차려 놓고 읍례하고 사양하며, 나아가고 물러가는 놀이를 하였다. 맹자의 어머니가 말하기를, "여기는 참으로 아들을 살게 할 만하다." 하고는 드디어 그곳에서 살았다.

또 맹자가 어렸을 때 묻기를, "동쪽 집에서 돼지를 잡는 것은 무엇하려는 것입니까?" 어머니가 농담으로 말하기를, "너에게 먹이려는 것이다."라고 대답하였다.

그러나 곧 뉘우치고는 말하기를, "나는 태교가 있다는 말을 들었는데 지금 알고 있는 것을 속인다면 바로 불신을 가르치는 것이다."
하고는 곧 돼지고기를 사서 먹였다. 이윽고 자라나서 학문에 힘써
마침내 큰 선비가 되었다고 한다.

역주 **맹가**_ 맹자의 이름.

조두_ 고기 올려놓는 제기.

22 만장이 질문하기를, "순 임금이 밭에 가서 하늘을 향하여 울부짖었
다고 하는데 무엇 때문에 울부짖었습니까?", 맹자가 말하기를, "자
신을 원망하고 부모를 사모한 것이다. '나는 힘을 다하여 농사지어
가며 삼가 자식의 직분을 다했을 뿐이다.

그런데도 부모가 나를 사랑하지 않으심은 내게 무슨 잘못이 있는
것인가.'라고." 하였다. 요 임금이 아홉 아들과 두 딸을 시켜 모든
관리와 소와 양 및 창고를 갖추어 농사짓는 들판 가운데서 순을 섬
기게 하니, 세상의 선비가 순에게로 돌아가는 사람이 많았다.

요 임금이 나라를 순에게 넘겨주려 했으나, 순은 부모에게 기쁘게 해
드리지 못했다고 생각하고, 마치 곤궁한 사람이 돌아갈 곳이 없는 것
같이 했다.

세상의 선비가 기뻐서 따르는 것은 사람이면 원하는 것이지만, 그것
으로 근심을 풀지 못했으며, 아름다운 여색은 사람이면 원하는 것이
지만, 요 임금의 두 딸을 아내로 삼았어도 그것으로 근심을 풀지 못
했다.

부유는 사람이면 원하는 것이지만, 부유함이 온 세상을 소유했어도
그것으로 근심을 풀지 못했으며, 존귀는 사람이면 원하는 것이지만,
존귀함이 임금이 되었어도 그것으로 근심을 풀지 못했다.

세상 사람이 따르는 것과 아름다운 여색과 부귀가 모두 따랐지만 그
것으로도 근심을 풀 수 없었고 오직 부모를 기쁘게 해드리는 것만이
근심을 풀 수 있었다.

사람이 어려서는 부모를 사모하고, 여색이 좋은 줄 알게 되면 젊고 어여쁜 여자를 사모하며, 임금에게 신임을 얻지 못하면 열중하게 된다. 그러나 큰 효도는 몸이 마칠 때까지 부모를 사모하는 것으로, 나이 50세에 부모를 사모하는 것을 나는 순 임금에게서 보았다고 하였다.

[역주] **만장**_ 맹자의 제자 **旻天**_북동쪽 하늘 **昊天**_서쪽 하늘

23 노래자가 두 어버이를 효성으로 섬겼다. 나이 70세에 어린애처럼 재롱을 부리며 오색 찬란한 옷을 입고서 물을 들고 마루에 오르다가 일부러 넘어져 땅에 누워서 어린애 울음소리를 내고, 어버이 곁에서 새 새끼처럼 떠들었는데 어버이를 기쁘게 하려는 것이었다고 한다.

[역주] **노래자**_ 초나라 사람으로 도가이다.

24 백유가 잘못이 있어서 그 어머니가 종아리를 치자 백유가 울었다. 그 어머니가 말하기를, "다른 날은 종아리를 쳐도 울지 않다가 지금 우는 것은 무엇 때문이냐?", 대답하기를, "제가 잘못해서 종아리 치시면 늘 아팠는데, 지금은 어머니의 힘이 약해져 아프지 않으니 그래서 우는 것입니다." 하였다.
그러므로 부모가 화내시면 마음에 반발하지 않고 얼굴빛에 나타내지 않으며, 깊이 그 죄를 받아들여 부모로 하여금 애처롭게 여기시도록 하는 것이 자식 된 도리로서 최상이다.
부모가 화내시면 마음에 반발하지 않고 얼굴빛에 나타내지 않는 것이 다음이며, 부모가 화내시면 마음에 반발하고 얼굴빛에 나타내는 것이 최하이다.

[역주] **백유**_ 성은 한(韓), 이름은 유(俞)로 한(漢)나라 사람.

25 공명선이 증자의 제자로 있은 지 3년이 되도록 글을 읽지 않았다. 증자가 말하기를, "선아, 네가 내 문하에 있은 지 3년이 되었건만

배우지 않음은 무슨 까닭이냐?" 하였다. 공명선이 대답하기를, "왜 감히 배우지 않겠습니까.

제가 선생님께서 가정에 계시는 것을 보니 어버이가 계시면 개나 말에게도 화내어 꾸짖지 않으셨습니다. 제가 좋아하며 배우고 있으나 아직도 잘 되지 않습니다. 제가 선생님께서 손님 접대하시는 것을 보니, 공손하고 검소하며 게을리하지 않으셨습니다.

제가 좋아하며 배우고 있으나 아직도 잘하지 못합니다. 제가 선생님께서 관청에 계시는 것을 보니 엄격하게 아랫사람에 대하시지만 그들을 헐뜯거나 해롭히지 않으셨습니다. 제가 좋아하며 배우고 있으나 아직도 잘 되지 않습니다.

제가 이 세 가지를 좋아하며 배우고 있지만 아직도 잘하지 못하고 있습니다. 제가 어떻게 감히 배우지 않으면서 선생님의 문하에 있겠습니까." 하였다.

역주 **공명선**_ 성은 공명이고 이름은 선으로 증자의 제자. 증삼은 증자의 이름.

26 은나라 말기의 기자는 은왕인 주(紂)의 친척이다. 주가 처음에 상아 젓가락을 만들자 기자가 탄식하며 말하기를, "그가 상아 젓가락을 만들었으니 반드시 옥 술잔을 만들 것이고, 옥 술잔을 만들고 나면 반드시 먼 곳의 진기하고 기이한 물건만을 생각하여 사용하게 될 것으로,

수레와 말과 궁전을 사치하게 할 조짐이 지금부터 시작되어 구제할 수 없을 것이다." 하였다. 주가 지나치게 방탕하므로, 기자가 간청하자 주가 듣지 않고 옥에 가두었다. 사람들이 간혹 말하기를, "떠나가는 것이 좋을 것 같다."고 하자 기자가 말하기를,

"남의 신하가 되어, 간청을 듣지 않는다고 떠나간다면 그것은 임금의 악행을 드러내서 스스로 백성에게 환심을 사는 것으로 나는 차마 할 수 없다." 하고는 머리를 풀어 헤쳐 미친 사람 행세를 하며

종이 되었고, 마침내 숨어 살면서 거문고를 타며 자신의 슬픈 마음을 달랬으니, 이것을 전하여 "기자조(箕子操)"라고 하였다.

왕자 비간(比干)도 또한 주의 친척이다. 기자가 간청하다가 듣지 않아 종이 된 것을 보고 말하기를, "임금이 과오가 있는데도 죽음으로써 간청하지 않는다면 백성이 무슨 죄랴." 하고 바른말로 주에게 간청했다.

주가 노하여 말하기를, "내 들으니, 성인의 심장에는 일곱 개의 구멍이 있다고 하던데 과연 있을까?" 하고 곧 왕자 비간을 죽여서 그 심장을 쪼개 보았다.

미자(微子)가 말하기를, "부자 사이는 골육의 친함이 있고, 임금과 신하는 도의로 맺어졌으므로, 아버지가 과오가 있어 자식이 세 번 간청하여 듣지 않으면 따라다니면서 울부짖지만, 남의 신하된 사람은 세 번 간청하여 듣지 않으면 정의를 위하여 떠나갈 수 있다." 하고는 드디어 떠나갔다.

공자가 말씀하기를, "은나라에 세 명의 어진 사람이 있었다."고 하였다.

역주 **기자**_ 기주(箕周)에 봉해지고 지위가 자작(子爵)이었으므로 기자로 불리어짐. 주(紂)의 친척. 은나라가 망한 뒤 우리나라로 들어왔다고 하는 "기자동래설(箕子東來說)"이 있으며, 과거의 우리나라 역사는 "기자조선"이 있었다는 설만 있었을 뿐 확실하지는 않다.

주(紂)_ 은나라의 마지막 임금 제신(帝辛). 주는 시호(諡號). 하나라의 마지막 임금인 걸(桀)과 함께 폭군의 대명사로 알려져 있다.

27 주나라 무왕이 은나라 임금인 주(紂)를 공격하려는데 백이·숙제가 말고삐를 잡고 간청하니 옆에 있는 사람들이 죽이려고 하자, 태공이 말하기를, "이들은 의로운 사람이다." 하고, 부축하여 보냈다. 무왕이 은나라의 난을 평정하자 천하가 주나라를 받들었으나 그러나 백이·숙제는 부끄럽게 여겨 도의로 주나라의 곡식을 먹을 수 없다고 하고 수양산에 숨어 고비를 캐서 먹고 살다가 마침내 굶어

죽었다고 한다.

28 조양자가 진(晉)나라의 대부 지백을 죽이고, 그 두개골을 옻칠하여 술 마시는 그릇을 만들었다. 지백의 신하 예양이 조양자를 죽여 원수를 갚기 위해 거짓 죄수처럼 꾸며 비수를 품고 조양자의 궁 안으로 들어가 변소의 벽을 바르자, 좌우의 사람들이 그를 죽이려고 했다. 조양자가 말하기를, "지백이 죽고 후계가 없는데, 이 사람이 원수를 갚으려고 하니, 참으로 의로운 선비다. 내가 조심해서 몸을 피할 뿐이다." 하였다. 예양이 또 몸에 옻칠을 하여 문둥이처럼 하고 숯을 삼켜 벙어리가 되어 시장에서 구걸하니 그 아내도 알아보지 못했다. 친구가 알아보고 울면서 말하기를, "그대의 재주를 가지고 신하가 되어 조양자를 섬긴다면 반드시 측근에 있어 총애를 얻을 것인데, 그대가 하고 싶어하는 일을 하려는 것이 도리어 쉽지 않겠는가? 어찌하여 스스로 몸을 괴롭게 함이 이와 같은가?" 예양이 말하기를, "폐백을 바쳐 신하가 되고 나서 그를 죽일 방법을 찾는다면 그것은 두 가지 마음이다. 내가 이런 방법을 고집하는 이유는 후세에 남의 신하가 되고서 두 가지 마음 품는 일을 부끄럽게 여기기 때문이다." 하였다. (때문에 그 방법은 쉽지만 못하겠다.) 후일에 또 다리 밑에 숨었다가 조양자를 죽이려고 하자, 조양자가 마침내 죽이게 되었다고 한다.

29 백이와 숙제는 고죽 임금의 두 아들인데, 아버지가 숙제를 임금으로

세우려고 했다. 아버지가 돌아가시자, 숙제는 백이에게 사양했으나,
백이가 말하기를, "아버지의 명령이다." 하고 드디어 도망갔다.
숙제도 또한 임금 되기를 좋아하지 않고 도망하자 나라 사람들이
그 둘째 아들을 임금으로 세웠다고 한다.

역주 **고죽**_ 나라 이름으로 은나라의 제후국이다.

30 은나라 때의 우나라와 예나라의 임금이 서로 토지의 경계를 다투
다가 오래도록 해결을 보지 못하여 서로 말하기를, "서백(문왕)은
어진 사람이다. 왜 우리가 찾아가 물어보고 일을 바로잡지 않으
랴." 하고 함께 주나라로 갔다.
국경에 들어가니, 밭을 가는 사람은 밭이랑을 양보하고, 남녀가 길
을 달리하며 머리가 백발인 사람들은 손수레를 끌고 다니지 않았
다. 조정에 들어가니, 사는 대부가 되기를 사양하고, 대부는 경이
되기를 사양하자
두 나라 임금이 감동하여 서로 말하기를, "우리들은 소인으로, 군자
의 뜻을 밟지 못했다." 하고, 서로 양보하여 그 다투던 토지를 묵밭
으로 만들고 물러가자 세상에서 그 말을 듣고, 주나라로 부속한 나
라가 40여 나라나 되었다고 한다.

역주 **서백(西伯)**_ 문왕이 서백에 봉해졌기 때문이며 서백은 서방의 제후들을 통솔함.
한전(閒田)은 밭을 비워둠이다.

5. 가언편(嘉言篇)

31 『시경』 대아편에 말하기를, "하늘이 만백성을 살게 하셨으니 사물이 있으면 반드시 법칙이 있도다. 백성은 타고난 착한 성품이 있기에 아름다운 덕을 좋아하네." 하였다. 공자가 말씀하기를, "이 시를 지은 사람은 도를 아는 사람이다.

그러기에 사물이 있으면 반드시 법칙이 있는 것으로, 백성이 타고난 착한 성품이 있기 때문에 아름다운 덕을 좋아한다고 한 것이다." 전하여온 기록을 두루 살피고, 보고 들은 것을 모아서, 가언을 서술하고 선행을 기록하여 『소학』의 외편을 만들었다.

32 제갈량이 아들을 훈계하는 글에 말하기를, "군자의 행동은 마음을 안정하여 자신을 수양하고 생활을 검소하게 하여 덕을 길러야 한다. 담박함이 아니면 뜻을 밝게 하지 못하고, 안정이 아니면 생각이 먼 곳에 이르지 못한다.

대체로 배움은 반드시 마음이 안정해야 하고, 재능은 반드시 배워야 하니, 배움이 아니면 재능을 넓히지 못하고, 안정이 아니면 배움을 이루지 못한다.

방자하고 거만하면 정밀한 이치를 연구할 수 없고, 조급하고 경망스러우면 성품을 다스릴 수 없다. 나이는 시절과 함께 달리고, 의지는 세월과 함께 가버려서 마침내 가을 초목처럼 시들게 되면 곤궁한 오두막집 속에서 슬피 탄식한들 또다시 어떻게 도달할 수 있으리오." 하였다.

[역주] **제갈무후**_ 제갈은 성이고 이름은 양(亮), 자는 공명(孔明), 삼국시대 촉한(蜀漢)의 승상, 유비(劉備)가 남양에 있는 그의 초가집을 세 번 찾아 비로소 그를 신하로 삼았다는 "삼

고초려(三顧草廬)"가 있다. 유비가 죽은 뒤에 유선을 왕으로 모셨으며 위나라 조비 군대 사마의와 싸우다 갑인 234년 진중에서 병사하였다.

33 절효 서 선생이 배우는 사람들을 훈계하여 말하기를, "제군들이 군자가 되고자 하는 데 있어, 내 몸을 힘들게 하고 재물을 소비해야만 된다면, 그래서 군자가 되지 않는 것은 그래도 있을 수 있지만, 내 힘을 힘들게 하지도 않고 재물을 소비하지 않는데도 제군은 어찌하여 군자가 되지 않는가?

마을 사람들이 천히 여기고 부모가 미워한다면 그래서 군자가 되지 않는 것은 그래도 있을 수 있지만, 부모가 원하고 마을 사람들이 영광으로 여기는데도 제군은 어찌하여 군자가 되지 않는가?" 하였다.

또 말하기를, "선행을 말하고 선행을 실천하며 선행을 생각한다면, 이와 같이 하고서 군자가 되지 않은 사람은 없었고 그 선하지 않은 것을 말하고 선하지 않은 일을 하며 선하지 않은 것을 생각한다면 이와 같이 하고서 소인이 되지 않은 사람은 없었다."고 하였다.

역주 **절효 서 선생**_ 이름은 적(積), 자는 중거(仲車), 절효는 시호이며 『명심보감』 범립본의 서문에 이 문장과 함께 보인다.

34 호문정공이 아들에게 준 글에 말하기를, "뜻을 세움은 명도(明道)와 희문(希文)처럼 되기를 스스로 기대하며 마음가짐은 성실과 신의로 속이지 않는 것을 근본으로 삼으며 몸가짐은 단정하고 장중하고 청백하고 근신함으로 심지를 굳게 지키며

일에 임해서는 총명한 민첩성과 과감한 결단성으로 옳고 그름을 분별하며 또 법률의 집행을 삼가서 입법의 본뜻을 살려 조종한다면 정치를 함이 남에게 뒤지지 않을 것이다.

너희는 노력하라. 마음을 다스리고 몸을 수양하는 것은 음식과 남녀 절제력을 절실하고도 중요함으로 삼아야 한다. 예로부터 성현도 이러한 속에서 공부하였으니 소홀히 할 수 있으랴." 하였다.

[역주] **호문정공**_ 송나라 사람으로 이름은 안국(安國), 자는 강후(康候)이며 문정은 시호이다. 명도(明道)는 정순공(程純公)이고 희문(希文)은 범문정공(范文正公)이다. 삼척(三尺)은 죽간(竹簡)에 쓴 법률을 말한다.

* 식욕은 생존본능이고, 색욕은 번식본능으로 절실하게 절제하지 않으면 심신수양이 어렵게 된다.

35 이천 선생이 말하기를, "관례·혼례·상례·제례는 예절의 큰 것인데도 지금 사람들은 모두 도리를 알지 못한다. 승냥이와 수달도 모두 근본에 보답할 줄 아는데, 오늘의 사대부 집에서 흔히 이것을 소홀히 하여 부모 봉양은 후하게 하면서도 선조에게는 박하게 하는 경우가 있는데 매우 옳지 않다.

어떤 사람이 육례의 대략을 엮었는데, 집에는 반드시 사당이 있고 사당에는 반드시 신주가 있으며 달마다 초하루에 반드시 새로 나온 제물을 올리고 시제는 계절마다 중간 달에 지내고, 동지에는 시조에 제사지내고, 입춘에는 선조에 제사지내고, 계추에는 아버지 사당에 제사지내며, 기일에는 신주를 옮겨다가 정침에서 제사지낸다. 대체로 죽은 사람 섬기는 예법은 산 사람 받드는 것보다도 후하게 해야 한다. 모든 사람의 집에서 이런 일 몇 가지만이라도 찾아서 존속할 수 있다면 아무리 어린이라도 점차로 예의를 알 수 있도록 할 수 있다." 하였다.

[역주] **정침(正寢)**_ 조회나 의식을 행하는 전각.

36 『여씨 동몽훈』에 말하기를, "임금 섬김을 어버이 섬김같이 하고, 관청 윗사람 섬김을 형 섬김같이 하며, 동료들과 함께 지내기를 한 집안 사람같이 하고, 아랫관리 대우하기를 자기 하인같이 하며, 백성 사랑하기를 처자같이 하고, 관청 일 처리하기를 집안일같이 한 다음에야 내 마음을 다했다고 할 수 있을 것이다.

털끝만치라도 미진한 데가 있다면 그것은 내 마음에 미진함이 있는 것이다."

역주 **여씨 동몽훈**_ 여본중(呂本中)이 지었으며 어린이들을 훈계한 것임. 여본중의 자는 거인(居人), 송나라 사람이다.

37 주염계 선생이 말하기를, "성인은 하늘과 같기를 바라고, 현인은 성인이 되기를 바라며, 선비는 현인이 되기를 바란다. 이윤·안연은 대현이다. 이윤은 자기 임금이 요 임금이나 순 임금처럼 되지 못함을 부끄럽게 여기고, 한 사람이라도 살 곳을 얻지 못하면 마치 자신이 시장에서 매 맞는 것같이 생각했다.
안연은 화냄을 옮기지 않고, 과오를 되풀이하지 않으며, 석 달 동안 인을 어기지 않았다. 이윤이 뜻한 것을 생각하고, 안연이 배운 것을 배운다면, 그들보다 우월하면 성인이 될 것이고, 도달하면 현인이 될 것이며, 도달하지 못하더라도 또한 착하다는 이름을 잃지 않을 것이다." 하였다.

38 이천 선생이 말하기를, "사람에게 세 가지 불행이 있으니, 소년 시절에 높은 과거에 오르는 것이 첫째 불행이고, 부형의 권세에 힘입어서 좋은 벼슬을 하는 것이 둘째 불행이며, 뛰어난 재능과 문장 있는 것이 때로는 셋째 불행이다." 하였다.

39 『여씨 동몽훈』에 말하기를, "오늘 한 가지 일을 기억하고 내일 한 가지 일을 기억함을 오래 계속하면 저절로 사리에 통달하게 되고, 오늘 한 가지 이치의 옳고 그름을 분별하고 내일 한 가지 이치의 옳고 그름을 분별함을 오래 계속하면 저절로 진리가 마음에 젖어들 것이다. 오늘 한 가지 어려운 일을 하고 내일 한 가지 어려운 일을 오랫동안 계속하면 마음이 저절로 견고하게 되어 풀리듯이 얼어붙은 것이 녹고 기쁜 듯이 이치가 순조로운 것은 오랫동안 노력으로 자득한

것이지, 우연한 것은 아니다." 하였다.

40 명도 선생이 말하기를, "성인의 도가 밝아지지 못함은 이단이 방해되기 때문이다. 옛날에 방해되는 것은 천근하여 알기 쉬웠으나 지금의 방해되는 것은 심오하여 분별하기 어렵다. 옛날의 사람을 현혹함은 그 혼미하고 어두움을 틈탔지만, 지금의 사람에 파고드는 것은 그 식견이 높고 밝음을 이용한다.
스스로 신묘한 이치에 통달하여 만물이 변화하는 법칙을 안다고 하지만, 일을 일깨워주고 임무를 이루어주지 못하며, 말은 두루 미치지 않음이 없다고 하지만 윤리를 벗어나며,
깊고도 미묘한 이치를 통달하여 그 지극한 데 이르렀다고 하지만, 요·순의 도에 들어가지 못하니 지금 세상의 학문 하는 사람들이 천박하고, 저속하고, 고집하고, 침체함에 빠지지 않으면 반드시 이 범주에 들어간다.
성인의 도가 밝지 못한 시점부터 간사하고 요망한 말들이 다투어 일어나 사람들의 이목을 더럽히고 세상을 혼탁한 데 빠지게 하니, 아무리 뛰어난 재주와 총명한 지혜를 가진 사람이라도 보고 들음에 교착되어 술 취한 듯 몽롱한 속에서 살다가 꿈속에 죽어가면서도 스스로 깨닫지 못한다.
그것은 모두 성인의 올바른 길에 잡초만이 무성하고 성인의 도에 들어가는 문이 가려지고 막혔기 때문이다. 문을 열은 뒤에야 성인의 도에 들어갈 수 있을 것이다." 하였다.

6. 선행편(善行篇)

41 왕상은 성품이 효성스러웠다. 일찍 어머니를 여의고 계모 주씨가
   인자하지 못하여 자주 헐뜯었는데 이로 말미암아 아버지에게 사랑
   을 잃어 항상 쇠똥을 청소하라고 시키면, 상은 더욱 공손하고 조심
   하였고, 부모가 병이 있으면 옷의 허리띠를 풀지 않았고 약을 달이
   면 반드시 직접 맛을 보았다.
   어머니가 물고기를 먹고 싶어 했는데, 이때 날이 추워서 얼음이 얼
   었기에 상이 옷을 벗고 얼음을 깨고서 물고기를 잡으려고 하자, 얼
   음이 갑자기 저절로 풀리면서 두 마리의 잉어가 뛰어나와 가지고
   돌아왔다.
   어머니가 또 누런 참새구이가 먹고 싶어하자, 또 참새 수십 마리가
   초막 안으로 날아들어서 어머니에게 구워드리니 고을 사람들이 이
   말을 듣고는 놀라고 감탄하며, 효성이 하늘을 감동시켜 이루어진
   것이라고 생각하였다.
   또 능금(과일) 열매가 달려서 어머니가 지키라고 하시자, 바람 불고
   비 올 때마다 상이 번번이 나무를 안고서 울었는데 그 독실한 효성
   의 순수하고 지극함이 이와 같았다고 한다.
   [역주] **왕상**_ 자는 휴징(休徵), 낭야 지방 사람.

42 도연명은 평택령이 되었을 때 처자식을 따르게 하지 않았는데 힘
   센 한 사람을 아들에게 보내주면서 글로 말하기를, "네가 아침저녁
   으로 쓰는 비용을 자급하기 어렵다고 생각되므로, 이제 이 사람을
   보내어 너의 나무 하고 물 긷는 수고를 도와줄 것으로 이 또한 남
   의 자식이니 잘 대우하라." 하였다.

역주 **도연명**_ 이름은 잠(潛), 자는 원량(元亮), 동진(東晉)의 문인이며 팽택령은 팽택 고을의 수령이고 「귀거래사」를 지은 시인이다.

43 장공예는 9대가 한 집에 살아서 북제와 수나라, 당나라 모두 그 문에 정려를 표시했다. 인덕 연호에 고종이 태산에 제사지내고 그 집에 행차하여 공예를 불러 가족이 화목하는 도리를 물었는데 공예가 종이와 붓으로 대답하기를 청하여 "참을 인 자 100여 자를 써서 올렸다.

그 의미가 종족이 화목치 못한 까닭이라고 생각한 것은 높은 어른이 의복과 음식을 나누어 줄 때 고르지 못함에 있고, 항렬이 낮은 자와 젊은이들이 예절을 갖추지 못함이 있으면 또한 서로 책망하여 마침내 어그러지고 다투게 되는데 진실로 서로가 참는다면 집안의 도리가 화목하게 된다는 것이었다."

장공예_ 동평 지방 사람. 9대 동거로 유명함.

북제_ 남북조 시대에 강북에 있던 나라로 북조(北朝)에 속함.

44 어떤 사람이 제오륜에게 질문하기를, "공께서도 사심이 있습니까?", 대답하기를, "지난번에 남이 내게 천리마를 주는 사람이 있었는데 내 비록 받지 않았고, 삼공들이 인재를 가려 뽑는 일이 있을 때에 마음에 잊지를 못했지만 그러나 끝내 등용하지는 않았다. 내 형의 자식이 병들었을 때 하룻밤에 열 번 가서 병세를 보았지만 물러 나와서는 편안히 잠들었었고 그러나 내 자식이 병들었을 때에는 비록 가서 살펴보지는 못했지만 밤새도록 잠들지 못했으니 이런 사람을 어떻게 사심이 없다고 하겠는가." 하였다.

제오륜_ 제오는 성, 륜은 이름. 자는 백어, 후한 사람. 벼슬이 사공에 이르러서 삼공 반열이었음. 한나라 때에는 태위·사도·사공을 합쳐서 삼공이라고 불렀다.

45 사마온공이 말하기를, "우리집은 본래 곤궁했던 집안으로 대대로

청백함으로 이어져 내려왔다. 내 성품이 화려하고 호사스러움을 좋아하지 않아서 어릴 때부터 어른이 금빛·은빛으로 꾸민 화려하고 아름다운 옷을 입혀 주면 번번이 부끄럽게 여겨 벗어버리곤 했다. 나이 스무 살 때 외람되게도 과거에 이름 올라 문희연이 있었는데, 나만 홀로 꽃을 꽂지 않아서 동료가 말하기를, '임금이 주신 것인데 어길 수 없다.' 하여 그제야 꽃 하나를 꽂았었다.

평생에 입는 것은 추위를 막으면 되고, 먹는 것은 배를 채우면 되며 또, 구태여 때 묻고 떨어진 옷을 입고서 풍습을 바로잡는 일로써 명예를 구하려고 하지도 않았고 다만 성품대로 따랐을 뿐이다." 하였다.

[역주] **사마온공**_ 북송조(北宋朝)의 명신으로 이름은 광(光)이고 자는 군실(君實)로서 온국공에 봉하여졌으며 『자치통감(資治通監)』을 저술하였다.

46 강주지방에 진씨 종족이 700식구였는데 항상 식사할 때 자리를 넓게 펴 놓고 어른과 어린이가 차례로 앉아 함께 식사하곤 하였다. 집에 기르고 있는 개가 백여 마리 되어 한 우리 안에서 밥을 먹곤 하였는데 개 한 마리라도 오지 않으면 모든 개들도 개 한 마리 올 때까지 먹지 않고 기다렸다고 한다.

[역주] **강주진씨**_ 강주는 지금의 구강부(九江府)이고 이름은 진표(陳褒)로서 장구룡보다 1대 많은 10대가 모여 살았다고 한다.

47 왕신민의 말에 의하면 사람이 오래도록 나물 뿌리를 씹는(청빈한 생활) 생활도 견디어낼 수 있다면 어떤 일도 해낼 수 있을 것이다라고 말하자 호강후가 이 말을 듣고는 무릎을 치면서 감탄하며 칭찬하였다고 한다.

[역주] **왕신민**_ 송나라 사람이며 호강후는 호안국(胡安國)으로 시호는 호문정공(胡文定公)이다.

4. 대학 大學

자기 수양과 대인관계를 정립하는 처세학

『대학장구』 서문

　대학이란 책은 옛적 태학(학교 명칭)에서 사람들을 교육하였던 서적이다. 대체로 하늘이 사람을 살게 함으로부터 이미 인과 의와 예와 지의 본성을 부여하였지만 그러나 그 기질적인 품성이 간혹 같을 수는 없는 것이다. 그러므로 모두가 그 본성이 있는 것을 깨닫고서 온전하지 못한 경우가 있는 것이다.

　한 사람이라도 총명하고 지혜롭게 그 본성을 다할 수 있는 사람이 있어 때맞춰 나오게 되면 하늘이 반드시 명하시어 억조창생의 임금이나 스승으로 삼아 다스리고 가르치도록 하여 그 본래의 본성을 회복하게 하셨으니 이것이 복희, 신농, 황제, 요제, 순제가 하늘의 뜻을 이어받아 법칙을 세우고 사도라는 직책과 전악이라는 관직을 두게 되었던 이유이다.

　하나라, 은나라, 주나라가 융성하면서 그 법도가 점진적으로 갖추어지게 되었으니 그 뒤로 왕궁에서부터 도읍지나 시골마을에 이르기까지 학교가 없는 곳이 없어서 사람으로 태어나서 여덟 살만 되면 귀공자로부터 서민 자제에 이르기까지 모두 학교에 들어가서 물 뿌리고서 청소하고 응대하며 진퇴하는 예절과 예의, 음악, 활쏘기, 말타기, 글쓰기, 수학 등을 가르쳤고 열다섯 살만 되면 천자의 자제와 공경, 대부, 원사의 자제와 모든 백성들의 우수한 자제에 이르기까지 모두 태학에 들어가서 문리를 연구하고 마음을 바르게 하며 자신을 수양하고 사람들을 다스리는 도리를 교육받았으니 이것이

학교 교육에 있어 크고 작은 절차가 나누어지게 된 까닭이다.

대체로 학교 설립의 광범위함이 그러했고 교육방법의 절차와 과목의 상세함이 이러하였으므로 그 교육 내용은 임금들이 몸소 실천하거나 마음으로 체득해야 할 내용을 근간으로 하였고 백성들이 일상생활에서 사용하는 일상적인 윤리를 벗어나지 않았다.

그리하여 당시 사람들이 배우지 않는 사람이 없었고 배운 사람들은 그 성향을 굳게 지니고 직분을 당연히 해야 할 도리로 알아서 각자 힘쓰고 노력하기를 다하지 않는 사람이 없었으니 이것이 바로 옛적 번성할 때에 위로는 정치가 융성하고 아래로는 풍속이 아름다웠던 점을 후세에 와서 따라가지 못하고 있는 것이다.

주나라가 쇠약함에 이르러 성현의 임금이 나오지 않았고 학교의 정책이 이루어지지 않아서 교화가 침체되고 풍속이 퇴폐하여졌으니 당시에는 공자 같은 성인이 계신다 해도 임금이나 스승의 지위에 올라 정치나 교육을 실행할 수가 없었을 것이다.

이리하여 다만 선왕들의 법도만을 취하고 읽혀지고 전해져서 후세들을 교육하였으니 저 곡례, 소의, 내칙, 제자직 등의 여러 편은 참으로 소학의 지류이거나 일부분 정도이고, 이 대학은 소학이 성공적임으로 인하여 대학의 밝은 법도가 드러나게 되었으니 밖으로는 그 규모의 방대함을 다하였고 안으로는 과목의 상세함을 다하였다.

공자의 제자 3,000여 명이 그 학설을 배우지 않은 사람이 없었지만 증자의 전래만이 유독 근본을 찾을 수 있어 바로 전의를 만들어 그 취지를 나타내었으나 맹자가 별세함에 이르러 그 전래가 없어지고 그 책이 남아 있다고 하나 아는 사람이 드물게 되었다.

그로부터 선비들이 강독하고 문장을 짓는 학습의 공적이 소학의 갑절이 되었다 해도 별로 쓰임이 없었고 다른 기초의 허무와 적멸(불법)의 가르침이 날로 높아져 대학보다 지나쳤지만 실체는 없었고 기타 권모와 술수로써 일체의 공명을 이루게 하는 학설과 온갖 전문가의 학설로서 여러 가지 기법의 부류들이 세상을 현혹시키고 백성들을 속이며 인의사상을 가로막는 사람들이 또 어지럽게 당시에 섞여 출현해서 통치하는 사람은 불행하게도 대도의 진리를 알 수 없었고 서민들은 불행하게도 지극한 정치의 혜택을 받을 수 없어서 어두움으로 막히고 반복함으로 고질적이어서(오계) 후양, 후당, 후진, 후한, 후주 나라의 쇠퇴함에 이르게 돼서는 붕괴 조짐의 혼란이 극심했던 시기이다.

천운이 순환(주역의 복괘원리)하여 지나고 나면 다시 돌아오지 않는 일이 없음으로 해서 송나라의 덕치가 융성하게 되어 정치와 교육이 아름다워지고 밝아지게 되었으니 이리하여 하남지방의 정호와 정이 선생이 출현하여 맹자의 전래를 이어갈 수 있게 된 것이다. 실제로 그제야 비로소 이 책을 높이 신뢰하여 드러내어 빛내셨고 또한 차례지어 간략히 책을 만들어서 그 취지를 밝히셨으니 그런 뒤로 옛적에 태학에서 사람들을 교육 시키는 법도와 성경과 현전의 취지가 찬란하게 다시 세상에 밝혀지게 되었으니 비록 나의(주희) 민첩하지 못함에도 다행히 공부할 수 있었고 관여하여 알 수 있게 되었다.

다만 이 책이 아직도 흩어지고 빠져 있음으로 지루함도 잊고서 선정하고 모았으며 간혹 나의 의견을 덧붙여서 빠지거나 생략된 부분을 보충해서 후세의 군자를 기다리기로 하였으니 참람되고 도를 넘어 죄를 피할 길이 없겠지만 그러나 국가에서 백성들을 교화하고 풍속을 아름답게 이루려는 뜻과 배우는 사람들의 자신을 수양하게 하고 남을 다스리는 방법에 있어서는 반드시 조금의 도움이라도 없지만은 않을 것이라고 말하고 싶다.

송나라 효종황제 16년(1189)에 **신안 주희**는 서문을 쓰다.

대학大學

　『대학』은 본래 『예기』의 49편 중 42번째 편으로서 송대 주자(1130~1200)는 경문(經文)과 전문(傳文)으로 나누어 "경문 1장은 공자의 말씀을 제자인 증자가 기술한 것이며 전문 10장은 증자의 뜻을 그 문하생들이 기록한 것이다"라고 하였다. 그리고 증자의 문인 중에서 자사가 도통을 전하였다 하여 『대학』 대부분을 자사가 기술하였을 것이라고 추정하였으며, 『대학』의 내용은 3강령인 명명덕(明明德), 친민(親民), 지어지선(止於至善)과 8조목인 격물(格物), 치지(致知), 성의(誠意), 정심(正心), 수신(修身) 제가(齊家), 치국(治國), 평천하(平天下)로서 수기치인(修己治人)의 학문과 정치 도리를 밝혔다.

1. 대학경문(大學經文)

1 　『대학』을 배우는 목적은 공명한 성덕을 밝혀주는 데 있고, 백성의 삶을 새롭게 하여주는 데 있으며 최선에 머무르면서 오래도록 실천하게 하는 데 있다.

대학 3강령_ 명명덕　친민　지어지선

2 　머물러야 할 이유를 안 다음에 머무를 곳을 정할 수 있으니, 정한 다음에 안정할 수 있고, 안정한 다음에 편안할 수 있으며, 편안한 다음에 생각할 수 있고, 생각한 다음에 얻을 수 있다.

실현의 단계_ 3강령

3 　사물에는 근본과 끝이 있고, 일에는 마침과 시작이 있어서, 먼저 할 일과 뒤에 할 일의 이치를 알면 도에 가까운 것이다.

급선무 제고

4 　옛날에 공명한 성덕을 세상에 밝혀주려고 하는 사람은 먼저 그 나라를 다스렸고, 그 나라를 다스리려고 하는 사람은 먼저 그 집안을 평안하게 하였으며, 그 집안을 평안하게 하려는 사람은 먼저 자기 자신을 수양하였고

자신을 수양하려는 사람은 먼저 마음을 바르게 하였으며, 마음을 바르게 하려는 사람은 먼저 의지를 성실하게 하였고, 의지를 성실하게 하려는 사람은 먼저 지식을 지극하게 하였으니, 지식이 지극하여지는 것은 사물의 이치를 연구하느냐에 달려 있다.

성취의 전제_ 3강령

5　사물의 이치를 연구한 다음에 지식이 지극해지고, 지식이 지극해진 다음에 의지가 성실해지며, 의지가 성실해진 다음에 마음이 바르게 되고, 마음이 바르게 된 다음에 심신이 수양되며, 심신이 수양된 다음에 가정이 평안해지고, 가정이 평안해진 다음에 나라가 다스려지며, 나라가 다스려진 다음에 세상이 평화로워진다.

성취의 단계_ 3강령

6　통치자로부터 서민에 이르기까지 일체 모두가 심신 수양하는 것으로 근본을 삼아야 한다.

인격의 기본

7　그 근본이 혼란스러우면서 끝이 다스려지는 사람은 없으며, 후하게 해야 할 곳에 박하게 하면서 박하게 해야 할 곳에 후하게 하는 경우는 별로 없다.

개체성(나)과 사회성(가정)

2. 친민(親民)

8   은나라 탕왕의 반명에 말하기를, "진실로 날로 새로워지려면 날마다 새롭게 하여야 하고, 역시 날로 새로워질 것이라 하였으니 그런 이유로 군자는 사물의 은미한 곳도 힘쓰지 않는 일이 없다."

3. 격물·치지(格物·致知)

9 근간에 정자의 뜻을 외람되이 취하여 보충하였는데 지식을 지극하 게 하는 것이 사물을 연구하느냐에 달려 있다고 한 것은, 나의 지 식을 지극하게 하려고 한다면 사물에 나아가 이치를 연구함에 달 려 있음을 말한 것이다.

사람 마음의 신령함이 알지 못하는 것이 없고, 세상의 사물 이치가 없을 수는 없지만, 다만 이치를 연구하지 않았기 때문에 아는 것이 극진하지 못한 경우가 있게 된다.

이 때문에 대학에서 처음 가르칠 때 반드시 배우는 사람으로 하여 금 모든 세상의 사물에 나아가 이미 알고 있는 이치를 바탕으로 더 욱 연구하여 그 극진한 데에 이르는 것을 힘쓰지 않음이 없게 하는 것으로,

힘씀이 오래되어 하루아침에 활연하게 관통함에 이르면 모든 사물 의 겉과 속이나 정밀한 것과 거친 것에 도달하지 못함이 없고, 내 마음의 전체와 크게 쓰임에 밝지 않음이 없을 것이다. 이리하여 사 물을 연구하라고 하는 것이며, 이리하여 지식이 지극하여진다고 말 하는 것이다.

4. 성의(誠意)

10   뜻을 성실히 한다는 것은 자신을 속이지 않는 것으로, 나쁜 냄새를 싫어하는 것처럼 하며, 아름다운 색을 좋아하는 것처럼 하는 것이다. 이러한 것을 스스로 만족해하는 것이라고 하는 것이니 그러므로 군자는 반드시 그 혼자만이 알고 행동하는 것도 조심한다.

11   소인은 혼자 한가롭게 있을 때 착하지 않은 일을 하면서 도달하지 않는 것이 없이 하다가 군자를 본 뒤에 부끄러워하며 착하지 못함을 가리고 착함을 드러내지만, 남들이 자신 보는 것을 마치 폐와 간 보는 것같이 하는데 그렇다면 무슨 유익함이 있겠는가?
이리하여 마음이 성실하면 겉으로 드러난다고 하는 것이니 그러므로 군자는 반드시 그 혼자만이 알(대상 장소)고 행동하는 것도 조심한다.

12   증자가 말하기를, "열 눈이 보는 것이며, 열 손이 가리키는 것이니, 그 엄중함이여!"

13   부유함은 집안을 윤택하게 하고, 덕은 몸을 윤택하게 하니, 마음이 넓어지면 몸이 편안하다. 그러므로 군자는 반드시 뜻을 성실하게 한다.

5. 정심·수신(正心·修身)

14 몸을 수양함이 마음을 바르게 하는 데 있다고 하는 것은, 마음에
분하고 화나는 것이 있으면 바른 마음을 얻지 못하고, 두려워하는
것이 있으면 바른 마음을 얻지 못하고, 좋아하는 것이 있게 되면
바른 마음을 얻지 못하고, 근심하는 것이 있게 되면 바른 마음을
얻지 못해서이다.

15 마음이 있지 않으면 보아도 보지 못하고, 들어도 듣지 못하며, 먹
어도 그 맛을 모른다. 이리하여 심신을 수양하는 것이 마음을 바르
게 하는 데 있다고 하는 것이다.

6. 수신 · 제가(修身·齊家)

16   집안을 평안하게 하는 일이 심신을 수양하는 데 있다고 하는 것은,
사람이 친하고 사랑하는 것에 치우치고, 천하게 여기고 미워하는
것에 치우치며, 두렵고 공경하는 것에 치우치고, 슬퍼하고 불쌍히
여기는 것에 치우치며, 거만하고 게으름에 치우치게 되니
그러므로 좋아하면서 그 나쁜 점을 알며, 미워하면서 그 아름다움
을 아는 사람은 세상에 드물다는 것이다.

17   그러므로 속담에 있는데, 사람들은 자기 자식의 나쁜점을 모르며
자기 벼이삭의 큰 것을 아는 경우가 거의 없다. 이리하여 심신이 수
양되어 있지 않으면 그 집안을 평안하게 할 수 없다고 하는 것이다.

7. 제가 · 치국(齊家 · 治國)

18 나라를 다스리는 일이 반드시 먼저 그 집안을 평안하게 해야 한다
고 하는 것은, 자기 집안을 가르칠 수 없으면서 남을 가르칠 수 있
는 사람은 없을 것이다.
그러므로 군자는 집밖에 나가지 않고서도 나라에서 가르침을 이루
는데 효는 임금을 섬기는 일이고, 공경은 어른을 섬기는 일이며, 자
애는 여러 사람을 부리는 일이다.

19 강고에 말하기를, "갓난아이를 보호하듯 하라"고 하였으니 마음이
정성으로 찾는다면 비록 적중하지 못하더라도 멀지 않을 것이다.
자식 기르는 것을 배운 뒤에 시집가는 사람은 없을 것이다.
(갓난아이 키울 때에 정성을 다할 뿐 배워서 키우는 것은 아니다.)

20 한 집안이 사랑하게 되면 한 나라가 인을 일으키고, 한 집안이 사
양하게 되면 한 나라가 사양심을 일으키며, 한 사람이 탐하고 빗나
가면 온 나라가 혼란해질 것으로 그 동기가 이와 같다. 이것을 "한
마디 말이 일을 망치며, 한 사람이 나라를 안정시킨다"고 하는 것
이다.

21 요 임금과 순 임금이 세상을 사랑으로 거느리셨는데 백성이(인을)
따랐고, 걸왕과 주왕이 세상을 포악함으로 거느리자 백성이(악을)
따랐으니, 명령하는 것이 그사람의 장점과 반대되면 백성이 따르
지 않는다.
이런 이유로 군자는 '착함이' 자기에게 있은 다음에 다른 사람에게

요구하며, '악함이' 자기에게 없은 다음에 다른 사람에게 잘못이라고 말하니 자신에게 갖춘 것이 어질지 못하면서 다른 사람을 깨우칠 수 있는 사람은 없다.

그러므로 나라를 다스리는 일이 그 집안을 평안하게 함에 달려 있다고 하는 것이다.

8. 치국·평천하(治國·平天下)

22 세상을 평화롭게 하는 것이 나라를 다스림에 달려 있다고 하는 것은, 위에서 노인을 노인으로 섬기면 백성이 효심을 일으키고, 위에서 어른을 어른으로 섬기면 백성이 공경심을 일으키며, 위에서 외로운 사람을 구호하면 백성이 배반하지 않으니
이런 이유로 군자는 척도로서 헤아려 이루는 길이 있는 것이다.

23 위에서 싫어하는 일로 아래를 시키지 말고, 아래에서 싫어하는 일로 위를 섬기지 말며, 앞에서 싫어하는 일로 뒤를 앞세우지 말고, 뒤에서 싫어하는 일로 앞을 따르지 말며, 오른편에서 싫어하는 일로 왼편과 연계하지 말고, 왼편에서 싫어하는 일로 오른편과 연계하지 말아야 하니,
이러한 것을 척도로서 헤아려 이루는 방법이라고 하는 것이다.

24 이런 이유로 군자는 먼저 덕을 삼가하니, 덕이 있으면 이리하여 사람이 있고, 사람이 있으면 이리하여 토지가 있으며, 토지가 있으면 이리하여 재산이 있고, 재산이 있으면 이리하여 쓰임이 있게 된다.

25 덕은 근본이요, 재산은 말단으로 근본을 밖에 두고 말단을 안에 두면, 백성을 경쟁하게 하여 빼앗는 것을 시키는 격이니 이런 이유로 재산을 모으면 백성들이 흩어지고, 재산을 나눠주면 백성들이 모인다.

26 이런 이유로 말이 '이치에' 거슬러 나간 것은 역시 거슬러 들어오고, 재산이 '이치에' 거슬러 들어온 것은 역시 거슬러 나간다.

27 이런 이유로 군자에게는 큰 도의가 있어, 반드시 성실과 진실로 얻고, 교만과 방자함으로 잃어버린다.

28 재산을 형성하는 데 큰 방법이 있어, 생산하는 사람이 많고 먹는 사람이 적으며 만드는 사람이 빠르고 쓰는 사람이 느리면 재산이 항상 풍족할 것이다.

29 어진 사람은 재산으로 입신(출세)을 일으키고 어질지 못한 사람은 망신으로 재산을 일으키려 한다.

30 위에서 인(仁)을 좋아하는데 아래에서 의(義)를 좋아하지 않는 경우는 없으니, 의를 좋아하고 그 일이 잘 종결되지 않는 경우는 없으며, 국고의 재산이 국가의 재산이 안 되는 경우는 별로 없다.

31 국가에 관리자로 국고를 탕진하는 사람은 필연 소인으로부터 이루어지는데 선량하지 못한 소인에게 국가를 다스리는 일까지 시킨다면 인재와 폐해가 모두 닥치게 될 것이다.
비록 선량한 사람이 있다 해도 이미 그렇게 만든 원인을 어떻게 할 수 없을 것이니 그러므로 나라는 이익을 이익으로 간주하지 않고 의를 이익으로 간주하여야 한다고 하는 것이다.

5. 고사성어 故事成語

고사성어 故事成語

고사(故事)는 예부터 전하여 내려오던 유서 깊은 일이나 어구로서 지금까지 유행하는 것 중에 의미 깊은 것을 고사성어와 함께 모아서 원문과 같이 수록하였다.

1. 고사(故事) | 옛날부터 전해오는 사연의 말

1   각주구검(刻舟求劍)

초나라 사람이 강을 건너는 사람이 있었는데 그의 칼이 배 안에서 강물에 떨어졌다. 급히 그 배에 표시해 놓고 말하기를, "이곳은 내 칼이 떨어진 곳이다." 하고 배가 멈춤에 그 표시한 곳을 따라 물에 들어가 찾는데 배는 이미 지나갔으나 칼은 가지 않았다.

칼을 이와 같이 찾으면 또한 잘못이 아닌가? 옛 법으로 나라를 다스리면 이와 똑같다. 시대가 이미 바뀌었는데 법은 바뀌지 않고 있어 그 법으로 다스린다면 왜 어렵지 않겠는가?

2   계찰지검(季札之劍)

오나라의 계찰은 오왕 수몽의 막내아들이다. 계찰이 처음 북쪽으로 사신 갈 때 서나라 임금에게 들렀는데 서나라 임금이 계찰의 보검을 좋아하였으나 입으로는 감히 말하지 못하였다.

계찰이 마음속으로 그 뜻을 알았으나 상국에 사신으로 가기 때문에 바치지 못하였는데 돌아올 때 서나라에 당도하자 서나라 임금이 벌써 죽었다. 바로 그 보검을 풀어서 서나라 임금의 묘지 나무에 걸어두고 가는데 따르던 사람이 말하기를, "서나라 임금이 벌써 죽었는데 그런데 누구에게 주는 것입니까?"

계찰이 말하기를, "그렇지 않다. 처음에 내가 마음속으로 서나라 임금에게 보검을 주겠다고 다짐했는데 어떻게 죽었다고 해서 내 마음을 돌이킬 수 있는가?" 하였다.

[역주] **계찰** 중국 춘추 시대 오나라의 공자임.

3   견위치명(見危致命)

노인이 말하기를, "너는 어리지만 삼국을 합병하려는 마음이 있으니 또한 장하지 않은가!" 하고 비법을 주며 말하기를, "삼가 망령되이 전하지 말라. 만약 쓰는 것이 의롭지 않으면 도리어 그 재앙을 받을 것이다." 하였다.

<중략> 유신이 말하기를, "내가 듣건대 위태로움을 당하면 목숨을 바치고 어려운 일이 닥치면 자신 돌보기를 잊는 것은 열사의 뜻이라. 대체로 한 사람이 죽음을 무릅써 백 명을 당해내고 백 사람이 죽음을 무릅써 천 사람을 당해내며 천 사람이 죽음을 무릅써 만 사람을 당해내면 곧 세상을 마음대로 할 수 있으므로 지금 나라의 어진 재상이 타국에 구금되었는데 어떻게 두렵다고 해서 어려운 일을 무릅쓰지 않겠는가?"

여러 사람이 말하기를, "아무리 만 번 죽고 한 번 사는 일에 나아갈지라도 감히 장군의 명령을 따르지 않겠습니까?" 하였다.

4   귀거래사(歸去來辭)

陶潛(도연명)

전원이 황폐하려 하니 어찌 돌아가지 않으리요
내 자신은 육체로 일하기를 마음 먹었는데
어쩌자고 상심만 하고 홀로 비참해지겠는가

지나간 일은 고칠 수 없음을 깨달았고
오는 일을 따라야 함을 알았도다
참으로 혼미했던 일이 그리 멀지 않으니
지금이 옳고 어제가 틀렸음을 깨달았노라

배는 흔들흔들 가벼이 바람에 실려가고
바람은 펄럭펄럭 옷자락에 스치도다
뱃사공에게 갈 길을 물으려니
새벽 먼동 희미한 것이 한스럽구나

이윽고 기울어가는 집을 바라보고
곧바로 기뻐서 달려가니
하인들이 환영하고
어린 자식들은 문에서 기다리는구나

뜰 안에 잡초만이 무성한데
소나무와 국화만은 아직 그대로여라
어린 자식 손을 잡고 방으로 들어가니
이름 모를 술이 술동이에 가득하네

술잔을 가져다 자작을 하고 나서
뜰앞의 나뭇가지를 쳐다보며 미소 짓네
남쪽 창문에 기대어 오만한 자세를 부려보니
무릎을 펼 수 있는 것이 쉽게 편안해짐을 알겠구나

정원에서 하루를 보내는 것이 취미가 되었고
대문은 비록 있지만 늘 닫혀 있네
지팡이로 늙은 몸을 부지하고 떠돌며 쉬다가는
때로는 머리를 들고 멀리 바라보노라니

구름은 무심히도 산봉우리를 돌아나오고
새들도 지쳐 날면서 돌아올 줄 아는구나

해는 뉘엿뉘엿 지려고 하는데
쓸쓸히 소나무를 어루만지며 서성거리도다

돌아왔구나!
교제일랑 그만두고 교류를 끊고 싶구나!
세상이 나와는 서로 맞지 않으니
다시 수레를 타고 소리쳐본들 무엇을 얻을 것인가

친척들의 정담을 기뻐하고
거문고와 책을 즐기면서 근심을 삭히리라
농부들이 나에게 봄이 왔음을 알려주니
앞으로 서쪽 언덕밭에 할 일이 있겠구나

때로는 포장 친 수레를 몰고
때로는 한 나룻배를 노 저으며
어느새인가 그윽한 골짝을 찾아들었고
다시 험한 길을 따라 언덕을 지나가니

나무들은 싱싱하게 꽃을 피우려 하고
샘물은 졸졸 흐르기 시작하네
만물들의 제철 만남이 부럽기만 하고
내 삶에도 여행의 아름다움을 느끼겠구나

아서라! 이 몸이 우주 안에 붙여 산 지 그 얼마나 되었던가!
왜? 떠나고 머무는 것을 마음에 맡겨두지 않고
어쩌자고 허둥지둥 어디론가 가려고만 하였던가!

부귀일랑 내가 바라지도 않았거니와
천국일랑 아예 기약도 않았노라
좋은 때라 생각되면 혼자 거닐고
때로는 지팡이를 꽂아 놓고 김을 매도다

동쪽 언덕에 올라 휘파람도 불어보고
맑은 강가에 가서 시도 읊어보네
잠시 변화를 겪다가 돌아오고 말았으니
그저 천명을 즐길 뿐 또 무엇을 의아해하랴!

[역주] 陶潛의 字는 도연명(365~427)이니 東晉 때 사람으로 孫恩亂 때 정벌장군으로, 뒤에 彭澤의 수령이 되었다가 80일 만에 「귀거래사」를 짓고, 고향으로 돌아가 자연과 전원을 벗 삼으며 시인으로 남았다.

5 금강산(金剛山)

중국 사람들이 말하기를, "고려나라에 태어나 직접 금강산 보기를 원한다고." 하니 금강산이 세상에 이름난 지 오래되었다. 그러나 우리나라 사람들은 서로의 거리가 수백 리 사이지만 유람을 못한 사람이 많다.

또 다른 이름으로 봄에는 금강산, 여름에는 봉래산, 가을에는 풍악산, 겨울에는 개골산이라고도 부른다.

6 단기지교(斷機之敎)

맹자가 어렸을 때, 글을 배우고 돌아왔는데 맹자 어머니께서 한창 베를 짜고 있다가 말하기를, "학문이 어느 경지에 이르렀느냐?" 맹자가 말하기를, "그저 그렇습니다."라고 하자 맹자 어머니가 칼로 짜던 베를 끊었는데 맹자가 두려워하며 그 이유를 물으니 어머니가 말씀하시길, "네가 배움을 그만두는 것은 내가 이 베를 자르는 것과 같다 하였다."

<중략> 맹자는 두려워하여 아침과 저녁으로 쉬지 않고 부지런히 배웠고 자사를 스승으로 섬겨 마침내 세상에 이름난 선비가 되었다. 군자가 말하기를, "맹자의 어머니는 사람의 어머니 되는 도리를 알았다."고 하였다.

7   단군(檀君)

우리나라에 처음에는 임금이 없었는데, 어떤 신인이 백두산 박달나무 밑에 내려오셨다. 나라 사람들이 세워 임금으로 삼았고, 요 임금과 같은 시대에 즉위하여 나라 이름을 조선이라고 하였으니 이 분을 단군이라고 하였다. 『단군조선』

8   등룡문(登龍門)

하진은 일명 '용문'으로 물결이 험해 위로 통하지 못하고 물고기와 자라의 종류도 오를 수 없었다. 강과 바다의 큰 물고기가 용문 아래로 수없이 모여들어도 오를 수 없었고 오르면 용이 되었다고 한다.

[역주] 河津은 황하의 동쪽 산서성 직산현에 있으며, 서쪽에 급류가 흐르는 용문이 있음.

9   도화원기(桃花源記)

진나라 태원 연호에 무릉 사람이 고기잡이로 생업을 하면서 강물을 따라가다가 뱃길이 얼마쯤 왔는지를 몰랐는데 홀연 복사꽃 숲이 나타나서 양 언덕을 끼고 수백 보쯤 갔는데 숲 속에 잡목은 없고 방초만이 아름답게 우거져 떨어진 꽃잎으로 어지러이 흩날리었다. 어부는 매우 이상하다 생각하고 다시 앞으로 숲이 끝날 때까지 가고 있었는데 숲속에 샘물의 근원이 끝나자 곧 산 하나를 만났고 그 산에는 좁은 입구가 있어 방불하게 빛나는 것 같았다.

곧 배를 놔두고 입구를 따라 들어가자 처음에는 매우 좁아서 겨우 한 사람만이 통과할 수 있어서 수십 보를 더 갔는데 확 트인 시야에 토지는 평평하며 넓었고 집들은 가지런하여 좋은 밭과 아름다운 연못 사이에 뽕나무와 대나무 등이 있어 밭 사이 사방으로 길이 나 있고 닭과 개 짓는 소리가 들렸으며

그 속을 오가며 씨앗 뿌리는 남녀들의 의복이 모두 속세 사람들과 똑같았고 노인과 젊은이가 함께 즐기며 살고 있었다.

그들은 어부를 보고는 크게 놀라며 어디서 왔느냐고 묻기에 사실대로 대답하자

곧 집에 같이 가자고 하여 술상을 차리고 닭을 잡아 음식을 마련하였는데 마을 사람들은 이런 사람이 왔다는 말을 듣고 모두 와서 물었으며 각자 말하기를 선대 때에 진나라의 난리를 피해 처자와 고을 사람들을 데리고 여기 외딴곳에 와서 다시는 말이 새어 나가지 않게 하고 마침내 속세 사람들과 간격이 있게 되었다고 한다.

지금이 어느 세상이냐고 물었지만 한나라가 있었다는 것조차 모르고 있었고 위나라와 진(晉)나라 얘기는 알지도 못하였다. 어부가 하나하나 모두 말하고 나자 듣고는 모두 탄식하며 괴이하다고 생각하였다.

나머지 사람들이 각자 자기 집에 가자고 하며 모두 술과 음식을 대접해서 수일간 머물다가 인사하고 떠나려 하자 그곳 사람들이 당부하기를 속세 세상 사람에게는 절대 말하지 말라고 하였다.

그곳을 나와서 배를 찾아 타고서 가는 길 곳곳마다 표시를 해 두었다. 고을에 돌아와서 태수를 찾아가 모두 말하자 태수가 사람을 보내 그가 갔던 곳을 따라가서 표시해 둔 곳을 찾았으나 마침내 혼미해져 다시는 길을 찾지 못했다.

또 남양땅 유자기는 고상한 선비였는데 그 말을 듣고는 좋아라 하면서 직접 찾아갔으나 결과 없이 찾다가 병들어 죽자 그 뒤로 다시

는 나루터를 묻는 사람이 없었다고 한다.

10 모순(矛盾)

초나라 사람이 방패와 창을 파는 사람이 있었는데 그것을 자랑하며 말하기를, "내 방패의 견고함은 그 무엇으로도 뚫을 수 없을 것이다." 하고 또 창을 자랑하며 말하기를,
"내 창의 예리하기는 어떤 물건이든 뚫지 못하는 것이 없을 것이다." 하자 어떤 사람이 말하기를 그러면 "그대의 창으로 그대의 방패를 뚫으면 어떠한가?" 라고 말하자, 그 사람은 대답할 수가 없었다고 한다.

11 묘항현령(猫項懸鈴)

여러 쥐들이 모여 이야기하며 말하기를, 우리들은 곳간을 뚫어 창고에 살면서 생활이 윤택하지만 다만 고양이 한 마리가 두려울 뿐이다. 어떤 한 마리 쥐가 말하기를, "고양이 목에 만약 방울을 단다면 매번 소리를 듣고서 죽음을 피할 수 있을 것이다." 라고 말하자 여러 쥐들이 기뻐 날뛰며 말하기를, "그대의 말이 옳다. 우리가 무엇을 두려워하겠는가." 잠시후에 어떤 큰 쥐가 천천히 말하기를, "옳기는 옳지만 그러나 고양이 목에 누가 나를 위해 방울을 달 수 있겠는가?" 라고 말하자 여러 쥐들이 모두 놀랐다고 한다.

12 무향무접(無香無蝶)

선덕여왕이 그림의 꽃을 보며 말하기를, "이 꽃은 정녕 향기가 없다." 하고는 뜰에 심도록 명하여 그 꽃이 피고 지는 것을 기다렸는데 과연 그 말과 같았다. 그때 여러 신하들이 왕에게 말하기를, "어떻게 꽃이 그런 줄 아셨습니까?"

왕이 말하기를, "그림 속 꽃에 나비가 없기에 향기가 없음을 알았다."고 하였다.

[역주] 『삼국유사』는 고려 후기의 고승 김일연(金一然)이 편찬하였고, 선덕여왕은 신라 제27대 왕(?~647). 성은 김이고 이름은 덕만(德曼)으로 지기삼사(知機三事)로 유명하다.

13 미생지신(尾生之信)

미생이 여자와 다리 밑에서 약속하였는데 여자는 오지 않았고 홍수가 났는데도 떠나지 않다가 다리 기둥을 껴안은 채 죽었다고 한다.

14 배수지진(背水之陣)

여러 장수들이 한신에게 말하기를 "병법에 '오른쪽과 뒤는 산이나 구릉을 등지고 앞이나 왼쪽에는 물이나 연못을 두라'고 했는데 지금 장군은 신들에게 도리어 물을 등지고 진을 치게 하여 신들이 복종할 뜻이 없었습니다. 그러나 마침내 이겼는데 그것은 무슨 전술입니까?"

한신이 말하기를, "그 말이 병법에 있는데 도리어 제군들이 살피지 않았을 뿐이로다. 병법에 말하지 않았는가? 군사들을 사지에 빠뜨린 뒤에야 살고 군사들을 죽을 곳에 둔 뒤에야 생존할 수 있다고! 또 내가 평소에 어루만져 따르게 된 장졸들이 아닌데 그것은 시장 사람들을 몰아다 싸우게 하는 것으로 그 형세가 그들을 죽을 곳에 두지 않으면 안 되었다고." 하였다.

15 백유지효(伯兪之孝)

백유가 잘못을 해서 그 어머니가 말씀하시기를, "다른 날 회초리로 맞을 때에 너는 울지 않다가 지금 우는 것은 무엇 때문이냐?"

대답하기를 "다른 날 제가 잘못을 했을 때에 회초리로 매 맞을 때에는 항상 아팠는데 지금 어머니의 힘이 저를 아프게 하지 못하십니다. 그래서 우는 것입니다."라고 하였다.

그러므로 말하기를, "부모님이 노여워하시면 마음에 반감을 일으키지 않고, 안색에 불만을 드러내지 않으며 그 죄를 깊이 받아들여 안타까워할 수 있는 것이 으뜸이요, 부모님이 노여워하시면 마음에 반감을 일으키지 않고 안색에 불만을 드러내지 않는 것이 그 다음이요,

부모님이 노여워하시면 마음에 반감을 일으키며 안색에 불만을 드러내는 것이 최하(불효)."라고 하였다.

16 백결선생(百結先生)

신라 백결 선생은 어떤 사람인지 알 수 없었다. 낭산 아래에 살았는데 집이 매우 가난하여 옷을 수없이 꿰매어 메추라기를 달아놓은 것과 같아서 당시 사람들이 동쪽 마을의 백결 선생이라고 하였다. 일찍이 영계기의 사람됨을 사모하여 거문고를 몸소 지니고 다녔는데 대체로 희로애락과 평안하지 못한 일을 모두 거문고로써 펼쳐냈다. 한 해가 저물어갈 때 이웃 마을에서는 곡식 방아를 찧었는데 그 아내가 절굿공이 소리를 듣고 말하기를, "사람들은 모두 곡식이 있어 방아를 찧지만 우리만 유독 없으니 무엇으로 한 해를 마친단 말이요?"

선생이 하늘을 우러러보고 탄식하며 말하기를, "죽는 것과 사는 것은 명에 있고 부귀는 순리에 달려 있어 오는 것을 막을 수 없고 가는 것을 따를 수 없으니 그대는 어찌하여 상심하는가?

내 그대를 위하여 절굿공이 소리를 지어서 그대를 위로하리라." 하고는 거문고를 타며 절굿공이 소리를 지으니 세상 사람들이 그것을 전하여 이름을 "대악(방아타령)"이라 하였다고 한다.

17 백두산(白頭山)

백두산을 중국 사람들은 '장백산'이라 부르고 우리나라 사람들은 '백두산'이라 부르니 대개 산이 지극히 높아 사철 항상 눈이 있으므로 '백두산'이라 이름한 것이다.

18 부육진매(腐肉盡買)

정승 홍서봉의 어머니는 집이 매우 가난하여 거친 밥과 나물국도 매일 거르는 때가 많았다. 하루는 여종을 보내 고기를 사오게 하였는데 고기를 보니 독이 있는 것 같았다. 하인에게 묻기를, "사온 곳에 고기가 몇 덩이나 있더냐?" 하고
곧 머리 장식을 팔아 돈을 마련해서 하인한테 그 고기를 모두 사오게 하여 담장 아래에 묻었는데 다른 사람들이 고기를 사서 먹고 병이 생길까 두려워함이었다. 상국이 말하기를, "어머니의 이러한 마음이 신명으로 통할 수 있어 자손이 반드시 번창하리라." 하였다.

[역주] **洪瑞鳳** 조선 중기의 문신.

19 붕당위우(朋黨僞友)

대체로 군자는 군자와 같이 도를 함께 함으로써 벗이 되고 소인은 소인과 같이 이익을 함께 함으로써 벗을 삼는데 그것은 자연의 이치이다. 그러나 신은 '소인은 벗이 없고 오직 군자만이 벗이 있다'고 생각하는데 그 이유가 무엇이겠습니까?
소인이 좋아하는 것은 이익과 녹봉이요. 탐내는 것은 재물이며 그 이익을 함께 할 때를 당하여 잠시 서로 무리를 끌어들여 벗을 삼는 것은 거짓으로 그 이익을 보고서 앞서기를 다투거나 혹은 이익이 다하여 교제가 소원해짐에 이르러서는 심한 사람은 도리어 서로를 해치니 아무리 형제나 친척이라 해도 서로를 보호할 수 없을 것입

니다.

그러므로 신은 '소인들은 진정한 벗이 없고 잠시 벗이 되는 것은 거짓이라' 말하는 것입니다.

20 불언장단(不言長短)

지난날 황희 정승이 아직 벼슬 하지 않았을 때에 여행을 가다가 길에서 쉬고 있었는데 농부가 소 두 마리를 부리며 밭 가는 것을 보고는 말하기를, "두 마리 중에 어느 소가 일을 잘합니까?"

농부가 대답하지 않고 밭 갈기를 멈추고 와서 귀에 대고 작게 말하기를, "이 소가 잘합니다." 하였다. 황공이 그것을 괴이하게 여겨 말하기를, "왜 귀에 대고 말합니까?" 농부가 말하기를, "비록 가축이나 그 마음은 사람과 한가지입니다.

이 소가 낫다고 하면 저 소가 못한 것이 되어 소에게 그것을 듣게 한다면 왜 불평하는 마음이 없겠습니까?" 황공이 크게 깨닫고 드디어 다시는 남의 장단점을 말하지 않았다고 하였다.

역주 **황희(黃喜 1363~1452)** 조선시대 4대에 걸쳐 왕들의 총애와 신임을 받음. 정승이면서 집에 비가 샐 정도로 청렴결백하였다. 조선시대 으뜸가는 명재상으로 칭송받음.

21 사기종인(舍己從人)

자기의 틀린 견해를 버리고 남의 옳은 견해를 따를 수 없는 것이 배우는 사람의 큰 병폐다. 세상의 옳은 이치가 끝이 없는데 어떻게 자기는 옳고 남은 그르다고 할 수 있겠는가?

다른 사람의 질문이 있으면 지식과 생각이 얕고 짧은 말이라도 반드시 유의하여 조금 시간을 두고 잠시 후 대답하며 질문에 대응해서 곧바로 응답해서는 안 될 것이다.

22 수주대토(守株待兎)

송나라 사람이 밭을 가는 사람이 있었는데 밭 가운데 그루터기가 있어 토끼가 뛰어가다 그루터기에 부딪혀 목이 부러져 죽었다. 따라서 쟁기를 놔두고 그루터기를 지키며 다시 토끼를 얻기를 기다렸으나 토끼는 다시 얻을 수 없었고 자신은 송나라 사람들의 웃음거리가 되었다고 한다.

역주 **송나라** 춘추시대 은나라 후예.

23 오십보백보(五十步百步)

양혜왕이 말하기를, "과인은 나라에 대하여 성심을 다하고 있을 뿐으로 하내 지방이 흉년이 들면 그 백성들은 하동으로 옮기고 곡식을 하내로 옮기며 하동이 흉년이 들면 또한 그렇게 하는데 이웃나라의 정치를 살펴보건대

과인의 마음 쓰는 것만 못한데도 이웃 나라의 백성이 더 줄지 않고 과인의 백성이 더 늘지 않는 것은 어째서입니까?" 맹자가 대답하기를, "왕이 전쟁을 좋아하시니 전쟁으로 비유하겠습니다.

등등 북을 울리며 무기로 접전하였는데 갑옷을 버리고 무기를 끌며 달아나서 어떤 사람은 백 보를 가서 멈추고 어떤 사람은 오십 보를 가서 멈추었는데 오십 보 간 것을 가지고 백 보를 비웃는다면 어떻습니까?"

말하기를, "옳지 않지요. 다만 백 보가 아닐 뿐이지 이 또한 달아난 것이다." "왕께서 만일 이것을 아신다면 백성이 이웃 나라보다 많아지기를 바라지 마십시오." 하였다.

24 어부사(漁父辭)

초나라 사람 굴원이 추방을 당하고 나서 강담지방에 노닐 때에 못

둑과 밭둑을 거닐며 시를 읊는데 안색은 초췌하고 모습은 초라하고 야위었다. 한 어부가 보고서 묻기를, "그대는 삼려대부 아니십니까? 어떻게 여기까지 오셨습니까?"

굴원이 말하기를, "온 세상이 혼탁한데 나만 유독 깨끗했고 모든 사람이 다 취했는데 나만 유독 깨어 있었소! 그래서 추방을 당했소이다." 어부가 말하기를, "성인은 사물에 막힘이 없어서 세상과 더불어 변할 수 있어야 합니다.

세상 사람이 모두 혼탁해 있으면 어찌해서 그 진흙탕물을 흐리게 하여 그 물로 더럽히지 않았으며 모든 사람이 다 취했으면 어찌해서 그 지게미를 먹고 그 묽은 술이라도 마시지 않고서 무슨 까닭으로 깊은 생각만 하고 고결한 행동만 하다가 자신을 추방당하도록 하였소?"

굴원이 말하기를, "내 듣자하니 곧바로 머리 감은 사람은 반드시 갓을 털고 곧바로 목욕한 사람은 반드시 옷을 턴다고 하였소이다. 어떻게 깨끗하고 깨끗한 몸으로서 사물의 더러운 것들을 받아들일 수 있겠소! 도리어 상수 강물에 뛰어들어 물고기 뱃속의 먹이가 될지라도 어떻게 깨끗하고 깨끗한 결백함으로 세속의 티끌 먼지를 뒤집어 쓴다는 말이오!"

어부가 빙그레 웃고는 노를 저어가면서 노래하기를, "창랑강 물이 맑으면 나의 갓끈을 빨고 창랑강 물이 흐리면 내 발을 씻을 뿐이로다." 하고는 마침내 사라져 가버리자 다시는 말을 나누지 못하였다고 한다.

[역주] **굴원** 전국시대 초나라 사람으로 이름은 평(平)으로 초회왕의 좌도가 되었으며 문장에도 능통하였다.

25 여안환폐(汝眼還閉)

화담이 나왔다가 집을 잃고 길가에서 우는 사람을 만나서 말하기를, "너는 왜 우느냐?"

대답하기를, "제가 다섯 살이 되어 눈이 멀었는데 지금 이십 년이 되었습니다. 아침에 나와서 길을 가다가 갑자기 천지만물이 청명해짐을 보았습니다. 기뻐서 돌아가려는데 길은 갈래가 많고 집들은 서로 똑같아서 우리 집을 분간하지 못하겠습니다. 이 때문에 우는 것입니다."

선생이 말하기를, "내가 그대에게 돌아갈 방법을 가르쳐줄 것이니 도로 네 눈을 감으면 곧 너의 집이리라." 그제야 눈을 감고 지팡이를 두드리며 발걸음에 맡기자 바로 도착하였다고 한다. (화담 서경덕)

26 왕상지효(王祥之孝)

왕상은 성품이 효성스러워 부모가 병이 나시면 옷에 허리띠를 풀지 않았고 약을 달일 때는 반드시 직접 맛을 보았다.

또 어머니가 살아있는 물고기를 먹고 싶어 하셨으나 이때는 날씨가 춥고 얼음이 얼었는데 왕상이 옷을 벗고 얼음을 깨고 고기를 찾자 얼음이 갑자기 저절로 풀리면서 두 마리 잉어가 뛰어나와서 가지고 돌아오게 되었다고 한다.

[역주] **王祥** 중국 진(晉)나라 사람. 효자로 이름이 높음.

27 오군여이(吾君驢耳)

신라 제48대 경문왕이 왕위에 올랐는데 왕의 귀가 갑자기 커져서 당나귀 귀와 같았다. 왕후와 궁인들은 모두 알지 못했는데 오직 두건을 다루는 장인 한 사람만이 알고 있었다.

그러나 평생동안 사람들에게 말하지 못했는데 그 장인이 죽기 전에 도림사 대나무 숲속에 사람이 없는 곳으로 들어가서 대나무를 향해 외치기를… "우리 임금님 귀는 당나귀 귀와 같다."라고 하였다.

그 뒤로는 바람이 불면 대숲에서 소리가 나기를, "우리 임금님 귀는 당나귀 귀다." 하자 왕이 그것을 싫어하여 즉시 대나무를 베어내고 산수유를 심었는데 바람이 불면 다만 소리가 나기를, "우리 임금님 귀는 길다."라고만 하였다고 한다.

역주 **景文大王** 신라 제48대 왕(861~875). 성은 김이고 이름은 응렴.

28 육우당기(六友堂記)

산은 우리 어진 사람들이 좋아하는 것으로 산을 보면 우리의 어짊이 보존되어 있고 물은 우리의 지혜가 보존되어 있다. 눈이 겨울을 덮어 따뜻하게 하여 우리 기운을 알맞게 보존하고 달이 밤에 밝은 빛을 비쳐주어 우리 몸의 편안함을 보존해 준다.

바람은 여덟 방향이 있어서 각기 때에 따라 불면 우리가 망령되게 행동함을 없게 하고 꽃에는 사계절이 있어서 각기 그 종류에 따라 피게 되면 우리가 질서를 잃음이 없게 한다.

<중략> 천지는 부모요 만물은 우리와 함께 하는데 어디로 간들 벗이 없겠는가. 이는 진실로 나에게 도움이 되는 친구로다.

29 의산문답(醫山問答)

실옹이 말하기를, "내가 다시 너에게 묻노라. 생물의 종류에는 세 가지가 있어서 사람과 날짐승과 들짐승과 초목이니라. 세 가지 생물의 종류가 서로 어울려 쇠약하고 융성하게 되는데 그런데도 귀하고 천한 차등이 있겠는가?"

허자가 말하기를, "천지간에 생물 중에 오직 사람이 귀합니다. 지금 대체로 금수와 초목은 지혜도 없고, 깨달음도 없으며 예의도 없고 의리도 없으니 인간이 금수보다 귀하고 초목이 금수보다 천하다."고 하자 실옹이 고개를 들고 웃으며 말하기를, "그대는 참으로 사람일 뿐이로다.

오륜의 다섯 가지 일은 사람의 예의이고 무리지어 다니며 울고 먹는 것은 금수의 예의이며, 무더기로 자라고 가지가 번성하는 것은 초목의 예의니 사람의 입장에서 사물을 보면 사람은 귀하고 사물은 천하며 사물의 입장에서 사람을 보면 사물은 귀하고 사람은 천하겠지만 하늘로부터 본다면 사람과 사물이 똑같은데 지금 그대는 왜 하늘의 입장에서 사물을 보지 않고 아직도 사람으로서 사물을 보는가." 하였다.

30 인심최심(人心最深)

영조가 직접 간택에 임하실 때 사대부의 여자들을 궁중에 모으니 왕후가 혼자 자리를 피하여 앉자 임금이 말하기를, "어찌하여 피하는가?"

왕후가 말하기를, "아버지의 이름이 그곳에 있는데 어떻게 감히 자리에 앉으리까?" 대개 간택할 때에 그 아버지의 이름을 방석 끝에 써 놓았기 때문이었다.

왕이 여러 여자들에게 물으시기를, "어떤 물건이 가장 깊은고?" 누구는 산이 깊다고 말하고 누구는 물이 깊다고 말하여 여러 의견이 한결같지 않았다. 왕후가 혼자 말하기를, "사람의 마음이 가장 깊습니다." 하여 왕이 그 까닭을 묻자 왕후가 대답하기를, "물건의 깊이는 헤아릴 수 있으나 사람의 마음은 헤아릴 수 없습니다." 하였다.

왕이 또 여러 여자들에게 물으시기를, "어떤 꽃이 가장 좋은고?" 누구는 복숭아꽃이라고 하고 누구는 목단화라고 하고, 누구는 해당화라고 하여 대답이 한결같지 않았다.

정순왕후가 혼자 말하기를, "솜꽃이 가장 좋습니다."라고 하여 왕이 그 까닭을 묻자 대답하기를, "다른 꽃은 한때의 좋음에 지나지 않지만 오직 솜꽃만은 세상 사람을 옷 입혀 따뜻하게 하는 공로가 있습니다."라고 하였다.

31 인욕이대(忍辱而待)

윤회가 젊었을 때에 시골 마을로 갈 일이 있어서 날이 저물어 여관에 투숙하려는데 주인이 자는 것을 허락하지 않아서 뜰가에 앉아 있었다. 주인집 아이가 큰 진주를 가지고 나오다가 뜰 가운데 떨어뜨렸는데 곁에 있던 흰 거위가 곧바로 그것을 삼켰다.
바로 주인이 나와 구슬을 찾았으나 찾지 못하고 윤공이 훔쳐갔다고 의심하여 묶어두고 아침이 되면 관가에 고발하려고 하였다. 윤공이 주인한테 변명하지 않고 다만 말하기를, "저 거위 또한 내 곁에 묶어 두시오."라고 하였다.
아침에 구슬이 거위의 항문에서 나오자 주인이 부끄러워하며 사죄하며 말하기를, "어제는 왜 말하지 않았습니까?" 윤공이 말하기를, "어제 말했다면 주인이 반드시 거위의 배를 갈라 구슬을 찾으려 했을 것입니다 . 때문에 모욕을 참고 기다린 것입니다."라고 하였다.

32 원일(元日)

나이 어린 사람이 인척과 친척의 나이 많은 어른들을 두루 방문하는 것을 '묵은세배'라 하여 저녁 무렵부터 밤늦게까지 거리마다 등불의 행렬이 서로 이어져 끊기지 않았다.
서울의 풍속에 해마다 가묘에 가서 제사 지내는 것을 '차례'라 하고, 남녀의 나이가 젊고 항렬이 낮거나 어린 남녀가 모두 새옷을 입는 것을 '세장'이라 하고 친척과 어른들을 찾아뵙는 것을 '세배'라고 하였다.

33 자한양옥(子罕讓玉)

송나라 사람이 옥을 얻어 사성인 자한에게 바치자 자한이 받지 않았다. 옥을 바친 사람이 말하기를, "옥 감정가에게 보이니 옥 감정가가 보물이라고 하기에 바치는 것입니다." 말하자

자한이 말하기를, "나는 탐내지 않는 것을 보물로 여기고 그대는 옥을 보물로 여기는데 만약 나에게 준다면 보물을 잃는 것으로 다른 사람이 그 보물을 소유하는 것만 못하다."고 하였다.

[역주] **司城** 중국 춘추시대에 토지에 관한 일을 맡아보던 벼슬 이름.

34 전.적벽부(前.赤壁賦)

임술년 가을 7월 16일에 소식은 객과 함께 배를 타고 적벽강 아래 노닐 적에 맑은 바람은 서서히 불어오고 파도는 일어나지 않았다. 술잔을 들어 객에게 권하고 명월시를 외우며 요조장을 노래불렀는데, 조금 있자 달이 동산의 위로 떠올라 북두성과 견우성 사이를 배회하누나!

밤이슬은 강을 가로질러 물빛과 하늘에 닿아 있어 한 조각배를 가는 대로 내버려두고 만경의 아득한 물결을 개의치 않는구나. 넓고도 넓음이여! 허공에 의지하여 바람 타고 그 머무를 곳을 모르듯이 표표히 세상을 잊고 홀로 서서 깃털이 돋아나 신선이 되어 오르는 것 같구나!

<중략> 소동파 말하기를, 객도 또한 저 물과 달을 아시는가? 물이 흘러가는 것이 이와 같지만 아직 완전히 가지 않았으며 달이 차고 기우는 것이 저와 같지만 마침내 줄어들고 늘어남도 없으려니 대체로 그 변하는 것으로부터 본다면 천지도 한 순간일 수밖에 없고, 그 변하지 않는 것으로부터 본다면 사물과 우리 모두가 소진하지 않을 텐데 다시 무엇을 부러워하겠는가! 역시 세상 사물은 각기

주인이 있으려니 진실로 나의 소유가 아니면 비록 하나의 터럭이라도 가지지 말아야 하지만

오직 강 위에 맑은 바람과 산 사이의 밝은 저 달만큼은 귀로 얻으면 소리가 되고 눈으로 보면 빛을 이루어 이것을 가진다 해도 금함이 없고 이것을 이용해도 없어지지 않으려니 이것은 조물주의 무진장함이요 나와 그대가 즐길 뿐이로세…

[역주] **旣望** 음력으로 16일.

蘇子 소동파 자신을 가리킴.

赤壁 양자강 하류에 있는 곳으로 강 양안이 붉은 절벽을 이루고 있다. 이곳에서 조조의 100만 대군과 오나라 주유와 촉나라 제갈량이 큰 싸움을 치렀는데 이 싸움을 '적벽대전'이라고 하며 오나라와 촉나라의 연합, 화공전에 대패한 위나라 조조(208)는 다시 천하통일을 생각하지 못하게 되었고 한나라 말기의 삼국시대가 짧게 개막된다.

35   후.적벽부(後.赤壁賦)

그해 시월 보름에 설당에서 걸어 나와 임고정으로 가는데 나그네 두 사람이 나를 따라 황니 언덕을 지나는데 찬 서리에 나뭇잎은 낙엽이 되었구나. 그림자 땅에 비쳐 하늘을 쳐다보니 밝은 달이 비추도다. 월광을 즐기며 걸어가면서 노래 불러 서로 화답하네!

이윽고 탄식하기를 술벗은 있는데 술이 없고 술이 있다 해도 안주가 없겠구나! 달은 밝아 바람은 시원한데 이렇게 좋은 밤을 어떻게 지내려나! 손님이 말하기를 오늘 저녁때 그물로 고기를 건졌는데 입이 크고 비늘이 촘촘한 모습이 마치 송강에 농어 같소이다.

어디서 술을 구해야 하나! 집에 돌아가 아내에게 의논하리라. 이윽고 아내가 말하기를 저에게 한 말 술이 있는데 간직한 지 오래전부터 당신이 불시에 찾을 것을 대비하였소이다.

그리하여 술과 안주를 들고 다시 적벽강 밑에서 놀고 있는데 강물은 소리 내며 흘러가고 깎아지른 절벽은 수백 길로서 산이 높아 달

은 작아 보이고 폭포수 떨어져 돌만이 드러났구나. 지나온 세월이 그 얼마인데 이토록 아름다운 강산을 몰랐단 말인가!

<중략> 산에 올랐다가 돌아와 배를 타고 물에 떠가며 멈추기를 기다렸다가는 쉬기도 하였는데 때는 야심한 삼경으로 사방을 둘러봐도 적막하구나!

때마침 학 한 마리! 강물을 가로질러 동쪽에서 날아와 수레바퀴만한 날개를 치는데 검은 치마에 흰 비단을 두른 듯했고 신비한 긴 목소리로(학 울음) 우리 배를 스치듯 서쪽으로 날아가네!

잠시 뒤에 객도 떠났기에 나 역시 잠을 청했는데 꿈속에 한 도사가 깃부채를 부치면서 임고정 밑에 와서 나에게 읍하며 묻기를 적벽강 뱃놀이는 즐거우셨는가? 신기하여 도사 성함을 물었지만 고개 숙인 채 말이 없었다. 아! 아! 이제야 알겠구나! 어젯밤 울며 날아와 우리 배 위로 지나간 학이 그대 아니십니까? 도사가 바라보며 빙그레 웃기에 나 또한 깜짝 놀라 문을 열고 찾아보았지만 어디로 갔는지 볼 수 없었다.

36 중추가배(仲秋嘉俳)

풍속에 추석을 또한 말하기를, '가배'라 일컬었다. 신라 유리왕이 육부를 정하고 절반으로 나누어 두편으로 만들어 왕의 딸 두 사람으로 하여금 각기 부내의 여자를 거느리게 하여 편을 나누고 무리를 지어

가을 7월 16일부터 매일 아침 넓은 뜰에 모여 길쌈을 시작해서 10시경에 마쳤으며 8월 15일에 이르러 그 공의 많고 적음을 살펴서 진 사람들이 술과 음식을 장만하여 이긴 사람들에게 사례하였는데 이때 노래와 춤과 온갖 놀이가 모두 행해져 이것을 '가배'라 불렀다. 이때에 진 편의 한 여자가 일어나 춤을 추면서 탄식하며 말하기를, "회소! 회소!"라 하니 그 소리가 애절하면서 우아하였는데 후세 사

람들이 그 소리에 따라서 노래를 지으니 '회소곡'이라 하였다.

⟨역주⟩ **儒理王** 신라 제3대 임금.

37 지록위마(指鹿爲馬)

진나라 승상 조고가 권력을 마음대로 휘두르려고 했으나 여러 신하들이 듣지 않을까 두려워하여 먼저 시험삼아 사슴을 가지고 이세진왕에게 바치며 말하기를 "말입니다."

이세가 웃으며 말하기를, "승상이 잘못 알았는가? 사슴을 말이라고 하는구나." 하고 좌우에 묻자 어떤 사람은 묵묵히 있고 어떤 사람은 말이라고 하였었다.(조고가 두려운 사람)

⟨역주⟩ **二世** 진시황의 2世인 호해(胡亥)이다.

38 지기지음(知己之音)

백아는 거문고를 잘 타고 종자기는 듣기를 잘했는데 백아가 거문고를 연주함에 생각이 흐르는 물에 있으면 종자기가 말하기를, "좋도다! 넘실넘실 강물과 같도다!" 하여 백아가 생각한 것을 종자기가 반드시 알아냈다.

백아가 태산의 그늘진 북쪽에서 노닐다가 갑자기 폭우를 만나서 바위 아래 머물렀는데 마음이 울적하여 거문고를 당겨 곡을 매번 연주함에 종자기가 번번이 곡조 뜻을 알아냈다.

백아가 거문고를 놓고 탄식하며 말하기를, "좋도다! 좋도다! 그대의 들음이여. 어쩌면 상상한 것이 내 마음과 똑같으니 내가 어디에선들 거문고 곡조를 숨길 수가 있으리오!" 하였다.

39 차계기환(借鷄騎還)

김 선생은 담소를 잘했는데 친구 집을 방문하여 주인이 술자리를 차렸는데 안주는 오직 채소뿐으로 먼저 사례하며 말하기를, "집이 가난하고 시장이 멀어 전혀 맛있는 음식이 없고 오직 담박하니 이 것이 부끄러울 따름이네."

때마침 여러 마리의 닭들이 뜰에서 어지러이 먹이를 먹는데 김 선생이 말하기를, "대장부는 천금을 아끼지 않는데 마땅히 내 말을 잡아서 술안주로 합시다." 주인이 말하기를, "한 마리뿐인 말을 잡으면 무엇을 타고 돌아갈 것인가?"

김선생이 말하기를, "저 닭을 빌려 타고 가면 되지 않겠나." 어쩔 수 없이 주인이 큰소리로 웃고는 닭을 잡아 대접하였다고 한다.

40 천리마(千里馬)

세상에 백락이 있은 다음에 천리마가 있는데 천리마는 항상 있지만 백락은 항상 있지 않을 것이다. 때문에 아무리 명마가 있다 해도 다만 마부의 손에서 욕을 당하고 마굿간에서 나란히 죽어 천리마로서 일컬어지지 못하니 천리마는 한 번 먹으면 혹은 곡식 한 섬을 다 먹는데 말을 먹이는 사람이 그 말이 천리를 달릴 수 있음을 알지 못하며 그 말이 비록 천리를 달릴 수 있는 능력이 있으나 먹는 것이 배부르지 못하고 힘이 부족하여 재주의 뛰어남이 밖으로 드러나지 못하게 되어 또한 보통의 말과 같고자 해도 될 수 없어서 어떻게 그 말이 천리를 달릴 수 있기를 바라겠는가.

채찍질을 옳은 방법으로 하지 않고 먹이기를 재주를 다할 수 없게 해서 울어도 뜻을 통하지 못하고 채찍을 잡고 다가가서 말하기를, "세상에 좋은 말이 없다."고 하니 아~아! 참으로 좋은 말이 없는 것인가? 참으로 좋은 말을 알아보지 못하는 것인가?

41   패령자계(佩鈴自戒)

이상의가 어릴 때에 성품이 매우 경솔하여 앉아서 오래 견디지 못하고 말을 하면 번번이 망언을 하였다.

부모가 이를 근심하여 자주 꾸짖는 말을 하였는데 이공이 작은 방울을 달고 스스로 경계하여 항상 방울 소리가 들리면 맹렬히 자신을 타이르며, 경계함을 더하였고 출입하고 앉거나 누울 때에 방울을 놓지 않았다.

오늘 경솔함을 조금 줄이고 다음날 조금 줄여서 중년이 된 다음에는 혼연히 저절로 이루어져서 후세 사람들이 경박한 자제들을 훈계하는 것을 반드시 이상의에 행동을 말하면서 본보기로 삼았다고 한다.

42   한반도(韓半島)

우리 나라는 아시아의 동쪽에 있어 북쪽은 대륙과 이어져 있고 동서남쪽은 바다로 들러싸여 있기 때문에 반도국이라 하였다. 경기도를 중앙으로 하여 밖으로 강원도가 있어 관동이라고 하고 충청남북도와 전라남북도와 경상남북도를 삼남이라고 하고 황해도와 평안남북도를 양서라고 하고 함경남북도를 관북이라고 하였다.

43   함흥차사(咸興差使)

방석의 왕자변란 후에 태조가 왕위를 버리고 함흥으로 가버리자 태종이 여러 차례 중사를 보내어 안부를 묻게 하였으나 태조가 번번이 활을 당기고 기다리고 있어 앞뒤로 잇달아 보내진 사신이 감히 그 뜻을 전달하지 못하였다.

이 무렵 안부를 묻는 사신은 한 사람도 돌아올 수 없었는데 태종이 여러 신하들에게 묻기를, "누구를 보내면 좋겠는가?" 응답하는 사람이 없었는데 판승추부사 박순이 솔선하여 가기를 청하였으며 결국 태조께서 돌아오게 되었다고 한다.

〔역주〕 **방석(芳碩 1398)** 태조의 여덟 번째 아들로 1차 왕자의 난 때 방원(태종)이 동생 방번과 방석을 죽임.

태조(太祖 1335~1408) 이성계로 조선을 건국함.(재위 1392~1398)

44 향약(鄕約)

덕이 될 수 있는 일은 서로 권장하고 예의바른 풍속은 서로 교류하며 과오와 실수는 서로 바로잡아주고 근심과 어려움은 서로 구원해주어야 한다.

〔역주〕 **향약**은 조선시대 1517년 조광조가 여씨향약(呂氏鄕約)을 널리 퍼뜨리면서 시작된 향약의 덕목으로 이웃과 사회가 서로 돕기 위한 약속이다.

45 형제투금(兄弟投金)

고려 공민왕 때에 어떤 백성의 형제가 함께 가다가 아우가 황금 두 덩이를 주워 그 하나를 형에게 주었다. 공암진에 이르러 함께 배를 타고 물을 건너다가 아우가 갑자기 물에 금을 던졌다.

형이 이상하게 여겨 그 까닭을 묻자 대답하기를, "제가 평상시에 형을 사랑함이 두터웠는데 지금 금을 나눔에 갑자기 형을 꺼리는 마음이 싹텄습니다. 이것은 상서롭지 못한 물건이니 강에 던지고 잊는 것만 못합니다."

형이 말하기를, "너의 말이 참으로 옳다." 하고 역시 물에 금을 던졌다. 그때에 함께 배를 탄 사람들이 모두 우직한 백성들이었다. 그래서 그 성명과 사는 곳을 물어본 사람이 없었다고 한다.

〔역주〕 **恭愍王** 고려 31대왕. 재위 24년.(1351~1374)

46 호가호위(狐假虎威)

호랑이가 온갖 짐승을 찾아 잡아먹다가 여우를 잡았는데 여우가 말하기를 "그대는 감히 날 잡아먹지 못할 것이다.

천제가 나로 하여금 백수의 우두머리로 삼았으니 지금 그대가 나를 잡아먹는다면 바로 천제의 명을 거스름이다. 그대가 나를 믿지 못한다면 내가 그대를 위하여 앞서 갈 테니 그대는 내 뒤를 따라오면서 온갖 짐승들이 나를 보고 감히 달아나지 않는가를 보아라."

호랑이가 그렇게 생각하고 마침내 함께 갔는데 과연 짐승들이 그들을 보고 모두 달아나자 호랑이는 짐승들이 자신이 두려워 달아나는 줄을 모르고 여우를 두려워하는 것이라 생각했다고 한다.

47 홍익인간(弘益人間)

단군왕검은 아사달에 도읍을 세워 국호를 조선이라 하시니 중국의 요 임금과 같은 시대였다. 옛기록에 의하면 옛날에 환인의 아들 환웅이 자주 천하에 뜻을 두어 인간 세상을 탐내기에 아버지가 아들의 뜻을 알고 아래로 삼위 태백산을 내려다보니

널리 인간을 이롭게 할 만해서 곧 천부인 세 개를 주어 가서 다스리게 하시자 환웅이 무리 삼천을 거느리고 태백산 꼭대기 신단수 아래로 내려와서 이곳을 '신시'로 불렀는데 이분을 '환웅천왕'이라고 하였다.

그는 풍백·우사·운사를 거느리고, 곡식·수명·질병·형벌·선악 등을 주관하고 인간의 삼백육십여 일을 주관하여 인간 세계를 다스리고 교화시켰다. 이때 한 마리의 곰과 한 마리의 범이 같은 굴에 살고 있었는데 항상 환웅에게 기도하며 변하여 사람이 되기를 원하였고

그때에 신이 신령스러운 쑥 한 다발과 마늘 스무 개를 주면서 말하기를, "너희들이 이것을 먹고 백일 동안 햇빛을 보지 않는다면 곧 사람의 형체가 될 것이리라." 곰과 범은 그것을 먹고 21일을 근신하기로 하여 곰은 여자의 몸이 되었으나 범은 근신하지 못하여 사

람의 몸이 되지 못했다.

웅녀는 같이 혼인하지 못하게 되자 항상 신단수 아래에서 아이 갖기를 원하며 빌었는데 환웅은 곧 사람의 몸으로 변하여 그와 혼인하고 잉태하여 아이를 낳으니 이 분을 단군왕검이라 부르게 되었다. 요 임금의 즉위 50년 경인년에 평양성에 도읍을 정하고 마침내 조선이라 일컬었다고 한다.

[역주] **桓因** 하느님. 천제.

桓雄 하느님의 아들.

『동국여지승람』에서는 '三危太伯'을 '황해도 구월산'이라 하였음.

太白山을 金一然(『삼국유사』 저자)은 태백산을 지금의 묘향산이라고 주석을 달아놓음.

48 화랑오계(花郎五戒)

임금을 충성으로써 섬기고 어버이를 효도로써 섬기며 벗을 믿음으로써 사귀고 싸움에 임하여서는 물러서지 말며 산 것을 죽일 때 가려서 해야 한다. 「화랑세기」에 말하기를 어진 장군과 용맹한 군사가 화랑도 오계로부터 나왔다고 한다.

49 효녀지은(孝女知恩)

효녀 지은은 성품이 지극히 효성스러워 어려서 아버지를 잃고 홀로 그 어머니를 봉양하여 나이가 32세인데도 아직 다른 사람에게 시집가지 않았다.

아침저녁으로 안부를 살피고 곁을 떠나지 않았으나 봉양할 수 없어서 밥을 얻어다 어머니를 봉양하였는데 날짜가 오래됨에 곤궁함을 견디지 못하고 부잣집에 가서 몸을 팔아 종이 되기를 청하여 쌀 십여 섬을 얻고 약속한 날까지 그 집에서 일을 하기로 하였다.

날이 저물면 음식을 갖고 돌아와 그 어머니를 봉양하여 이렇게 며칠간을 하였는데 어머니가 딸에게 말하기를, "지난번에는 밥이 거칠어도 달았는데 지금은 음식이 아무리 좋아도 맛이 옛만 못하고 간과 심장을 마치 칼로 찌르는 것 같으니 무슨 까닭이냐?"
딸이 사실대로 말하자 어머니가 말하기를, "나 때문에 너를 종이 되게 하였으니 일찍 죽는 것만 못하다"고 하였다.

50 효빈지미(效嚬之美)

서시가 가슴이 아파서 마을에서 찡그리고 다니는데 마을의 추녀가 보고서 그것을 아름답다고 여기고 돌아가서 역시 가슴을 붙잡고 마을에서 찡그리고 다녔다.
마을 사람들은 그것을 보고 문을 굳게 닫고서 나가지 않았으며, 가난한 사람들은 그것을 보고 처자식을 이끌고 달아나 버렸다. 추녀는 찡그린 것이 아름다운 것으로만 알았지 찡그린 원인이 아름다운 것을 알지 못하였던 것이다.
서시. 전국시대 월나라 미인으로 오왕부차의 애첩

51 훈민정음(訓民正音)

나라의 발음이 중국과 달라서 문자와 서로 통하지 않으므로 어리석은 백성들이 말하고 싶어도 마침내 그 뜻을 펼칠 수 없는 사람이 많았으므로 내가 이것을 가엾게 여겨 새로 28자(자음 모음)를 만들었으니 사람들이 쉽게 익혀 날마다 편하게 사용하기를 바랄 뿐이다 (1446년 10월 9일 세종대왕께서 훈민정음 반포).

52 도지오도(盜之五道)

도척의 무리가 두목인 도척에게 질문하기를, 우리 도적들에게도 도라는 것이 있습니까? 도척이 대답하기를, 어딘들 도가 없겠는가! 대체로 무작위로 집안에 감춰둔 곳을 아는 것은 성령이고, 앞장서서 침입하는 것은 용기이고, 가장 늦게 나오는 것은 의리이고, 성공 여부를 아는 것은 지혜이고, 똑같이 나눠 갖는 것은 인(仁)이니, 이 다섯 가지를 갖추지 못하고 큰 도적이 된 사람은 이 세상에 아직 없었다고 하였다.

6. 사기열전 史記列傳

사기열전 史記列傳

　『사기열전』은 한무제(BC 126) 때의 태사령(太史令)인 사마천(司馬遷)이 저술한 황제(黃帝)로부터 한무제에 이르기까지 2000여 년간의 역사를 포괄하는 통사(通史)의 역사서로서 열전(列傳＝중요인물 전기) 70권, 본기(本紀＝황제 연대기) 12권, 서(書＝문물제도사) 8권, 표(表＝연표) 10권, 세가(世家＝제후 가문의 역사) 30권 등 5부로 총 130권이다. 서술 형식은 기전체(紀傳體)라고 불리고 후세 정사(正史)의 규범이라고 할 수 있으며, 열전 70권 중에서 역사적으로 많이 알려진 10권만을 선집하였다.

1. 사마천(司馬遷)과 『사기(史記)』 | 역사가

    사마천은 사마담(司馬談)의 아들로서 자(字)는 자장(子張)이다. 한나라 경제(景帝, BC 145) 때에 태어나서 한무제(武帝, BC 126) 원삭 3년 20세에 장강 남북에 걸친 긴 여행을 마치고 돌아와서 낭중관(郎中官)에 올랐으며 36세(BC 110)에 태사령(太史令)에 올랐다.

    한무제의 봉선의식에 참여할 수 없었던 아버지 사마담은 울분하여 죽었으며, 이때에 사마천은 아버지의 유지(遺志)로서 사기(史記)를 논술하도록 부탁받았고, 38세 때 아버지 뒤를 이어 태사령(太史令)이 되었으며 자료 수집에 착수하였다.

    42세(BC 104)에 『사기』를 저술하기 시작했으나(BC 98), 이능(李陵) 사건에 연루되어 죄를 짓고 부형(腐刑)에 처해졌다. 그러나 그 이후에도 『사기』 저술에 전념하여(BC 92~89) 마침내 『사기』 130권을 완성하였는데 실로 20년이라는 긴 세월이 그 때문에 소모된 것이다. 그의 졸년(卒年)은 한소제(昭帝, BC 88) 즉위 후 얼마 되지 않은 것으로 추정된다.

    『사기(史記)』는 태고로부터 한무제(BC 104)에 이르는 2000여 년간의 역사를 포괄하는 통사(通史)이며, 모두 130편으로 본기(本紀=황제 연대기) 12권, 서(書=문물제도사) 8권, 표(表=연표) 10권, 세가(世家=제후 가문의 역사) 30권, 열전(列傳=중요인물 전기) 70권 등 5부로 되어 있으며, 서술 형식은 기전체(紀傳體)라고 불리며 후세 정사(正史)의 규범이 되었으며 대략 526,000여 자로 구성되어 있다.

사마광(司馬光)과 『자치통감(自治通鑑)』

사마광(1019~1086)은 북송조(北宋朝)의 명신으로 온국공(溫國公)에 봉해졌으며, 자(字)는 군실(君實)로서 20세(1038)에 진사시에 합격하여 두루 벼슬을 하다가 신종(1068)이 즉위하자 한림학사에 발탁되었다.

그러나 왕안석(王安石)의 신법에 반대하다 신종이 왕안석의 신법을 받아들임으로써 사임하고 『자치통감』 편찬에 착수하여 19년이 걸린 끝에 완성하였다. 『자치통감』은 주나라 위열왕(BC 403)부터 오대의 후주(後周 959)에 걸친 1362년간의 사적을 편년체(編年體)로 엮은 통사(通史)이다.

내용은 주기(周紀) 5권, 진기(秦紀) 3권, 한기(漢紀) 60권, 위기(魏紀) 10권, 진기(晉紀) 40권, 송기(宋紀) 16권, 제기(齊紀) 10권, 양기(梁紀) 22권, 진기(陳紀) 10권, 수기(隋紀) 8권, 당기(唐紀) 81권, 후양기(後梁紀) 8권, 후당기(後唐紀) 8권, 후진기(後晉紀) 6권, 후한기(後漢紀) 4권, 후주기(後周紀) 5권으로 총 294권이다.

주(周)나라에서 진(秦)나라와 한(漢)나라를 거쳐 후주(後周)에 이르기까지 왕조 1대를 일기(一紀)로 하여 모두 16기로 나누어 군국대사(軍國大事)와 군신언행(君臣言行)을 연월에 따라 기록하였다.

이를 통해 전국시대 이후 중국 역사의 전체적 윤곽을 파악할 수 있을 뿐만 아니라 수많은 고사성어와 역사적 사실을 남겨 현재까지 중요한 자료로 평가받고 있으며, 1362년간의 국가 흥망성쇠와 113명의 군주 출몰을 담고 있는 방대한 역사서로서 총 294권을 현재는 15권으로 모아 엮어져 있다.

사마천의 『사기(史記)』와 사마광의 『통감(通鑑)』은 저자가 사마(司馬)씨라는 점에서 두 사람의 역사가가 1100여 년의 거리는 있지만 통사(通史)의 전통을 이은 역사 대가(大家)라 아니할 수 없으며, 대략 4,250,000여 자로 방대한 분량의 서적이다.

2. 백이 · 숙제(伯夷 · 叔齊) | 의사

백이와 숙제는 은나라 말기 고죽(孤竹)나라 임금의 두 아들이다. 아버지는 막내인 숙제를 후계자로 삼으려고 했으나 아버지가 돌아가신 다음에 숙제는 큰형인 백이에게 임금 자리를 양보하려고 하였다. 백이는 아버지의 명을 거역할 수 없다며 마침내 나라밖으로 도망갔으며 숙제 또한 임금 자리에 오르지 않고 형을 따라 나섰고, 나라 사람들은 둘째아들을 세워 임금으로 삼았다.

그리하여 백이와 숙제는 서백(西伯)인 창(昌=후일 문왕)이 노인들을 잘 보살핀다는 말을 듣고 주(周)나라에 가서 의탁하려고 찾아갔더니 서백은 이미 죽었고 아들 무왕(武王)이 왕위에 올라 아버지의 위패를 수레에 싣고 동쪽에 있는 은(殷)나라의 마지막 주왕(紂王)을 정벌하러 가려는 참이었다.

백이와 숙제는 무왕의 말고삐를 붙잡고 정벌하지 말라고 간청하기를, "부왕이 돌아가시어 장례도 모시지 않고 무기를 드는 것은 불효이며 또 신하의 신분으로 은왕을 죽이려는 것은 인(仁)이라고 할 수 없습니다."라고 하니 왕을 모시던 주위 사람들이 죽이려고 하자 태공이 이 사람들은 의로운 사람이라며 살려서 돌려보냈다.

그뒤 무왕은 목야전투에서 은왕을 죽이고 은나라를 멸망시켜 주나라를 세우고 천자가 되었다.

그뒤 백이와 숙제는 은나라 멸망을 부끄럽게 여기고 신의를 지키면서 주나라의 녹은 먹지 않겠다며 수양산(首陽山)으로 들어가 고비를 채취하며 연명하다 굶주려 죽게 되었는데 이때에 「채미가(采薇歌)」를 지었다.

<채미가>

나는 지금 저 서산에 올라 고비를 캔다.

무왕은 폭력으로써 폭력을 바꾸었으되 그 비행을 모르고

옛 신농(神農) · 우(虞) · 하(夏) 나라는 혼연히 사라져서

지금은 있지 않네. 나는 어디론가 가리라.

아~아 가리라 천명도 쇠하였으니!

백이와 숙제는 아버지의 명을 받들어 임금 자리를 탐내지 않았으며 의(義)를 위해 주나라 녹을 받지 않았으며 목숨을 돌보지 않았고 형제가 우애를 하며 운명을 같이하였다. 그러므로 3200여 년이 지난 지금까지도 대의(大義)로 불린다.

3. 관중(管仲) | 명재상

　관중은 자(字)이고 이름은 이오(夷吾)이며 젊어서부터 포숙아(鮑叔牙)와 교류했었는데 관중은 제나라 공자인 형님 규(糾)를 섬겼고 포숙은 같은 공자인 동생 소백(小白)을 섬기게 되었는데 포숙이 섬기던 동생 소백이 제나라 왕위(桓公)에 오르자 경쟁자였던 형님 규는 싸움에 패하여 죽고 그를 섬기던 관중은 환공에게 붙잡힌 몸이 되었으나 친구인 포숙이 끝까지 관중을 환공에게 천거한 까닭으로 등용되어 재상으로 있으면서 환공을 위해 패자(覇者)가 될 수 있도록 도왔다.

　포숙아는 환공에게 친구인 관중을 천거한 뒤로 관중의 밑에 있으면서도 항상 경의를 잃지 않았다.

　관중이 포숙아를 평하기를…….

　"지난날 내가 곤궁할 때에 포숙아와 장사를 같이하면서 이익금을 나눌 때 내가 몫을 많이 갖곤 했지만 포숙은 나를 욕심이 많다고 하지 않았다. 내가 가난한 것을 알고 있었기 때문이다. 지난날 포숙을 위해 사업 경영을 하다 실패하여 다시 곤궁에 빠지기도 했지만 포숙은 나를 어리석다고 하지 않았다. 때의 이(利)와 불리(不利)가 있다는 것을 알았기 때문이다. 지난날 세 번이나 벼슬길에 나갔다가 번번이 임금에게 쫓겨났지만 포숙은 나를 무능하다고 하지 않았다. 시운이 맞지 않았음을 알았기 때문이다.

　지난날 세 번이나 싸움에 나갔다가 패주하였지만 포숙은 나를 비겁하다고 하지 않았다. 나에게 노모(老母)가 계신다는 것을 알고 있었기 때문이다.

　지난날 공자 규(糾)를 섬기다가 패했을 때 나는 붙잡혀서 욕된 몸이 되었지만 포숙은 나를 부끄러움도 모르는 사람이라고 하지 않았다. 내가 작은 일을 부끄러워하기보다는 천하에 공명을 떨치지 못하는 것을 부끄러워하고 있음을 알았기 때문이다. 나를 낳아준 사람은 부모지마는 나를 알아주고 배려해준 사람은 포숙이다."라고 평하였다.

세상 사람들은 패도를 이룬 관중의 현명함을 칭찬하기보다 신뢰를 갖고 배려하는 마음으로 관중을 끝까지 밀어준 포숙아를 신뢰하고 배려하는 예(禮)로 칭찬하고 있다. 이러한 신뢰의 사귐을 관포지교(管鮑之交)라고 한다.

4. 한비자(韓非子) | 법가

한비는 한나라 공자 중에 맨 끝 서열이다. 형명(刑名)과 법술(法術)을 배우기 좋아하였는데 귀착하는 것은 황제(黃帝)와 노자(老子)의 학문이었다. 일찍이 이사(李斯)와 함께 순자(荀子)에게서 공부하였고 재능 면에서 이사 자신도 한비를 따를 수 없다고 생각할 정도였다.

당시는 전국시대로 국토가 깎이고 국력이 약해져가는 것을 보고 한왕에게 간청했지만 받아들여지지 않자 한비는 청렴 강직한 사람이 간신 때문에 등용되지 못함을 슬퍼하고 옛 왕들의 정치에 대하여 성패와 득실을 생각해서 『고분(孤憤)』, 『오두(五蠹)』, 『내외저(內外儲)』, 『세림(說林)』, 『세난(說難)』 등 여러 편의 책을 엮었다.

그런데 한비가 유세(遊說)의 어려움을 알고 지은 『세난편(說難篇)』은 아주 완벽한 것이었는데도 불구하고 그 자신은 끝내 유세의 공을 이루지 못하고 진(秦)나라에서 죽었고 스스로 그 화를 면하지 못했다.

『세난편』에 이르기를….

대체로 유세의 어려움이란 상대방의 심정을 통찰하여 상대방 심정에 내가 말하려는 것을 잘 맞추어 끼우는 일의 어려움을 가리킨다. 상대방이 명예욕에 마음을 갖고 있을 때 이익을 가지고 이야기한다면 비웃을 것이고 상대방이 이익을 바랄 때 명예를 가지고 말한다면 세상사에 어둡고 소용없는 사람이라고 말할 것이다.

상대방이 속으로는 이익을 바라면서 겉으로 명예를 바랄 때 그런 사람에게 명예를 말하면 겉으로는 좋은 체 하면서도 속으로는 은근히 꺼릴 것이다. 만약 이런 사람에게 이익에 관하여 이야기한다면 속으로는 은근히 그 말을 들으면서도 겉으로는 그것을 멀리 하는 체한다. 그런 기미를 잘 알지 못한다면 유세는 이루어지지 않을 것이다.

대체로 일이란 비밀을 유지함으로써 성취하고 비밀 누설로 인하여 실패한다. 그러나 유세하는 사람은 어쩔 수 없이 군주가 마음속에 숨기고 있는 사건에 대하여 언급할 경우가 있으며 그러한 사람은 생명이 위험할 수도 있다. 또 유세하는 사람이 다른 명인 중에서 과실의 단서를 추궁한다면 역시 위험하다.

유세하는 사람이 아직 군주의 두터운 신임이 없는 상태에서 함축성 있는 말로 지혜를 번득이는 것은 그 말로 효과를 올리고 공을 세운다 하더라도 큰 덕으로 인정받지 못할 것이며 만약에 실패한다면 엉뚱한 일까지 의심받게 되므로 그런 사람 역시 생명이 위험하다.

대체로 어떤 명인이 타인에게서 계책을 얻어 그로 인하여 공을 세워 보려고 할 때에 다른 유세하려는 사람의 의도를 이미 알아차렸다면 이 또한 생명이 위험하다. 군주가 겉으로는 딴 일을 하는 체하면서 안으로 다른 일을 하려고 생각할 때 유세하는 사람이 알고 있는 체하면 이 또한 위험하다. 군주가 도저히 손이 미치지 못할 것을 강요하거나 막대한 힘으로도 막을 수 없는 일을 쉽게 막으려 해도 이 또한 위험하다.

그러므로 군주와 함께 성군을 가지고 논하면 속으로 군주를 비방하는 것으로 의심받고 미천한 사람을 가지고 논하면 군주를 파는 것으로 오해받으며 군주가 총애하는 사람을 논하게 되면 그를 이용하려는 줄 알고 군주가 미워하는 사람을 논하게 되면 군주를 시험하려는 줄로 오해받고 말을 꾸미지 않고 단적으로 표현하면 무식하다고 업신여김을 받으며 여러 학설을 인용하여 해박하게 말하면 말이 많다고 오해받는다.

일에 순응만 하며 의견을 말하면 겁쟁이라 하고 일에 앞과 뒤를 말하면 방자하고 무례하다고 한다. 이것이 유세의 어려운 점이니 유념해야 할 일들이다.

대체로 유세의 요령은 군주의 긍지를 만족시키고 부끄러워하는 문제를 건드리지 말아야 한다.

군주가 자신의 계책을 자신 있어 하거든 결점을 지적하지 말고 자신의 결단을 용감한 줄 알고 있으면 항거해서 화나게 하지 말아야 하며, 또 스스로 자부하고 있으면 어려움을 들추어 용기를 꺾어서는 안 된다. 어떤 일에 군주가 계획하는 일과 같은 계획을 가진 사람이 있으면 그 사람을 칭찬해 주고 어떤 사람이 군주 하는 일과 같은 일을 하면 그 사람이 하는 일을 그르치게 하지 말며 어떤 사람이 군주와 같은 실패를 하면 그것이 실패가 아니라고 두둔할 줄 알아야 한다.

큰 충성이란 순수하며 다른 뜻이 없는 것이니 군주에게 거슬림이 없어야 하며 군주가 느끼고 깨닫게 해야 하므로 배격함이 없어야 하고, 그러한 범위 안에서 자기의 지혜를 발휘할 일이다. 이것이 신임받고 의심받지 않는 길이며 자기의 언변을 다하는 것이다.

후일에 진나라 왕이 『고분』『오두』의 책을 보고 한나라의 한비를 만나고 싶어해서 한나라를 공격하여 한비를 보내도록 하였는데 같이 공부했던 이사(李斯)는 자기가 불리할 것으로 생각하고 한비의 등용을 막았다. 한층 더 나아가 다시 돌려보낸다 해도 후환이 될 터이니 죽이자고 하였다.

한비는 『세난편』을 지어냈지만 결국 그 자신은 화를 면하지 못하고 같이 공부한 이사에 의하여 진나라에서 죽게 되었다. 때문에 천시가 지리만 못하고 지리가 인화만 못하다고 하였던가!(天時不如地利. 地利不如人和).

5. 손자(孫子) | 병법가

손자는 이름이 무(武)이며 제나라 사람이다. 병법에 밝았으므로 오왕 (BC 514~496) 합려(闔廬)를 알현하게 되었는데 손자에게 말하기를……. 그대의 저서 13편을 보았는데 시험 삼아 그 실제적인 군대 훈련을 보여 주지 않겠소? 그래서 왕은 후궁 및 궁중의 미녀 180명을 동원하였다.

손자는 이들을 두 편대로 나누고 왕이 제일 사랑하는 두 사람을 뽑아 각기 편대의 대장으로 삼아 모두에게 창을 들린 다음 명령을 내렸다. 그 대들은 각자 자기의 가슴과 양쪽 팔과 등을 알고 있는가? 궁녀들이 알고 있다고 대답하자 손자는 다시 말했다.

내가 (앞 쪽) 하고 구령을 내리면 가슴을…….

　　(왼 쪽) 하고 구령을 내리면 왼팔을…….

　　(오른쪽) 하고 구령을 내리면 오른팔을…….

　　(뒤 쪽) 하고 구령을 내리면 등쪽을 보아야 한다.

또 궁녀들이 알았다고 대답하자 손자는 군령을 펴고 형벌용 무기를 준 비한 다음에 세 번 군령을 내리고 다섯 번 설명을 했다. 그리고 북을 치 면서 (오른쪽) 하고 구령을 말하니 궁녀들이 크게 웃었다.

손자는 또다시 말했다. "군령이 명료하지 못하고 구령이 철저하지 못한 것은 전적으로 지휘하는 장군의 책임이다." 하고는 다시 군령을 세 번 내 리고 다섯 번 이를 설명했다. 그리고 북을 치면서 (왼쪽) 하고 구령을 말 하자 궁녀들은 또 크게 웃었다.

손자는 "군령이 명료하지 못하고 구령이 철저하지 못한 것은 전적으로 지휘하는 장군의 책임이다. 그러나 군령과 구령이 명료한데도 규정대로 따르지 않은 것은 각 편대의 대장의 책임이다."라고 말하고 좌우 두 사람의 대장을 죽이려고 했다.

오왕 합려는 누대 위에서 구경하고 있다가 손자가 당장에 자기가 사랑하는 애첩을 죽이려고 하므로 깜짝 놀라 즉시 전령을 보내 말하기를……. "나는 장군이 용병술에 뛰어난 사람임을 이미 알고 있었소. 나에게 이 두 사람이 없으면 무엇을 먹어도 맛이 없을 것 같으니 제발 죽이지는 말아 주시오."

그러나 손자는 단호하게 말하기를, "나는 이미 왕으로부터 명령을 받은 장군입니다. 진중에서는 왕명이라 할지라도 때에 따라서는 듣지 않을 경우도 있습니다." 하고는 마침내 두 명의 대장을 목 베어 모든 병사에게 본보기로 보인 다음 다시 왕이 세, 네 번째로 사랑하는 두 후궁을 뽑아 대장으로 삼았다. 그리고 또 북을 치며 구령을 하자 궁녀들은 왼쪽이건 오른쪽이건 앞이건 뒤이건 앉는 것이건 서는 것이건 구령 하는 대로 움직였고 목소리 하나 들리지 않았다.

그러자 손자는 전령을 시켜 왕에게 말하기를, "군대 훈련은 끝났습니다. 대왕께서는 시험 삼아 누대에서 내려오시어 보시도록 하십시오. 대왕께서 명을 내리시면 물 속이건 불 속이건 거절하는 자가 없을 것입니다." 왕이 말하기를, "장군은 그만 휴식하고 숙사로 들도록 하시오. 나는 누대 아래까지 가서 볼 생각은 없소." 하니 손자가 말했다. "대왕은 단지 병법에 대한 의논만을 좋아하실 뿐 병법을 실제로 응용하시지는 못하시는군요." 하였다.

그리하여 오왕 합려는 손자가 용병에 뛰어난 것을 알았고, 그를 장군으로 임명하였다. 이렇게 하여 오나라는 강국 초나라를 무찌르고 그 도읍인 영땅에 입성하였고, 제나라와 진나라를 위협하며 제후들 사이에 명성이 높았다.

손자가 죽은 다음 100여 년 만에 손자의 자손인 손빈(孫臏)이란 사람이 태어났으며 손빈은 일찍이 방연(龐涓)과 함께 병법을 배웠으며 후에 방연은 위(魏) 혜왕(양혜왕)의 장군이 되었는데 방연이 자기보다 재능이 뛰어난 손빈을 시기하여 위나라로 불러들여 죄를 뒤집어씌워 양다리 힘줄을 잘랐다.

그런데 마침 제나라 사신이 위나라에 왔다가 은밀하게 손빈과 만나서 이야기를 나눈 뒤에 비밀리에 손빈을 수레에 태워 제나라로 돌아왔다. 제나라 장군 전기(田忌)는 손빈의 재능을 알았기에 제(齊) 위왕에게 추천하여 자기의 병법 스승으로 삼았다.

당시에 위나라 방연이 조나라를 공격하여 포위하자 조나라는 제나라에 구원을 요청했다. 제나라 전기는 군사를 이끌고 위나라 방연이 포위하고 있는 조나라를 구원하러 가려고 하는데 손빈이 말하기를……

실이 엉클어진 것을 푸는 사람은 주먹으로 두들기지 않으며 싸움을 돕는 사람이 맨주먹으로 행동하지 않습니다. 급소를 치고 허를 찔러서 형세를 뒤집어놓으면 저절로 풀리게 됩니다. 지금 위나라는 조나라를 쳐서 포위하고 있기에 위나라 도읍에는 노약자만 남아 있을 것이니 그곳을 공격하면 위나라는 어쩔 수 없이 조나라를 포기하고 자기 방어에 나설 것입니다. 이것이야말로 허를 찔러서 조나라를 구원해주고 공격한 위나라를 피폐하게 만드는 계책입니다. 이렇게 하여 위나라 방연은 손빈에게 보복을 당한 셈이다.

13년 뒤에 위나라 방연이 이번에는 한나라를 공격하자 한나라는 제나라에 구원을 요청했다. 제나라 장군 전기는 이번에도 손빈이 말대로 허를 찌르기 위해 위나라로 쳐들어가서 그날 체류하는 영내에 부엌 10만 개를 만들도록 시켰으며 다음날 영내에는 5만 개로 줄였고, 또 그다음날 영내에는 3만 개로 줄였다.

위나라 방연은 본국으로 돌아와 자기 나라를 침략한 제나라 장군 전기의 군대를 추격하면서 날마다 부엌 수가 줄어드는 것을 보고 제나라 군대가 도망쳐서 겁쟁이라며 기뻐했다. 그러나 손빈은 전기장군에게 "복병하기 좋은 곳을 찾아서 큰나무 껍질을 하얗게 벗긴 다음 오늘밤 방연이 이 나무 아래서 죽을 것이다."라고 써 붙였다. 그리고 복병에게 밤에 불빛이 오르거든 일제히 공격하기로 약속했다.

　날이 저물자 과연 위나라 장군 방연이 제나라 장군 전기를 추격하다가 나무에 씌어진 글을 읽는 순간 복병들이 일제히 쇠뇌를 발사하여 위나라 군대는 크게 패배당하고 말았다. 방연은 자신의 지혜가 모자라서 자신의 군대가 패배한 것을 깨닫고 스스로 목 찔러 죽었다. 방연이 죽음에 임하여 말하기를……. "기어코 손빈의 이름을 떨치게 만들었구나!"라고…….

　손빈의 이름은 이 일로 인하여 천하에 드러났지만 저서는 있지 않았다. 그러나 1972년 산동성 임기현에서 한나라의 묘지를 발굴하던 중 손빈의 죽간이 출토되어 사실을 입증할 수 있게 되었다. 병법가 하면 손무(孫武)·손빈(孫臏)을 말할 수 있으니 전통을 이은 병법대가(大家)이다. 손자(孫子)라는 명칭은 선생님을 뜻하는 자(子)를 붙인 것이다. 결국 시기했던 방연은 같이 공부했던 손빈의 계략에 패배당하고 말았으니 때문에 원수와 원한을 맺지 말라고 하였던가!

6. 공손앙(公孫鞅) | 법가

상군(商君)은 위(衛)왕의 서공자(庶公子) 가운데 한 사람으로 성은 공손(公孫)이고 이름은 앙(鞅)으로 형명(刑名)학을 좋아해서 위(魏)나라 재상인 공숙좌를 섬겼는데 공숙좌는 공손앙의 현명함을 알고 위혜왕에게 추천할 기회를 생각하고 있었다. 때마침 자기가 병들어 누웠는데 혜왕이 문병을 와서 공숙좌에게 묻기를, "누구에게 재상을 맡기면 좋겠소?"

"지금 제가 데리고 있는 공손앙은 나이는 어리지만 재능이 있습니다. 만약에 왕께서 안 쓰실 경우에는 죽여야 하고 밖으로 나가게 해서는 안 됩니다."라고 하였지만 그러나 위혜왕은 공손앙을 대수롭지 않게 생각했다. 그리하여 공손앙은 진(秦)나라 효공(孝公)이 현자를 맞이한다는 말을 듣고 진나라 효공을 알현하게 되었는데 효공이 공손앙을 등용한 다음 국법을 고치려고 생각하면서도 비방받을 것을 두려워하여 주저하였는데

공손앙이 말하기를, "확신이 없는 행위는 명예가 될 수 없고 확신이 없는 사업은 공적이 될 수 없습니다. 보통 사람보다 식견이 뛰어난 사람은 비난을 받기 쉽고 독특한 생각을 하는 사람도 비난받기 마련입니다. 어리석은 사람은 일의 성과조차 모르지만 지혜 있는 사람은 그 싹이 보이기 전에 알아차립니다.

그러므로 백성들은 일을 시작할 때에 의견을 따르는 것이 아니라 성공한 다음에 그 즐거움을 함께 하는 법입니다. 지극한 덕을 논하는 사람은 속설에 일일이 응답하지 않으며 큰 공을 이루는 사람은 보통 사람들과 의논을 하지 않습니다. 그러므로 성왕은 나라를 강하게 만들 수 있는 길이 있으면 결코 선례를 따르지 않으며 백성에게 이익이 될 수 있는 길이 있으면 절차를 따르지 않습니다."라고 말하니……

효공은 공손앙을 좌서장(坐庶長)으로 앉히고 마침내 법을 개정했다. 10집마다 인조제(隣組制)를 만들어 서로 감시하고 연좌하여 위법자를 신고하지 않으면 요참(腰斬)하고 신고한 사람에게는 적의 목을 베인 것과 같은 상을 주고 은폐하는 사람은 적에게 항복한 것과 같은 죄를 내리며 한 집에 남자가 두 명인데도 분가하지 않으면 세금을 두 배로 하고

무공이 있는 사람은 차등에 따라 벼슬을 주고 개인적으로 사사로운 싸움을 하는 사람은 경중에 따라 처벌하고 곡식이나 비단을 많이 납세하는 사람은 부역을 면제하고 태만하면서 가난한 사람은 종을 삼으며 공로가 있는 사람은 영화로운 생활을 하고 공로가 없는 사람은 부유해도 화려한 생활이 허락되지 않는다.

이와 같이 새로운 법령이 만들어졌는데 백성이 믿도록 공포하기 위해서 6미터 정도 되는 나무토막을 시장 남문에 세워놓고 이 나무를 들어다 북문에 세우는 사람이 있으면 10금(金)을 주겠다고 써붙였다.

대단히 힘든 것도 아니지만 사람들은 설마 주겠는가! 의심하며 옮기려는 사람이 없었으므로 다시 써붙이기를 이 나무를 북문으로 옮기면 50금(金)을 준다고 하였더니 어떤 사람이 과연 나무를 어렵지 않게 북문으로 옮겼는데 그 사람은 즉시 50금을 받았다. 이렇게 해서 나라에서는 절대로 백성을 속이지 않는다는 것을 분명하게 보여준 다음에 법령을 공포하였다.

그러나 새 법령이 시행된 지 1년 사이에 수천 명의 백성들이 불편하다고 호소하는 사람이 많았으며 그러는 사이에 효공의 태자가 법을 범했는데 공손앙이 말하기를, "법이 지켜지지 않는 것은 윗사람이 법을 범하기 때문이요."라고 말하면서 태자는 직접 처벌할 수는 없고 태자를 좌우에서 보필하는 공자건을 처벌하고 가르치는 스승 공손가를 자자(刺字) 형으로 처벌하였다.

그 다음부터는 진나라 사람들이 모두 법을 따랐으며 법이 시행된 지 10년이 지나자 진나라 백성들은 크게 기뻐하며 길에 떨어진 물건을 주우려 하지 않았고 도둑이 없었으며 집집마다 생활이 넉넉하였고, 사람마다 만

족했으며 전쟁터에서 용감했고, 개인적인 싸움은 하지 않았다.

　나중에는 법령에 불만을 호소했던 사람들이 반대로 법령이 편리하다고 상소하는 사람들이 있었는데, 공손앙은 이 사람들을 선도감화(善導感化)를 해치는 사람들이라고 하여 모두 국경 주변으로 내쫓았다.

　공손앙이 처음에 살던 위나라와 지금 벼슬하고 있는 진나라와는 황하를 사이에 두고 있어 자주 싸우게 되었는데 위나라는 공자인 앙(卬)을 장수로 삼았고 공손앙은 진나라 장수로 맞서 싸웠는데 복병하여 습격하는 바람에 위나라 공자앙은 진나라 장수인 공손앙에게 사로잡히게 되었다. 위나라 혜왕은 이렇게 후회하였다.

　"나는 이제야 오래전에 재상이었던 공숙좌(公叔座)가 공손앙을 쓰지 않으려거든 죽여서 밖으로 내보내지 말라고 당부했던 말을 듣지 않아서 후회한다."고……. 공손앙은 위나라 공자를 사로잡고 전쟁에 이긴 공로로 상(商)읍에 봉해져 호를 상군(商君)이라 하였다.

　한참 지나 진나라 효공이 죽고 태자가 왕위에 올랐는데 옛적에 태자를 보필하던 공자건의 무리가 공손앙이 반란을 일으키려 한다고 모함하면서 사로잡으려 하므로 공손앙은 진나라를 떠나 위나라로 도망갔으나 위나라는 공자를 포로로 잡아간 공손앙을 받아주지 않고 다시 진나라로 되돌려 보냈다.

　공손앙은 상읍으로 가서 군사를 일으켜 북쪽에 있는 정나라를 쳤지만 다시 진나라가 공손앙을 공격함으로써 진나라는 공손앙을 능지처참하고서 백성들에게 이 사람 같은 모반자는 되지 말라고 경고하고 일족을 멸망시켰다.

　그러나 진나라가 부강하게 되고 천하통일까지 이루게 된 것은 공손앙의 법률제정에 따른 국민 강제 결속의 힘이다. 때문에 원한이란 갚으면 계속 이어지고 과감하게 버리고 잊을 때만이 없어지는 것이다.

7. 맹상군(孟嘗君) | 명재상

　맹상군의 성은 전(田)씨이고 이름은 문(文)이며 제나라 사람으로서 아버지는 전영(田嬰)이다. 전영은 제나라 위왕(威王)의 막내아들로 후일 제나라 선왕(宣王)의 서제(庶第)이다. 전영은 제나라 재상으로 세 왕을 모셨는데 아들 전문에게 가사를 맡기어 빈객을 접대하도록 하였는데 빈객이 날로 늘어나 명성이 제후에 떨쳤다. 아버지 전영이 죽자 전문이 설땅(薛)의 영주가 되었는데 이 사람이 맹상군(孟嘗君)이다.

　맹상군은 설땅에 있으면서 제후의 빈객을 초대했는데 죄를 짓고 도망친 사람까지 찾아왔고 맹상군은 재산을 팔아서까지 빈객들을 접대하였는데 식객이 삼천 명에 이를 정도였는데도 귀천에 관계없이 대등하게 대우하였으며 또한 맹상군이 방문객을 응대하면서 좌담할 때에 병풍 뒤에서는 주소와 자세한 내용을 기록하는 사람이 있어 손님이 떠난 뒤에 즉시 사람을 시켜 그의 친척에게 예물을 보내곤 했다.

　한편 진나라 소왕(昭王)은 맹상군이 현명하다는 말을 듣고 제나라에서 맹상군이 와줄 것을 요청했는데 제나라 민왕 25년에 맹상군은 식객 몇 사람을 거느리고 진나라로 들어갔다. 진나라 소왕이 진나라 재상으로 임명하려 했으나 반대하는 사람이 말하기를, "맹상군은 제나라 왕족이기 때문에 진나라 재상이 된다 해도 자기의 제나라를 우선하고 진나라는 다음으로 해서 위태롭게 될 것입니다."

　그래서 소왕은 재상으로 임명하는 것을 그만두고 맹상군을 몰래 죽이려고 했다. 위급한 상황을 파악한 맹상군은 진나라 소왕의 애첩에게 사람을 보내어 석방될 수 있도록 힘써줄 것을 부탁하니 그 애첩이 말하기를 나는 제나라의 호백구(狐白裘)를 갖고 싶다고 하였으나 맹상군은 이미 소왕에게 선물로 호백구를 바친 상태였고, 그 값은 천금(千金) 정도 되는 진귀한 옷이었는데, 당장에 구할 방법이 없어서 식객들에게 묘안이 없겠느냐고 물었지만 누구도 해답을 찾지 못하자 말석에 앉아 있던 도둑질 잘하는 사람이 제가 할 수 있다고 하면서 한밤중에 개소리를 내며 개구멍으로 궁궐 깊숙이 들어가 먼저 바쳤던 호백구를 훔쳐왔다.

맹상군이 그것을 애첩에게 바치자 애첩은 맹상군을 풀어주자고 소왕에게 간청하였고 소왕은 이를 허락하여 석방되었다. 맹상군은 출옥하자마자 급히 달아났으며, 봉전(封傳)을 고쳐 성명을 바꾸고 관문을 통과하여 한밤중에 국경인 함곡관(函谷關)에 당도했다. 진나라 소왕은 뒤에 맹상군 석방을 후회하고 다시 추격하는 중이었다.

맹상군이 도망쳐 함곡관까지 오긴 했으나 관문을 여는 규칙에 따라 닭이 울어야 관문을 열어줄 수 있다기에 식객들에게 관문을 열 수 있게 하는 방법을 물었더니 어느 한 사람이 마침 닭울음 소리를 잘 내는 사람이 있어 목청을 가다듬고 "꼬끼요" 하고 닭울음 흉내를 냈더니 과연 모든 닭들이 새벽이 온 줄 알고 "꼬끼요" 하고 일제히 울어댔다. 관문은 열리고 맹상군은 무사히 함곡관을 빠져나간 뒤에 진나라 추적군이 바로 도착했지만 이미 때는 늦은 상태였다.

맹상군이 다시 제나라로 돌아올 수 있었던 것은 식객 삼천 명에게 재산을 팔아가면서까지 접대한 결과였고, 맹상군 한 사람의 문제가 아니라 자칫 진나라에 사로잡혀 이용당하면 제나라가 망할 수도 있는 전국시대였기에 중요하다고 할 수 있을 것이다. 때문에 아무리 하찮은 사람의 기술이나 재주(鷄鳴狗盜)라고 하더라도 최고만 되면 그 분야에 최고인이 되기도 하고 때로는 재능을 발휘하여 위기 상황도 모면할 수 있는 것이다.

8. 여불위(呂不韋) | 상업가·재상

    여불위는 양책(陽翟)의 큰 장사꾼이었다. 진나라 소왕(昭王) 40년에 태자가 죽고 둘째아들인 안국군(安國君)이 태자가 되었는데, 안국군에게는 여러 부인과 아들 20여 명이 있었는데, 가장 총애하는 첩으로 정부인(正夫人)을 삼아서 화양부인(華陽夫人)이라고 불렀는데 아들이 없었다.

    태자 안국군의 다른 첩 중에 하희(夏姬)라는 여인이 있었는데 자초(子楚)라는 아들이 있어 진나라를 위하여 조나라에 인질로 가 있는 동안에 진나라가 조나라를 자주 공격하자 인질로 가 있는 자초는 대우받지 못하고 있는 중이었다. 여불위가 장사하러 조나라 서울 한단에 갔다가 후일에 장사 거래가 될 만하다 생각하고 자초를 찾아가서 위로하며 말하기를……

    "지금 진나라에는 진소왕이 연로하시고 늦게 안국군을 태자로 봉했는데, 자식 없는 화양부인을 정부인으로 삼고 총애하신다고 합니다. 아들 20명 중에 누군가를 후사로 삼아야 하는데, 지금 자초께서는 중간쯤 되는 아들로서 여기 조나라에 인질로 와 계십니다. 만약 진소왕이 돌아가시고 태자인 안국군이 즉위하게 되면 멀리 인질로 와 있는 자초께서는 가까이 있는 형제들과 같이 태자 자리도 경쟁하지 못하게 되십니다."

    자초가 말하기를, "그러면 어찌하면 되겠소?"

    여불위가 말하기를, "저는 큰돈은 없지만 천금을 써서 공을 위해 진나라에 가서 태자인 안국군과 화양부인을 가까이하며 공을 후사로 삼도록 노력하겠습니다."

    자초는 머리를 숙이며, "만약, 그대의 약속대로 된다면 진나라를 나누어 반반씩 공유(共有)하리다." 하였고……

그리하여 여불위는 자초에게 5백금을 주며 빈객들과 교제비로 쓰라고 하고 다시 5백금으로 조나라 한단에서 진귀한 보물을 사가지고 진나라로 갔다. 연줄을 찾아 화양부인의 언니를 만나서 그 언니의 인도로 보물을 화양부인에게 바쳤으며, 기회를 보아 화양부인을 만나서 말하기를…….

"조나라에 인질로 가 있는 자초는 어질고 지혜가 있으며 널리 천하의 제후들과 교류하고 있습니다. 그리고 화양부인을 하늘처럼 흠모하며 눈물을 흘리고 있습니다."라고 말하니, 자식 없는 화양부인은 크게 기뻐하였고, 여불위는 다시 그의 언니를 시켜서 화양부인에게 말하기를,

"용모가 잘 생겨서 총애받는 사람은 늙어지면 총애도 시들어진다고 하는데, 지금은 태자를 모시고 총애받고 있지만 아들이 없소! 어째서 지금 여러 공자 중에서 현명한 효행자와 인연을 맺어 후사를 이을 양자로 삼지 않는 거요. 태자가 있을 때는 존경받지만 태자인 남편이 죽은 뒤에는 키운 양자가 대를 이을 때만 세력을 유지할 수 있는 것이오.

이것을 한마디로 만세의 이익이라고 하는 겁니다. 영화를 누리고 있을 때 기반을 단단히 해두지 않으면 용모가 늙고 총애가 시든 다음에 말을 한다 해도 때가 늦는 거요. 지금 조나라에 인질로 있는 자초는 형제 중에 중간의 차자로서 후사가 될 수 없음도 잘 알고 있지만 부인을 향한 효심이 지극하오. 이 기회를 놓치지 말고 자초를 발탁하여 후사를 잇게 된다면 부인은 일생 동안 진나라의 우대를 받게 될 것이오."라고 말하자…….

화양부인은 이 말을 듣자 과연 그렇구나 생각하고 태자가 한가한 틈을 타 애절하게 간청하기를, "자초라는 하희(夏姬)의 아들이 조나라 인질로 가서 매우 현명하고 지혜가 있어 왕래하는 사람마다 칭찬이 대단합니다." 그리고 눈물을 떨구며 말을 이었다. "저는 다행히도 후궁으로서 태자를 모시다가 정부인이 되긴 했지만 불행히도 아들이 없습니다. 아무쪼록 효성스러운 자초를 저의 아들로 삼아서 후사를 이어 저의 말년을 돌보아주게 하여 주십시오."라고 말하자…….

안국군은 이를 허락하고 부인을 위해 옥할부(玉割符)를 새겨주고, 자초

를 후사로 맞아들이는 약속 증거라고 말했다. 그러고 나서 안국군과 화양부인은 자초에게 후한 물건을 보내고 여불위에게 그 뒤를 잘 돌봐주도록 요청했으므로 이로부터 자초의 명성이 제후들 사이에 높아져 갔다.

한편 여불위는 조나라 한단의 미인 여자와 동거하고 있었는데, 그녀는 용모가 아름답고 춤을 잘 추었으며, 얼마 안 되어 그녀가 여불위의 자식을 임신하고 있었다(후일에 진시황이 됨).

하루는 자초가 여불위의 초청을 받아 술을 마시고 있었는데, 자초가 그 여인을 보고는 기뻐하며 일어나서 여불위의 건강을 축하하며 그 여인을 얻고 싶다고 여불위에게 말하니, 여불위는 처음에는 화내는 듯하다가 큰 욕심을 생각하고 마침내 자초에게 미인을 바쳤는데, 그 여인은 임신한 사실을 숨기고 있다가 드디어 아들 정(政)을 낳았는데, 자초는 기뻐하며 그 여인을 부인으로 삼았다. 당연 아들 정(政)도 자초의 아들(후일의 진시황)로 성장했다.

진나라 소왕 50년 진나라가 조나라 한단을 포위하자 조나라는 인질로 있는 자초를 죽이려고 했는데 자초는 여불위와 의논하여 금 6백 근을 주어 감시하는 관리를 매수하고 진나라로 탈출할 수가 있었다. 이후 진나라 소왕은 56년에 죽었고, 그리고 태자 안국군이 즉위했는데, 이 사람이 효문왕(孝文王)이며, 화양부인을 왕후로, 자초를 과연 태자로 삼았으며, 얼마 안 되어 진나라 효문왕(안국군)은 즉위한 지 1년 만에 죽었고, 그리고 태자인 자초가 왕위에 오르니 이 사람이 장양왕(莊襄王)이다.

장양왕(자초)은 양모(養母)인 화양부인을 화양태후(華陽太后)라 부르고 생모인 하희(夏姬)를 높여 하태후(夏太后)라 부르고 여불위를 승상으로 임명하여 문신후(文信侯)로 봉하였고, 하남과 낙양땅 10만 호를 식읍으로 주었다. 장양왕(자초)은 즉위한 지 3년 만에 죽었고, 태자 정(政)이 즉위하여 왕위에 오르니 이 사람이 바로 진시황(秦始皇)이다.

진시황은 여불위를 받들어 상국(相國)으로 삼았고, 중부(仲父)라고 불렀으며, 어머니인 태후는 비밀리에 계속 여불위와 정을 통하였으며, 여불위의 집에는 하인이 1만 명이나 있었다고 한다. '실질적으로 진나라 왕궁에는 조나라 서울 한단에서 여불위와 동거하던 여인과 그때 임신한 아들과 한 가족이 모두 모인 셈이다.' 진시황이 어느덧 장년이 되었는데, 모태후의 음란은 그칠 줄 몰랐다.

여불위는 일이 발각되면 자기에게 화가 미칠 것을 생각하고 노애라는 사나이를 찾아내어 진시황의 모태후와 가까이 지내도록 하였으나 결국 아들인 진시황에게 발각되어 노애의 삼족을 멸망시킨 다음 태후와 노애 사이에서 낳은 두 아들도 죽였다. 진시황은 상국 여불위도 죽이려고 하였으나 장양왕(자초)에게 바친 공이 많아 가족을 데리고 촉(蜀)으로 떠나라고 명하였는데, 여불위는 생각하기에 결국은 죽음을 당할 것으로 알고 짐독(鴆毒)을 마시고 자살했다.

때문에 여불위는 큰 장사를 해서 명예와 권세와 재물을 모두 얻었지만 빈객들을 동원하여 『여씨춘추(呂氏春秋)』만을 저술하여 남겼고, 불의로 꾸며놓은 잘못은 전국시대를 종결시켜 천하를 통일하고도 진나라는 승상 조고의 권력남용(指鹿爲馬)과 이세 호해의 무능으로 15년 만에 멸망하고 말았으니 악명 높은 분서갱유(焚書坑儒)만이 전할 뿐이다.

그러나 분서갱유는 진나라 통일정책을 인정하지 않으려는 유가와의 충돌로 유학서적을 제외한 병법서, 의약서, 점술서, 농업서는 남긴 것으로 보이며, 역사적으로 보아 새로 창업한 세력과의 대항은 사생결단으로 결론나기 마련이다.

9. 이사(李斯) | 법가

이사는 초나라 사람으로 한비(韓非)와 함께 순자(荀子)에게 공부하고 나서 큰 꿈을 실현하기 위하여 서쪽에 있는 진나라로 가려고 순자에게 작별인사를 하며 말하기를…….

비천한 것처럼 부끄러운 것이 없고 곤궁한 것처럼 슬픈 일은 없습니다. 오랫동안 비천하고 곤궁한 처지에 있으면서 세상이 부귀를 비방하고 남의 이익을 미워하며 몸을 무위자연의 경지에 맡겨 스스로 고상하다고 하는 것은 선비된 사람의 진정이 아닙니다. 그래서 저는 서쪽 진나라로 가서 왕에게 유세하려고 합니다.

이때 진나라에는 장양왕(자초)이 죽고 진시황이 13세에 즉위한 뒤여서 문신후인 여불위 집에 하인으로 들어갔다. 여불위는 이사가 현명하다는 것을 알고 추천하여 낭(郎)을 삼았으므로 진왕(진시황)에게 설명할 기회를 얻게 되어 말하기를…….

사람은 틈을 잘 가누지 않고 막연히 기다리기만 해서는 좋은 기회를 놓치게 됩니다. 큰 공을 성취하기 위하여는 사람들의 틈을 잘 타서 마음에 맞지 않는 데가 있더라도 참지 않으면 안 됩니다. 진효공 이래에 주나라 왕실이 쇠약해져서 제후들이 서로 합병하여 관동지역에 여섯 나라만 남았으며 이제 제후들이 진나라에 부속되는 것은 마치 진나라의 군현과도 같게 되었습니다.

이와 같은 진나라의 강대한 힘과 대왕의 현명하심으로 도모한다면 천하를 통일하는 것은 아낙네가 아궁이에 먼지를 쓸어넣는 것과도 같이 쉬운 일입니다. 이것은 만세에 한 번 있는 기회로서 지금 서두르지 않으면 제후들이 강성해져 합종(合縱)이라도 맺게 되는 날이면 비록 황제(黃帝)

같은 임금이 나타난다 해도 여섯 나라를 합병할 수 없을 것입니다.

그리하여 진왕인 진시황은 이사를 장사(長史)로 임명하고 그의 계책을 받아들여 책사(策士)에게 금은보화를 주어 비밀리에 제후들에게 파견하여 유세하도록 하였다. 그후 다시 정위(廷尉)에 임명되었고, 그후 20년 만에 마침내 천하는 통일되어 진왕을 받들어 황제(皇帝)라고 했으며, 이사는 정승이 되었다.

군현에 있는 성벽을 허물고 무기를 녹여 두 번 다시 사용하지 않을 것을 보여주었다. 새로운 진나라는 작은 토지에도 제후를 책봉하지 않았고, 아우를 세워 왕을 삼거나 공신을 봉하여 제후를 삼지 않은 것은 후세에까지 전쟁의 근심을 없애기 위해서였다. 그리하여 주나라의 봉건(封建)제도의 폐해를 근절하고 군현제(郡縣制)로서 중앙통치제도를 실현하였던 것이다.

시황제 34년 함양궁에서 주연이 있었는데, 제나라 사람 순우월이라는 사람이 간청하기를, 은나라와 주나라가 천여 년간 왕실을 존속할 수 있었던 것은 자제나 공신을 봉하여 왕실을 받들도록 하였기 때문이라고 말하자, 정승들은 그 의견이 타당치 않다고 비방의 글을 올렸다. "순우월이 말하는 것은 모두 고대를 인용하여 현대를 부정하고 자기가 배운 학문만이 옳다고 하여 새로운 제도를 비방하는 것입니다.

지금 이를 근절시키지 않으면 위로는 황제의 권위가 떨어지고 아래로는 당파가 만들어질 것입니다. 바라옵건대 모든 문학·시서·백가(百家)의 저술들을 폐기하고 포고령이 내려진 지 30일이 지나도 책을 폐기하지 않은 사람은 처벌하십시오. 폐기하지 않아도 될 것은 의약(醫藥)·복서(卜筮)·원예(園藝) 등의 책에 한하며 만약 배우고 싶은 사람이 있으면 관리를 시켜 스승이 되도록 하면 좋을 것입니다."라고 하자……

시황제는 이 건의를 수락하고 시서와 백가(百家)들의 저술을 몰수하여 불태우고 백성들을 무지하게 만들어 모든 사람들이 고대를 인용하여 현대를 비방하는 일이 없도록 하였다.

때는 시황제 37년, 시황제는 회계(會稽) 지방을 순행하고 낭야(郎邪) 지방으로 갔는데, 정승 이사와 중거부령(中車府令) 조고(趙高)가 수행하였으며 시황제에게 20명의 아들이 있었는데, 장자인 부소(扶蘇)는 바른말을 했기 때문에 북방 국경 부근에 흉노에 대비하라는 파견군 감독으로 보내졌고, 장수는 몽염(蒙恬)이었으며, 막내아들 호해(胡亥)만이 시황제의 총애를 받아 자청해서 순행을 따랐고, 다른 아들은 아무도 따라가지 않았다.

시황제가 7월에 사구(砂丘) 지방에 이르자 중병에 걸려서 북방에 있는 맏아들 부소에게 편지를 쓰도록 하였는데…….

편지 내용에는, "북방의 군사들은 몽염 장군에게 맡기고 서울 함양으로 와서 내 관이 도착하거든 장사 지내도록 하라."고 쓰여 있었는데, 아직 사신한테 전해지기 전에 시황제는 붕어하고 말았다. 당시에 편지나 옥새도 모두 조고(趙高)가 갖고 있었으며, 시황제가 죽었다는 사실을 아는 사람은 막내아들 호해(胡亥)와 승상 이사와 조고와 그리고 환관 몇 명뿐이었다.

이사와 조고는 시황제가 순행 도중에 붕어한 일과 책봉해 놓은 태자가 없는 것을 걱정해서 죽은 사실을 숨기려고 수라상을 올리는 등등 일반적인 일상을 평소와 똑같이 했다.

조고는 맏아들 부소에게 전해질 칙서를 손에 든 채 막내아들 호해에게 말하기를……,

"시황제께서 붕어하시기 전에 유언은 없었으며, 단지 장남 부소에게 보내는 이 편지뿐입니다. 부소가 함양에 오게 되면 즉위하여 황제가 될 터인데 어찌하시겠습니까? 이제 천하의 권력을 얻는 것도 잃는 것도 호해 공자와 저와 승상 이사의 생각에 달려 있습니다. 이 점을 잘 생각하시기 바랍니다. 남을 신하로 쓰는 것과 신하가 되는 것과 남을 제어하는 것과 제어받는 것이 가는 길과 오는 길이 다른 것만큼 다른 것입니다."

호해가 탄식하며 말하기를, 시황제가 붕어한 사실도 발표하지 않았고,

장례도 못 치른 시점에 어찌하란 말이오? 조고가 말하기를, 지금이야말로 기회입니다. 기회를 놓치면 후일에 아무리 계책을 써도 때는 늦습니다. 이렇게 하여 호해는 설득되었고, 조고는 다시 이 일을 승상 이사와 상의하지 않으면 성취하지 못할지도 모르니 의논해보겠습니다. 하고는 승상 이사에게 말하기를,

시황제가 붕어하실 때 장남 부소에게 보내는 편지밖에 없고, 옥새도 호해공자에게 있습니다. 태자를 정하는 것은 승상과 저와 두 사람이 의논할 일이니 어찌하면 좋겠습니까? 승상이 말하기를, 어디서 이런 나라 망칠 말을 하시오. 신하로서 할 말이 못 됩니다. 당신은 스스로 돌아보아 재능이 몽염 장군만 하다고 보십니까? 그리고 또 부소한테 신임이 몽염 장군만 하다고 보십니까?

이사는 하늘을 우러러 탄식하고 눈물을 흘리며 한숨을 쉬며 "아~ 아 홀로 난세를 만나 죽을 수도 없으니 어디에다 내 몸을 의탁하리오." 하고는 어쩔 수 없이 조고의 모략에 동조하였고, 조고는 호해에게 이렇게 보고했다. "저는 공자의 말씀을 받들어 승상에게 의논하였더니 승상도 공자의 말씀을 받들겠다고 하였습니다."

이렇게 해서 세 사람이 공모한 끝에 승상이 시황제에게 소명을 받았다고 속여서 호해를 태자로 세우고 북방 국경에 있는 장남 부소에게 내릴 칙서를 거짓으로 꾸몄다. 그 내용은 이러하였다. 진시황이 쓴 것으로 위장되어 있기를….

"짐이 천하를 순행하고 명산에 기도하여 수명을 연장했도다. 지금 부소는 몽염 장군과 수십만 군사를 이끌고 국경에 주둔한 지 10년이 지났는데도 조금도 진전하지 못했을 뿐만 아니라 병력의 소모가 많았는데도 한 치의 공로도 없도다. 그런데도 불구하고 자주 상소를 올려 짐을 비방하였으며, 직분을 포기하고 함양에 돌아와 밤낮으로 태자가 되지 못함을 원망하였으니 부소는 아들로서 불효라 하겠다. 칼을 내리노니 자결하거라!

그리고 또 장군 몽염은 부소와 함께 밖에 있으면서 부소를 바로잡아 주

지 못했을 뿐만 아니라 당연히 그 음모를 알았을 것이로다. 몽염은 신하로서 불충했기에 죽음을 내리노니 군사를 부장(副將)인 왕리(王離)에게 소속시키도록 하거라."

이렇게 거짓으로 꾸며진 편지는 황제의 옥새를 찍고 봉하여 호해의 빈객이 받들어 북방에 있는 부소에게 전하니 부소는 울면서 자살하려고 했으나 몽염은 부소를 말리면서 다음과 같이 말했다.

"폐하께서는 지금 순행 중이시며 아직 태자도 안 세우고 계십니다. 또 저에게 명하여 30만 대군으로 국경을 지키게 하였고, 부소 공자를 감독관으로 보내셨는데 이것은 천하의 중책입니다. 지금 한 명의 사신이 왔다고 해서 자결하시고 나서 만약 그 사신의 말이 거짓이라면 어찌합니까. 그러니 용서를 한 번 청해보고 나서 자결해도 늦지 않습니다."라고 하였지만….

그러나 부소는 천성이 어질고 유순해서 어떻게 아버지의 명을 거스르겠느냐며 그 자리에서 자살하고 말았다. 몽염 장군은 자살 권고를 수긍하지 않았으므로 사신은 그를 양주(陽周) 옥에 가두고 돌아와서 그 내용을 보고하니, 호해와 이사와 조고는 크게 기뻐하며 함양으로 돌아와 시황제의 상을 발표하고 함양(서안) 동쪽 여산에 장사 지냈다.

태자 호해는 즉위하여 이세(二世) 황제가 되었으며, 조고는 낭중령(郎中令)에 임명되어 항상 궁중에 있으면서 권력을 휘둘렀고, 이세 황제는 조고의 말을 받아들여 새 법률을 만들었으며, 그래서 많은 신하와 공자들에게 죄가 있으면 모두 조고에게 인계되어 심문을 받았는데 공자 12명은 함양 광장에서 죽음을 당했고, 공주 10명은 두현에서 거열(車裂)형을 당했다.

법령과 벌칙이 날로 심각해지고 많은 신하들은 몸에 닥쳐올 위험을 느끼고 배반하는 사람이 많았으며, 그런데도 또 이세 황제는 아방궁(阿房宮)을 짓기 시작하여 무거운 세금은 점점 늘어났고, 부역 징발은 그칠 날이 없었으므로, 이로 인하여 초나라 수비병으로 있던 진승(陳勝)과 오광(吳

廣)이 진시황 중국 통일 이후로 처음 반란을 일으키기 시작하였다.

이사의 아들 이유(李由)는 삼천(三川)군 태수였는데, 난을 일으킨 오광(吳廣) 등이 약탈했을 때 저지하지 못했다 하여 이세 황제는 아버지인 이사를 책망하니 이사는 몹시 두려워하며, 벼슬이 떨어지지 않을까 걱정되어 어찌할 바를 몰라 했고, 조고는 낭중령의 직권을 가지고 수많은 사람을 죽여 원한을 사고 있었다.

따라서 조고는 대신들이 황제에게 아뢸 때 자기를 나쁘게 말할 것이 두려워서 이세 황제에게 말하기를…… "천자가 귀한 것은 여러 신하들이 다만 목소리만 들을 뿐 용안을 볼 수 없기 때문입니다. 그러므로 천자는 자칭하여 짐(朕)이라고 하는 것입니다.

폐하께서 신하의 견책이나 등용에 부당하신 처사가 있으면 폐하의 단점을 보이는 것이 됩니다. 그러므로 폐하께서는 당분간 팔짱을 끼고 궁중 깊이 앉아 계시어 저나 법률에 밝은 시종에게 일을 맡기시고 일이 생기게 되면 의논하신 후에 적당히 처리하시는 것이 좋을 것입니다. 이렇게 되면 대신들도 감히 의심쩍은 일은 아뢰지 못할 것이니 천하는 폐하를 성군으로 우러러 받들게 될 것입니다."라고 하자……

이세 황제는 조고의 건의를 받아들여 조정에 나가지 않고 궁중 깊이 들어앉아 있었고, 조고는 항상 궁중에 머무르면서 정무를 처리함으로써 모든 일이 2의 손에 의하여 결정되었다.

조고는 승상 이사의 장남 이유의 일로 이세 황제에게 말하기를, 삼천 지방에 태수로 있으면서 초나라에서 반란을 일으킨 진승오광 등은 모두 이사의 아들 이승상과 가까운 고을 출신으로 도둑떼가 공공연히 삼천 지방을 횡행하더라도 막지 못하고 있습니다. 아직 확증이 없어 폐하께 말씀드리지 못했지만, 이 승상의 권력은 궁궐 밖에서는 폐하보다도 더하다고 볼 수 있습니다.

이세 황제는 조고의 말을 듣고 사람을 보내 이 승상 아들 이유를 조사하도록 명했으며, 이 일로 인하여 승상 이사는 조고의 부당성을 글을 올려 비방하기에 이르렀다. "감히 신하가 임금과 비슷한 권력을 누리게 되면 나라가 위태롭고 아내가 남편과 세력이 동등하게 되면 집안을 위태롭게 한다고 들었습니다.

지금 폐하의 측근에는 신하로서 마음대로 남에게 이익을 주고 마음대로 남에게 위해를 가하며 권력을 폐하와 동등하게 행사하는 사람이 있는데, 이것은 아주 부당한 일입니다."라고 말하자 이세 황제는 "무슨 말이오. 조고는 원래 환관 출신으로서 안전하다고 해서 마음대로 뜻을 펴지 않으며, 위험하다고 해서 마음을 변하는 일이 없으며 결백하고 선행을 힘쓰며 노력으로 지금의 지위를 얻은 사람이오. 그런데 의심하는 것은 무슨 까닭이오?"

이세 황제는 전부터 조고를 신뢰하고 있었기 때문에 승상 이사가 조고를 죽이지나 않을까 하는 생각에 은밀히 이사와 나눈 얘기를 조고에게 말해주자, 조고는 승상에게 "방해되는 사람은 오직 저뿐일 것입니다."라고 말하자, 이세 황제는 낭중령인 조고에게 이사를 조사하도록 명했다. 이사는 붙잡혀서 묶인 채로 옥에 갇혔으며 하늘을 우러러 탄식하며 말하기를….

"아~ 아 슬프구나. 무도한 임금과 어찌 천하의 일을 말할 수 있으리오. 옛날 하나라 걸왕은 관룡봉을 죽였고, 은나라 주왕은 왕자 비간을 죽였으며, 오나라 부차왕은 오자서를 죽였는데, 이 세 사람이 어찌 불충했던 신하였겠으리오. 그런데도 그들은 사형을 면하지 못했으니 죽음을 당한 것은 임금이 무도했기 때문이다.

지금 나의 지혜는 이 세 사람에 미치지 못하고 이세 황제의 무도함은 걸왕, 주왕, 부차왕을 능가하는구나! 내가 충의로웠기에 죽는 것은 당연한 일이로다. 그러나 이세 황제의 치세는 어찌 어지럽지 않을 수 있으리오. 황제 위에 오른 뒤에 많은 형제를 죽이고 자립했을 때 충신을 죽였고, 천박한 조고를 귀하게 쓰며 아방궁을 건축하고 온나라에 무거운 세금을 부과하고 있으니 내가 간청하지 않은 것이 아니라 받아들여지지 않았던 것이다.

　이세 황제는 형제를 죽이고도 죄라고 생각하지 않고 충신을 죽이고도 잘못이라고 생각하지 않으며 아방궁을 짓기 위하여 무거운 세금을 부과하면서도 비용을 아끼지 않으니 이 세 가지 일만으로도 천하의 인심은 이반되었고, 또 반란의 무리들은 천하의 반을 차지하게 되었으며, 이세 황제는 아직 눈을 뜨지 못하고 진나라의 함양을 멸망시킬 것이고, 그 폐허 위에 사슴 무리가 뛰놀 것임에 틀림없을 것이로다." 하였다.

　이에 앞서 이세 황제의 명령으로 삼천태수 이유를 조사하러 간 사신이 삼천에 막 도착했을 때는 이미 승상의 장남 이유는 항량(항우 숙부)에게 맞아 죽은 후였고, 사신이 함양에 돌아왔을 때는 승상 이사가 형법 담당 관리의 손에 넘어간 직후였다. 이세 황제 2년 7월에 이사를 요참형(腰斬刑)에 처한다는 판결이 내려져 이사가 옥에서 끌려 나오자 둘째아들도 같이 끌려 나왔다.

　이사는 차남을 돌아보며 말하기를…. "나는 너와 함께 누렁개를 데리고 고향 뒷산에서 토끼를 한 번 사냥하고 싶었는데, 이제는 그것도 이룰 수 없는 일이로구나." 하고 두 부자는 소리 높여 울었다.

　이세 황제는 조고를 승상에 임명하고 대소사를 조고에게 결재하도록 하였는데, 조고는 자기의 권력을 시험삼아 사슴을 이세 황제에게 바치면서 이것이 바로 말입니다. 라고 말하자 이세 황제는 주위 사람들에게 승상이 이것을 말이라고 하는데, 사슴이 아니냐고 묻자 대부분 사람들이 말이 맞다고 하였다. 혹여 사실대로 사슴이라고 말한 사람은 조고로부터 무사할 리가 없었다.

　방자해진 조고는 황제를 망이궁(望夷宮)으로 거처를 옮기게 하고 경호하는 무사에게 흰옷을 입혀서 망이궁 쪽으로 향하며 진격하게 하고 조고는 먼저 들어가 거짓 보고하기를, 산동지방 도적들이 쳐들어오니 망루에 올라 확인하시라 하였는데, 이세가 바라보고는 겁에 질려 벌벌 떨었다.

　조고는 황제를 협박하여 자살하게 했고, 황제의 옥새를 황제의 형인 영

(嬰)에게 주어 즉위하긴 했지만, 조고의 역심을 두려워해 정무를 보지 않았고, 환관인 한담(閑談)에게 명하여 조고를 찔러 죽이고, 삼족을 멸하였으며, 즉위한 지 3개월 만에 한왕 유방(劉邦)이 함양으로 진격해오자, 지도(軹道) 부근에서 항복하였고, 그후 초패왕 항우(項羽)가 또 진격해와서 영(嬰)의 목을 베임으로써 진나라는 천하를 통일한 지 15년 만에 멸망하고 말았다.

때문에 충성 경쟁과 민심, 이반은 진나라 멸망의 도화선이며 지록위마(指鹿爲馬)라고, 한 조고(趙高)의 오만한 권력이 결국 진(秦)나라를 멸망시켰고, 한(漢)나라가 창업하기에 이르렀다.

10. 한신(韓信) | 전술가

　한신은 회음지방 사람으로 평민으로 있을 때 가난하고 도와주는 사람이 없어 관리가 되고자 해도 추천을 받지 못하고 또 장사하는 재주도 없고 해서 늘 남의 집에 기거하며 얻어먹고 있었다. 처음에 화음땅 남창지방의 정장(停長) 집에서 머물면서 때로는 몇 달씩 있는 때도 있었다.

　어느날 한신이 성 밑의 회수 강가에서 낚시질을 하게 되었는데, 몇 명의 노파가 한신의 굶주림을 보고 그에게 밥을 주었으며, 이런 일이 무명바래는 일이 끝날 때까지 수십 일 동안 계속되었다. 한신은 사례하며 장래에 틀림없이 은혜에 보답하겠노라고 말했더니 노파는 대장부가 밥도 먹지 못하기에 그저 당신이 가엾어서 먹여준 것뿐인데 무슨 보답이오 하였다.

　어느날 회음지방 푸줏간 패들 중에 한 사람이 한신을 업신여기고 놀려대기를 덩치는 커서 늘 칼만 차고 다니지만 실제는 겁쟁이 아니냐? 네가 나를 죽이고 싶거든 그 칼로 내 배를 찔러봐라, 만약 못하겠거든 내 바짓가랑이 밑으로 기어나가 봐라고 하니 한신은 이윽고 머리를 숙이고 엎드려서 그 사람 바짓가랑이 밑으로 기어나갔더니 모여 있던 구경꾼들이 과연 겁쟁이라며 한신을 비웃었다.

　때는 진시황의 폭정이 계속되어 부역은 많아지고 세금은 늘어나 진나라에 반기를 들고 일어난 항량(項梁)이 회수강을 건널 무렵 한신은 칼을 차고 항량을 따라 그의 휘하로 들어갔는데 이름은 알려지지 않았었고, 그후 항량이 전투에 패전하여 죽자 그의 조카인 항우(項羽) 휘하로 들어갔는데 한신은 낭중(郎中)에 임명되어 자주 계책을 건의하여 중용되기를 바랐으나 항우는 그의 계책을 채택하지 않았다.

그러던 차에 한황(漢王)이 항우로부터 촉(蜀) 지방으로 가라는 명을 받고 떠나자 초나라 항우 밑에 있던 한신은 한왕에게로 도망갔으나 역시 연오(連敖)라는 관직을 얻는 데 불과했다. 별로 이름은 알려지지 않았지만 소하(蕭何)는 한신이 영웅이라는 것을 알고 있었고, 한왕 원년 남정(南鄭)에 도읍을 정하기로 하였는데, 여러 장수 중에는 그곳으로 가기 싫어서 도망치는 사람이 많았다. 한신 역시도 소하가 몇 번 추천했지만, 한왕이 등용하지 않자 불만도 있던 차에 한나라를 떠나기로 하고 도망쳤다.

소하는 한신이 도망갔다는 말을 듣고 한왕에게 보고할 겨를도 없이 뒤를 쫓았는데, 어떤 사람이 한왕에게 한신과 승상 소하가 도망갔다고 아뢰자 한왕은 격노함과 동시에 양팔을 잃은 듯 걱정하고 있는 터에 소하가 돌아와서 문안을 드리자 왕은 노하면서도 기뻐했다.

한왕이 소하를 책망하며 말하기를, 도망치더니 어찌 된 일이오? 도망간 것이 아니고 한신의 뒤를 따랐다고 말하자 장수 중에 도망친 사람이 많았는데, 그때는 아무도 따라가지 않다가 유독 한신만 따라간 이유가 무엇입니까? 하고 물으니 다른 장수들은 얻기 쉬운 일이지만 한신 같은 사람은 얻기가 쉽지 않습니다.

앞으로 한중(漢中)의 왕으로 만족하신다면 모르지만 천하를 도모하려면 한신이 아니고는 쉽지 않습니다. 왕의 계책이 어느 쪽으로 결정할지가 관건이라 하겠습니다라고 대답했다.

한왕이 "나는 동쪽으로 진출해서 천하를 겨루고 싶소이다. 이곳에 오래 머물 수 있겠소?"라고 물으니 소하는 "그러시다면 한신을 등용하십시오. 그렇지 않으면 한신은 또다시 도망갈 것입니다."라고 대답했다.

이리하여 한왕이 예를 갖추어 한신을 대장군으로 임명하자 군중에서는 뜻밖의 임명에 깜짝 놀랐다. 왕은 한신 장군에게 말하기를, "승상 소하가 자주 장군을 천거하였는데 어떤 계책으로 나를 도와주겠소?"

한신은 사례하고 왕에게 말하기를, "이제 동쪽으로 향하여 천하를 경쟁할 상대는 항우가 아니겠습니까? 저는 벌써부터 항우를 섬긴 일이 있었는데 분노를 띠고 꾸짖을 때는 천 명 되는 사람도 정신을 잃게 할 정도지만 어진 장수를 믿고 일을 맡기지 못하는 까닭에 필부(匹夫) 용기에 불과합니다.

또 항우는 사람을 만날 때 공손하고 인정이 많고 말씨도 부드러우며 부하가 병에 걸리면 눈물도 흘리고 음식고 나누어 먹을 정도지만 그러나 공이 있어 상 줄 때는 인장을 쥐고 아까워서 못 찍을 정도입니다. 여인의 용기 정도입니다.

항우는 관중(關中)에 머무르지 않고 팽성(彭城)에 도읍을 정했으며, 초나라 의제(義帝)와의 약속을 배반하고 제후를 세우는 데 공평하지 못합니다.

그리고 항우가 지나간 지방에는 잔혹하게 해서 원망하는 사람이 많았고, 백성들은 등을 돌리고 위력에 눌려 있을 뿐으로 패자(霸者)라는 이름만 있을 뿐이며, 인심을 잃고 있어 그 위세는 날로 약해질 수밖에 없습니다.

지금 한왕께서는 이 방법과 정반대로 하시어 무사들을 믿고서 일을 맡기신다면 누가 왕을 상대하겠습니까? 또 천하의 군현으로 공신을 책봉하신다면 누가 복종하지 않겠습니까? 정의로운 명분으로 동쪽으로 가고 싶어하는 장수를 거느리신다면 누가 대적하겠습니까? 지금 관중에는 옛 진나라의 항복한 장수 장한(章邯)과 사마흔(司馬欣)과 동예(董翳) 등이 삼진(三秦)의 왕으로서 다스리고 있으나 멸망한 진나라 부형들의 원한은 골수에 사무쳐 있습니다.

그러나 한왕께서는 관중에 들어갔을 때 백성을 해친 일이 없으며 진나라의 가혹한 법령을 폐기하고 삼장(三章)의 법만을 약속하셨을 뿐으로 진나라 백성들은 한왕을 진나라 왕으로 받들기를 원하지 않는 사람이 없습니다. 제후와의 약속에 따르면 한왕은 당연히 관중의 왕이 되셨어야 했습니다. 그러므로 한왕께서 동쪽으로 진격하시면 삼진(三秦)의 땅은 격문만 돌리고도 평정할 수 있습니다."라고 말하였다.

그리하여 8월에 한왕은 군사를 일으켜 동쪽의 진창(陳倉)으로 진격하여 장한, 사마흔, 동예가 다스리는 삼진의 땅을 평정하기에 이르렀다. 한신이 장졸들에게 말하기를, 오늘은 조나라를 격파한 다음에 아침밥을 먹자고 말하니, 누구도 믿지 않았지만 명령을 따랐는데 강을 뒤로 등지게 하는 배수진(背水陣)을 치고 나니 조나라 군사들은 바라보고 한신의 어리석음을 비웃었다.

장졸들은 죽기를 다해 싸워서 성안군(成安君)을 죽이고 조왕 헐(歇)을 생포하였는데, 한신이 군중에서 말하기를, 광무군을 죽여서는 안 된다. 생포하는 사람은 천 금을 주겠노라고 말하니 그를 사로잡아오는 사람이 있었다.

한신은 오랏줄을 풀어주고 스승으로 모시고서 말하기를, 나는 북쪽으로 연나라를 치고, 동쪽으로 제나라를 치려고 하는데, 어떻게 해야 성공하겠습니까? 광무군이 말하기를,

"군대를 패망시킨 장수는 용맹을 말하지 못하고, 나라를 멸망시킨 대부는 국사를 의논하지 못한다고 하는데 어떻게 나랏일을 의논할 수 있겠습니까?"라고 말하니 한신이 모든 것을 믿고 가르침을 따르겠으니 사양하지 마시고 가르쳐 주십시오! 광무군이 답하기를, "지혜 있는 사람이 천 번 생각하다 보면 한 번의 실수가 있을 수 있고, 어리석은 사람이 천 번 생각하다 보면 한 번의 옳은 수가 있어서 미치광이 말일지라도 성인이 선택하여 듣는다고 하였습니다."

智者千慮必有一失이요 愚者千慮必有一得이라
狂夫之言도 聖人이 擇之라

그러므로 싸움에 지친 병사들을 데리고 연나라와 제나라를 공격하는 것은 잘못된 것으로 생각합니다. 군사를 거두어 쉬게 하고 지금 접령하고 있는 조나라 백성들을 어루만져주고, 이 지방의 사대부들에게 향응을 베풀어주고, 군사들에게 배불리 먹게 한 다음, 약한 북쪽의 연나라부터 공격하는 것이 마땅할 것입니다.

싸우기 전에 우선 말 잘하는 사람을 보내서 우리편의 유리한 점을 설득하면 싸우지 않고도 복종시킬 수 있으며, 또다시 동쪽으로 사신을 보내서 이 사실을 알리면 강한 제나라도 복종해 올 것입니다. 원래 병법에 '가벼운 것을 먼저 채택하고 중요한 것을 뒤에 채택한다'고 합니다."

그리하여 연나라와 제나라를 모두 함락시켰고 사신을 보내 한왕(漢王)에게 말하기를, 제나라는 거짓이 많고 마음이 변하기 쉬우며, 또 남쪽으로 항우와 국경을 이루고 있기 때문에 제가 가짜로 제나라 왕이 되어 점령한 지역을 평정시켰으면 합니다.라고 말하자, 한왕은 크게 격노하며 내가 함양에서 포위되어 구원을 기다리고 있는데 자립해서 왕이 되겠다는 말인가? 하고 격노하였는데, 장량과 진평이 만류하며 귀에 대고 말하기를,

한나라의 형세는 지금 불리합니다. 우선 허락해주고 제나라 땅을 잘 지키도록 하는 게 좋겠습니다라고 했다. 그리하여 장량을 보내서 가짜가 아닌 진짜로 제나라 왕으로 세워 주었다.

이렇게 되자 한신의 부하인 책사 괴철(蒯撤)이 한신을 설득하기를, 제가 상감을 관상 보니 제후에 머무르고 더구나 위험하여 편안치가 못합니다. 그러나 등 뒤를 보니 존귀하여 입으로는 말할 수가 없습니다.

지금 한왕과 항우의 승패 운명은 전적으로 상감 몸에 달렸습니다. 한나라를 도우면 한나라가 이기고 항우를 도우면 항우가 이길 것입니다. 저의 계책을 말씀드리면 천하를 세 곳으로 나누어 다스리는 것이 좋을 듯합니다. 힘에 균형이 비슷하기 때문에 누구도 감히 먼저 나서지 못하는 형세입니다. 두 나라일 경우는 승부가 나겠지만, 세 나라는 어느 한 쪽이 이쪽 저쪽을 돕다 보면 누가 먼저 섣불리 나서지 못할 것입니다.

때라고 하는 것은 "하늘이 주는데도 받아들이지 않으면 오히려 재앙을 받고 때가 이르렀는데도 행하지 않으면 오히려 화를 맞게 된다."는 말이 있습니다. 상감께서는 깊이 생각하십시오.

한신이 말하기를, "한왕은 나를 후하게 대우해주고 수레에 나를 같이 태워주었으며, 자기 옷을 나에게 입혀주고, 먹을 것을 나에게 나누어주었

소. 남의 수레에 타는 사람은 그 사람의 걱정까지 태우고 남의 옷을 입는 사람은 그 사람의 근심까지 안으며 남의 먹을 것을 먹는 사람은 그 사람과 함께 죽는다.」는 말을 들었는데, 내가 어떻게 나만의 이로움을 따라 의리를 배반할 수 있겠소?"

괴철이 다시 설득하기를, "일이란 이루기는 어렵고 실패하기는 쉬우며 기회란 얻기는 어렵고 잃기는 쉽습니다. 지금이 기회입니다. 때여! 때여! 두 번 오지 않습니다. 상감께서는 깊이 생각하십시오." 한신은 한왕을 배반하기가 어려워서 주저했고, 또 스스로 자기에게는 공로가 많으니 한왕이 책봉해준 제나라를 빼앗지는 않을 것이라 생각하고 괴철의 권유를 사절했다.

괴철은 자기 계략이 받아들여지지 않자 떠나고 말았다. 그후에 한왕은 해하(垓下) 지방에서 항우와 싸우기 위해 제나라 왕인 한신을 불러 합동으로 초나라 항우를 공격하여 멸망시켰고, 그러고나서 한신의 군사를 빼앗고 다시 그를 옮겨 초나라 왕으로 삼아 하비(下邳) 땅에 도읍을 하도록 하였다(항우 말년 형세를 四面楚歌라고 한다).

이 무렵, 한신은 처음에 회음땅에서 밥을 주었던 노파를 찾아 천 금을 주었고, 지난날 묵었던 정장(停長)에게는 백 전을 주었고, 바짓가랑이로 기어나가게 했던 젊은이에게는 중위(中尉) 벼슬을 임명하여 말하기를, 그때 내가 죽일 수도 있었지만, 모욕을 참았던 것은 오늘날의 공적을 인내하면서 이루기 위함이었소! 하였다.

당시의 천하는 초왕 항우가 멸망함으로써 한왕 유방이 천자지위로 한 (漢)나라를 건국하게 되었으며 한신은 초나라 왕으로 제후가 되어 군현을 순행하였는데 군사를 동원하여 움직였더니 한왕에게 한신이 반역하려 한다고 밀고하는 사람이 있었다.

한신이 초나라 운몽(雲夢)에 순행나온 한왕을 알현하자, 한왕은 무사에게 명하여 한신을 묶어 수레에 실었다. 한신이 말하기를……. "날쌘 토끼가 죽고 나면 사냥개는 삶기게 되고, 높이 나는 새가 없어지고 나면 좋은 활은 걸어놓고, 적국을 멸망시키고 나면 책사가 죽는다.”고 하더니 과연 이구나!

狡兎死에 走狗烹하고 高鳥盡에 良弓藏하고 敵國破에 謀臣亡

한왕이 낙양지방에 도착하여 한신의 죄를 용서하고 회음후(淮陰侯)로 강등시켰다.

어느날 한왕과 한신은 군사 거느리는 말을 나누었는데, 한왕이 “나는 얼마 정도의 군사를 거느릴 수 있다고 생각하시오?” “예, 10만 정도 됩니다.” “그러면 그대는 얼마쯤 거느릴 수 있겠소?” “예, 저는 많고 많을수록 더욱 좋습니다.”(多多益善)

“그런데 왜 나한테 묶여왔소?” “예, 폐하는 병사의 장군은 되기 어렵지만 장군들을 거느리는 통솔력은 잘하십니다. 이것이 폐하에게 묶여온 이유입니다. 그리고 또 폐하는 하늘이 내주신 것이지 사람의 힘이 아닙니다.”라고 하였다.

그후 한왕 10년, 진희라는 사람이 반역을 했는데 한신은 사람을 보내서 진희를 돕겠다고 했을 때 때마침 한신의 가신이 죄를 범해 문초를 당하게 되었는데 그 가신의 동생이 형을 살리기 위해 한신이 반역을 하려 한다고 한왕의 부인인 여후에게 고발하게 되었다. 한왕은 진희를 정벌하려고 진중에 나가 있었고, 여후는 소하 승상과 의논하여 조회에 참석한 한신을 묶어 장락궁(長樂宮) 안에 있는 종실(鍾室)에서 목을 베었다.

죽기 전에 한신이 말하기를……. “괴철의 계책을 듣지 않았던 관계로 부녀자에게 속게 되었구나. 그러나 이것도 천명이구나!”라고 말했다. 한신은 반역죄로 삼족을 멸하는 처벌을 받았는데, 한왕이 진희를 평정하고 돌아와서는 한신의 일을 보고받고는 묻기를, “한신이 죽기 전에 무슨 말을 하더냐?” 괴철의 계책을 쓰지 않은 것을 후회하더이다.

그리하여 괴철을 수소문해서 잡아들이고는 “네가 한신을 반역하라고 가르쳤느냐?"고 하니 괴철이 "그렇습니다. 옛날에 도척(盜跖)이 키우는 개가 요 임금을 짖어댔는데 요 임금이 어질지 않아서가 아니라 주인이 아니어서 짖은 것입니다. 그 당시에는 한신을 주인으로 모셨기에 한신만 생각했고, 폐하는 생각하지 못했습니다."라고 말하자 한왕은 그 말을 듣고는 괴철을 용서했다.

역사를 쓴 사마천은 말했다. 만약 한신이 도리를 배워 겸손하고 자기 공로를 자랑하지 않았다면 한나라에 대한 공로가 주나라를 도운 주공, 소공, 태공 등에 비할 수 있었을 것이며, 후세손손 영화를 누리며 제사를 받았을 것이다. 순리와 도리를 생각하지 않고 천하의 질서가 정착된 뒤에 반역에 가담하려 했으니 큰 공을 세우고도 삼족 멸망을 불러오지 않았는가!

때문에 치세(治世)에는 양상(良相)을 필요로 하고 난세(亂世)에는 양장(良將)을 필요로 한다더니 장량(張良)은 이러한 기미와 세상 이치를 알고 세속을 떠나 실행한 것이 아닌가! 현재 호남성 장가계의 국가삼림공원에 장량이 머물렀었다는 표지판 하나만이 있을 뿐이다(자(字)를 장자방이라고도 함).

7.
논어
論語

성실과 배려로 자기 성취와 관계 조화를 실현하는 인(仁)의 철학

논어 論語

『논어』는 공자(BC 551~479)가 제자들과 문답한 내용을 제자인 증자와 유자의 문인들이 저술하였다고 하며, 특히 『논어』는 노론(魯論), 제론(齊論), 고론(古論)이 있었으나 원본은 전해지지 않았고, 전한 말기의 장우(張禹)가 노론과 제론을 비교하여 20편으로 엮은 것이 전해지고 있다.

주석은 송대 주자(朱熹)의 집주를 근간으로 읽혀져 왔으며, 『대학』, 『맹자』, 『중용』과 함께 사서라고 하여 유학의 핵심을 이루고 있다.

공자 제자의 자(字)

孔丘	공구	(仲尼)	중니	(공자)	顓孫師	전손사	(子張)	자장
顏回	안회	(顏淵)	안연		樊須	번수	(樊遲)	번지
閔損	민손	(閔子騫)	민자건		公西赤	공서적	(公西華)	공서화
冉耕	염경	(冉伯牛)	염백우		南宮适	남궁괄	(南容)	남용
冉雍	염옹	(仲弓)	중궁		司馬犁	사마리	(司馬牛)	사마우
宰予	재여	(宰我)	재아		陳亢	진항	(子禽)	자금
端木賜	단목사	(子貢)	자공		漆雕開	칠조개	(子若)	자약
冉求	염구	(冉有)	염유		宓不齊	복불제	(子賤)	자천
仲由	중유	(子路)	자로		高柴	고시	(子羔)	자고
言偃	언언	(子遊)	자유		公冶長	공야장	(子長)	자장
卜商	복상	(子夏)	자하		巫馬施	무마시	(巫馬期)	무마기
曾點	증점	(曾晳)	증석		原憲	원헌	(原思)	원사
曾參	증삼	(子輿)	자여	(증자)	申棖	신정	(子周)	자주
有若	유약	(子有)	자유	(유자)	冉季	염계	(子產)	자산
澹大滅明	담대멸명	(子羽)	자우		孔伋	공급	(子思)	자사	(자사자)
公伯僚	공백료	(子周)	자주		孟軻	맹가	(子車)	자거	(맹자)
孫武	손무	(?)		(손자)	荀況	순황	(荀卿)	순경	(순자)

※ 공자, 증자, 맹자 등 뒤에 子를 붙인 것은 선생님을 뜻함.
　자하, 자공, 자유 등 앞에 子를 붙인 것은 字의 접두사를 뜻함.

서 문 해 설

사마천의 『사기』 공자세가에 이르기를, 공자의 이름은 공구이고 자는 중니이니 선대는 송나라 사람이다. 아버지는 공숙량흘이고 어머니는 안징재이니 노나라 임금인 양공 22년(BC 551) 경술년 11월 21일 경자일에 노나라 창평향 추읍에서 공자께서 탄생하셨다. 어려서 놀이를 즐길 때에 항상 제기를 차려놓고 예를 올리는 모습을 갖추곤 하였는데 성장하여 창고 관리가 되었을 때에는 도량형(度量衡)을 공평하도록 하였고, 희생 가축을 기르는 관리가 되었을 때에는 가축들이 많이 번식하게 되었다.

주나라로 가서 노자에게 예를 물어보셨고 돌아오시고 나자 제자들이 더욱 많아졌다.

노나라의 다음 임금인 소공 25년 갑신년은 공자의 나이가 35세였다. 소공이 제나라로 달아나자 노나라는 더욱 혼란스러워졌으니 공자께서는 그리하여 제나라로 떠나서 고소자의 가신으로 있으면서 제나라 임금인 경공과 통하게 되었다. 경공이 이계읍 지역을 공자에게 다스리도록 하려고 하였는데 경공의 재상인 안영이 안 된다고 하자 경공도 공자를 의심하게 되었는데 공자께서 마침내 제나라를 떠나 노나라로 돌아오시게 되었다.

노나라의 임금이었던 소공의 아우인 정공 첫 해 임진년은 공자의 나이 43세였다. 노나라의 대부 계손씨가 강성해져 왕을 참칭하였고 계손씨의 가신인 양호가 난을 일으켜 정치를 임의대로 전횡하기 때문에 공자께서는 벼슬하지 않고 재야에 있으면서 『시경』, 『서경』, 『예기』, 『악경』을 정리하시자 제자들이 더욱 많아졌다.

정공 9년 경자년은 공자의 나이 51세였다. 공산불뉴가 계손씨의 식읍인 비읍에서 계손씨를 배반하고 공자를 모시려고 하였지만 가려고 하다가 끝내는 가지 않았다.

정공이 공자를 중도의 재상으로 삼으니 1년 만에 사방 고을에서 본받으려고 하였다.

마침내 사공 벼슬에 오르고 또다시 대사구(법무장관격) 벼슬에 오르셨다. 정공 10년 신축년에 정공을 도와 협곡에서 제나라 임금인 경공과 회담하게 되었는데, 제나라에서 침략했던 노나라땅을 되돌려받게 되었다. 정공 12년 계묘년에 자로를 계손씨의 재상이 되도록 해서 삼도(계손씨의 비읍, 맹손씨의 성읍, 숙손씨의 후읍)성을 허물고 병력과 무기를 거두려고 하였는데 맹손씨가 성읍의 성을 허물려고 하지 않으므로 포위하고 공격하였으나 이기지 못하였다.

정공 14년 을사년은 공자의 나이 56세였다. 대사구로서 정승 직책을 겸직하여 소정묘를 죽이고 국정에 참여하셨는데 불과 3개월 만에 노나라는 잘 다스려지게 되었다. 제나라에서 미녀 악사들을 보내 노나라가 혼란해지도록 미인계로 저지하니 계환자가 빠져들었고, 나라에서 큰 제사인 교제를 지내고 대부들에게 예의폐백인 번육을 나누어 주지 않자 예가 쇠퇴함을 탄식하고 공자께서 위(衛)나라로 떠나셨다. 위나라로 가서 자로의 처형인 안탁추 집에 머물고 계셨다. 다시 진(陳)나라로 가게 되어 광땅 지역을 통과하는데 광땅 지역 사람들이 계손씨의 가신인 양호로 오인하고 구금하였으며, 이윽고 풀려나서 위나라로 다시 돌아와 거백옥 집에 머물면서 위나라 영공의 부인인 남자를 만나셨다.

다시 떠나 송나라로 가게 되었는데, 사마환퇴가 공자를 죽이려고 하기에 다시 떠나 진(陳)나라로 가서 사성정자의 집에 머물다 3년 만에 위(衛)나라로 돌아왔지만 그때는 위나라 영공이 등용할 수 없는 처지였다.

진(晉)나라의 대부 조씨의 가신인 필힐이 중모 지역에서 반란하고 공자를 모시려고 하자 공자께서 가려고 하다가 끝내는 결정하지 않으셨고 다시 거백옥 집에 머물게 되었는데, 위(衛)나라 영공이 군사에 관한 진법을 질문하자 대답하지 않고 떠나서 다시 진(陳)나라로 가셨다.

계환자가 죽을 때에 강자에게 유언하기를, 반드시 공자를 모시라고 했었는데 강자의 신하가 저지하므로 강자는 마침내 염구를 부르게 되었다. 공자께서 채나라로 가서 섭땅 지역에 도착하셨다.

초나라 소왕이 서사 지역으로 공자를 책봉하려고 하자 영윤을 지내는 자서가 반대하여 바로 그만두게 되었다.

다시 위(衛)나라로 돌아오셨는데 당시에 영공은 죽었고 다음 임금인 첩이 공자를 모시고 정치를 하려고 하였었으며 염구가 노나라 계강자의 장수로 있으면서 제나라를 승리한 공이 있었는데 계강자가 마침 공자를 돌아오시라 부르자 공자께서 돌아오시니 실제로 애공 11년(BC 484) 정사년은 공자의 나이 68세였다. 그러므로 노나라는 끝내 공자를 등용하지 못하였고, 공부자 또한 벼슬하기를 바라지 않았으며, 마침내 『서경』과 『예기』를 정리하시고 『시경』과 『악경』을 정리하셨으며 『주역』의 단전, 계사전, 상전, 설괘전, 문언전을 서술하셨다.

제자들이 대략 3,000명이었는데 6예를 통달한 사람만 72명이었다.

애공 14년 경신년에 노나라가 서쪽 지방에서 사냥하다 기린을 포획하였으니 공자께서 이를 계기로 『춘추』를 지으셨다. 다음해 신유년에 자로가 위(衛)나라에서 죽었고, 애공 16년 임술년 4월 11일 기축일에 공자께서 돌아가시니 나이 73세였다.

노나라 성곽 북쪽 사수 위쪽에 장사지냈으며 제자들이 모두 심상 3년을 마치고 떠났지만 자공은 무덤 옆에서 여막살이를 하였는데 모두 6년간이었다. 공자께서는 아들 이(鯉)를 낳으셨으며, 자는 백어로서 먼저 죽었고 백어가 아들 급(伋)을 낳았으며 자는 자사로서 『중용』을 지으셨다.

논어 論語

1. 학이편(學而篇)

1 　공자가 말씀하시기를, 배우고 수시로 복습한다면 기쁘지 않겠는가! 어떤 도우가 먼 곳에서 찾아온다면 즐겁지 않겠는가! 남들이 알아주지 않는다 해도 서운해하지 않는다면 과연 군자가 아니겠는가!

2 　유자가 말하기를, 그 사람됨이 효성스럽고 공경스러우면서 윗사람에게 덤벼들기 좋아하는 사람은 적으므로 윗사람에게 덤벼들기 좋아하지 않으면서 혼란 일으키기를 좋아하는 사람은 없다. 군자는 근본(孝悌)을 힘쓰는데 근본이 확립되어야 도(仁)가 생기므로 효도와 공경이라고 하는 것은 인(仁)을 실천하는 데 있어 근본이구나!

3 　공자가 말씀하시기를 말을 재주스럽게 하고 얼굴빛을 착한 듯 꾸미는 사람은 어진 사람이 드물 것이다.

4 　증자가 말하기를, 나는 하루에 세 가지로 내 자신을 반성하는데 남을 위하여 일을 도모하면서 충실하지 않았었나, 벗들과 교제하면서 불신감을 주지 않았었나, 스승에게 배운 것을 익히지 않았었나 하는 것이었다.

5 　공자가 말씀하시기를, 남들이 나를 알아주지 않는 것을 걱정할 일이 아니고 내가 남을 모르고 있는 것을 걱정해야 한다.

2. 위정편(爲政篇)

6   공자가 말씀하시기를, 나는 15세에 학문에 의지를 가졌고, 30세에 자립하였으며, 40세에 모든 이치에 의혹하지 않았고, 50세에 하늘이 부여하신 천성을 알았으며, 60세에 남의 말을 들으면 순리로 받아들이게 되었고, 70세에 마음 하고 싶은 대로 하였지만 법도에 어긋나지 않았다.

7   맹의자(중손씨)가 효도에 대하여 질문하자, 공자가 어기지 말아야 한다고 말씀하셨다. 번지(번수)가 수레를 몰고 있었는데 공자가 일러주기를, 맹손(중손씨)이 나에게 효도를 질문하기에 내가 어기지 말아야 한다고 대답하였다고 하자 번지가 무엇을(어기지 말라고 하는 말) 말씀하신 것입니까?
공자가 말씀하시기를, 생존해 계신 분 섬기기를 예의로 해야 하고, 돌아가신 분 장례를 예의로 해야 하며, 제사 지내는 것을 예의로 하라는 말이다.
[자해] 孟懿子. 魯大夫仲孫氏
춘추시대 노나라 환공의 큰아들은 환공의 뒤를 이어 장공(莊公)이 되었고, 나머지 삼형제는 대부가 되었다. 이들을 맹손(仲孫)씨 숙손씨 계손씨라 하였고, 삼환(三桓) 또는 삼가(三家)라고 하여 『논어』의 참고사항이다.

8   맹무백이 효도에 대하여 질문하자 공자가 말씀하시기를, 부모님은 오직 자식이 병나지 않을까만을 걱정하시게 해야 한다(다른 걱정을 끼쳐서는 안 됨).

9   자유가 효도에 대하여 질문하자 공자가 말씀하시기를, 지금의 효
    도라고 하는 것은 잘 봉양하는 것만 말하는데, 개나 말도 모두 잘
    길러줌이 있는데 공경하는 마음이 아니라면 무엇으로 구별(효도)하
    겠는가!

10 자하가 효도에 대하여 질문하자 공자가 말씀하시기를, 표정을 즐
    겁게 하는 것이 어려운 일로서 일하고 계실 때 자식들이 힘든 일을
    대신해드리고 술이나 음식이 있을 때 부형께서 드시도록 하는 것,
    그 자체로서 효도라고 생각하느냐!
    이천 선생의 주석에는 맹의자에게는 무례를 염려하여 예를 말씀하
    셨고, 맹의자 아들에게는 불의를 염려하여 부모가 다른 걱정이 없
    어야 함을 말씀하셨고, 자유에게는 봉양만을 생각할까 염려하여 공
    경심을 말씀하셨고, 자하에게는 봉양하고 편히 해드리는 것만을 생
    각할까 염려하여 부모를 대하는 즐거운 표정을 말씀하신 것이다.

11 공자가 말씀하시기를, 옛것을 익히고(찾고 풀이하다) 나서 새로운 것
    을 미루어 알 수 있다면 스승이 될 수 있을 것이다.

12 공자가 말씀하시기를, 너에게 안다고 하는 것을 가르쳐주마!
    아는 것을 안다고 하고 모르는 것을 모른다고 하는 것이 바로 아는
    것이다.

13 애공이 질문하기를, 어떻게 하면 백성들이 복종합니까? 공자 대답
    하기를, 정직한 사람을 등용하고 모든 굽은 사람들을 버려두면 백
    성들이 복종할 것이고, 굽은 사람을 등용하고 모든 정직한 사람들
    을 버려두면 백성들이 복종하지 않을 것입니다.

14 계강자가(계손씨) 질문하기를, 공경심과 충성심으로 힘쓰도록 하려면 어떻게 해야 합니까?

공자가 말씀하시기를, 백성 대하기를 정중하게 하면 공경할 것이고, 부모에게 효도하고 자식을 사랑하게 되면 충성할 것이며, 유능한 사람을 등용하고 무능한 사람을 잘 가르쳐주면 힘쓰게 될 것입니다.

15 공자가 말씀하시기를, 제사 올릴 신이 아닌데 제사하는 것은 아첨하는 것이고, 옳은 일을 보고도 하지 않는 것은 용기가 없는 것이다.

3. 팔일편(八佾篇)

16 임방이 예의 본질을 질문하자 공자가 말씀하시기를, 큰 질문이구나! 예의가 사치하기보다는 도리어 검소해야 하고, 상례가 형식적으로 진행되기보다는 도리어 슬픔이어야 한다.

4. 이인편(里仁篇)

17   공자가 말씀하시기를 오직 어진 사람만이 사심 없이 사람을 좋아
       하고 사심(공심으로) 없이 사람을 미워할 수 있다.

18   공자가 말씀하시기를, 참으로 인의에 뜻을 둔다면 악행이란 없을
       것이다.

19   공자가 말씀하시기를, 군자는 덕행을 생각하고, 소인은 소득 있는
       땅을 생각하며, 군자는 법도를 생각하고 소인은 이득이 되는 혜택
       받기를 생각한다.

20   공자가 말씀하시기를, 이익만을 의존하고 행동하다 보면 원망이
       많게 된다.

21   공자가 말씀하시기를, 지위 없는 것을 걱정할 일이 아니고 내 자신
       이 감당할 수 있는 능력을 걱정해야 하며, 내 자신이 알려짐이 없
       는 것을 걱정할 일이 아니고, 내 자신이 알려질 수 있는 실력을 찾
       아봐야 한다.

22   공자가 말씀하시기를, 우리의 도는 한 가지로 관통한다. 증자가 알
       겠다고 대답하자 공자가 나가셨는데, 문인들이 무슨 말씀이냐고
       질문하자 증자가 말하기를, 선생님의 도(仁)는 자기 성실(자기완성)
       과 타인 배려(관계완성)일 뿐이라고 말씀하신 것이다.

23   공자가 말씀하시기를, 군자는 정의에 깨닫고 소인은 이익에 깨닫는다.

24   공자가 말씀하시기를, 덕행은 외롭지 않아서 반드시 도와주어야 될 가까운 이웃들이 있다.

25 공자가 말씀하시기를, 본바탕(도의)이 꾸밈장식(예악)보다 나으면 단순하기만 하고 꾸밈장식이 본바탕보다 나으면 화사하기만 할 뿐 으로 꾸밈장식과 본바탕이 잘 어울린(조화) 다음에야 군자의 표본이 다.(또 은나라시대에는 본질을 주나라시대에는 문채를 숭상하였으므로 두 시대의 문물을 조화해야 된다는 뜻도 될 수 있다.)

26 공자가 말씀하시기를, 사람의 삶은 정직해야 되는데, 정직함도 없 이 사는 사람은 재앙을 요행으로 모면하는 사람이다.

27 공자가 말씀하시기를, 많이 안다는 사람이 좋아하는 사람만 못하 고 좋아하는 사람이 즐기는 사람만 못하다.

28 번지가 지혜에 대하여 질문하자 공자가 말씀하시기를, 사람의 옳 은 도리를 힘쓰며 신을 공경하지만 가까이 하지 않는다면 지혜롭 다고 할 수 있을 것이다.
    인의에 대하여 질문하자 어진 사람은 어려운 일은 우선하고 이득되 는 일은 뒤로 하는데, 그 정도면 인의라고 말할 수 있을 것이다.

29 공자가 말씀하시기를, 지혜로운 사람은 물을 좋아하고 어진 사람은 산을 좋아하며, 지혜로운 사람은 행동력이 있고, 어진 사람은 안정 감이 있으며, 지혜로운 사람은 안락하고 어진 사람은 장수한다.

30 재아가 질문하기를, 어진 사람은 비록 우물 안에 사람이 빠졌다고

말해주면 우물 속으로 따라 들어갑니까?

공자가 말씀하시기를, 어떻게 그렇게 하겠는가! 군자는 가 보게 할 수는 있지만 빠지게 할 수는 없으며, 속일 수는 있지만 속아 넘어가게 할 수는 없을 것이다.

31   자공이 말하기를, 만일 백성들에게 널리 베풀어주고 모든 어려운 사람들을 구제할 수 있다면 어느 정도 인의라고 말할 수 있겠습니까? 공자가 말씀하시기를, 어찌 인의만의 일이겠는가! 분명히 성인의 일이다.

요임금 순임금도 오히려 그렇게 하는 것을 근심하셨던 일인데 대체로 어진 사람은 자기가 있고 싶은 데에 남도 있게 하고 자기가 통달하고 싶은 데에 남도 통달하게 하므로 가까운 곳에서 취하여 비교될 수 있다면 인의를 실천하는 방법이라고 말할 수 있을 따름이다.

6. 술이편(述而篇)

32   공자가 말씀하시기를, 거친 밥(잡곡)을 먹으며 물을 마시고 팔을 굽혀 베개 삼는다 해도 즐거움이 그 속에 있으므로 불의로 부귀한 것은 나한테는 떠다니는 구름과도 같다.

33   공자가 말씀하시기를, 나는 태어나면서부터 아는 사람이 아니라 옛것을 좋아하면서 민첩하게 찾아 배우는 사람이다.

34   공자께서는 괴상함과 만용과 난동과 귀신에 대하여는 말씀하지 않으셨다.

35   공자가 말씀하시기를, 세 사람이 길을 가다보면 반드시 거기에는 나의 스승이 있는데 잘하는 사람의 것은 선택하여 따르고 잘 못하는 사람의 것은 고친다는 점이다.

36   공자께서는 네 가지 과목으로 가르치셨는데 문학과 행실과 성실과 신의에 관한 것이었다.

37   공자가 말씀하시기를, 인의가 멀리 있다고 보는가! 내가 인의를 실천하려고 한다면 곧 인의가 이를 것이다.

38   공자가 말씀하시기를, 사치하게 되면 겸손하지 않고 너무 검소하게 되면 완고하니 겸손하지 않은 것보다는 도리어 완고한 것이 나을 것이다.

39 공자가 말씀하시기를, 군자는 평탄하며 뜻이 넓고 소인은 항상 마음이 근심스럽다.

40 공자께서는 온화하셨으나 엄숙하셨고 위엄 있으셨으나 혹독하지 않으셨으며 공손하셨으나 편안하고 자연스러우셨다.

7. 태백편(泰伯篇)

41 공자가 말씀하시기를, 공손하지만 예의가 없으면 수고롭기만 하고 삼가하지만 예의가 없으면 두려워하게 되며 용감하지만 예의가 없으면 혼란스럽고 강직하지만 예의가 없으면 성급하다. 군자가 친족에게 정이 두터우면 백성들도 인의의 마음을 일으키고 옛 친구를 버리지(신의 존중) 않으면 백성들도 서로간에 각박하지 않는다.

42 증자가 병이 나서 문하의 제자들을 불러놓고 말하기를, 내 발을 열어보고 내 손을 열어보거라. 『시경』에 말하기를, 전전긍긍하면서 깊은 물가에 서 있는 것같이 하고 얇은 얼음을 밟는 것같이 하라고 하였는데 이제야 나는 그것을 벗어난 줄 알겠구나! 제자들아!
(또 끝까지 육체를 잘 보존하여 부모님께 불효를 끼치지 않았다는 뜻도 된다.)

43 증자가 병이 나서 맹경자가 문병 갔는데 증자가 말하기를, 새가 죽으려고 할 때에는 울음소리가 슬프고 사람이 죽으려고 할 때에는 말이 착하다고 합니다.
군자가 도를 귀중하게 여기는 것이 세 가지인데 용모를 동작할 때에는 곧 사나움과 방자함을 멀리하고, 얼굴빛을 바르게 할 때에는 곧 진실함에 가깝게 하며 말소리를 낼 때에는 곧 천박하고 위배되는 말을 멀리해야 하고 의례나 제례에 관한 일은 담당자가 맡아서 하게 해야 합니다.

44 증자가 말하기를, 능력이 있어도 무능한 사람에게 묻고, 많아도 적은 데에 물으며, 있어도 없는 것같이 하고, 가득 찼어도 비어 있는

것같이 하며 자신에게 대들어도 따지지 않는 것을 지난날 우리 벗들은 그렇게 종사해왔다.

45 공자가 말씀하시기를, 신의를 두텁게 하고 학문을 좋아하며 죽음으로 바른 도리를 지켜야 한다. 위험한 나라에는 들어가지 않고, 혼란스러운 나라에는 살지 않으며, 세상에 도가 있으면 나타나고, 도가 없으면 은둔하게 된다.
나라에 정도가 있을 때에는 가난과 천함이 부끄러움이며, 나라에 정도가 없을 때에는 부유와 존귀가 부끄러움일 것이다.

46 공자가 말씀하시기를, 학문에 도달하지 못한 것같이 하고 오히려 배운 것을 잃지 않을까 걱정해야 한다.

8. 자한편(子罕篇)

47 공자께서는 네 가지는 절대 없으셨으니, 사사로운 생각이 없으셨고, 꼭 해야만 된다고 강요함이 없으셨으며, 우겨대는 일이 없으셨고, 나의 치우친 견해를 내세우는 일이 없으셨다.

48 공자께서 시냇물가에 계시면서 말씀하시기를, 흘러간다고 하는 것이 이러하구나! 밤낮을 쉬지 않으니 말이다(샘 근원이 있어 영원성을 말함).

49 공자가 말씀하시기를, 비유하자면 산을 만들 때에 흙 한 삼태기를 채우지 못하고 그만두는 것도 내가 그만두는 것이고, 비유하자면 땅을 평평하게 할 때에 비록 한 삼태기를 덮고 나서 계속 진전시키는 것도 내가 진전시키는 것이다.

50 공자가 말씀하시기를, 싹이 트고 꽃 피우지 못하는 것도 있을 것이며 꽃 피우고 열매 맺지 못하는 것도 있을 것이로다.

51 공자가 말씀하시기를, 연말에 추워진 다음에 소나무와 잣나무가 뒤늦게 시드는 것을 알 수가 있다.

52 공자가 말씀하시기를, 지혜로운 사람은 의혹하지 않고, 어진 사람은 근심하지 않으며, 용감한 사람은 두려워하지 않는다.

9. 선진편(先進篇)

53 공자가 말씀하시기를, 진나라와 채나라에서 나를 따르던 사람들이 모두 내 문하에 있지 않구나! 덕행은 안연과 민자건과 염백우와 중궁이고, 언변은 재아와 자공이고, 정치는 염유와 자로이고, 문학은 자유와 자하였는데!

54 자로가 귀신 섬기는 일에 대하여 질문하자 공자가 말씀하시기를, 사람도 제대로 섬기지 못하면서 어떻게 귀신을 섬길 수 있겠는가! 감히 죽음에 대하여 여쭙겠습니다.
다시 말씀하시기를, 삶도 제대로 알지 못하면서 어떻게 죽음을 알 수 있겠는가!

55 자공이 질문하기를, 사(자장)와 상(자하) 중에 누가 더 낫습니까? 공자가 말씀하시기를, 사는 지나치고 상은 미치지 못한다. 그렇다면 사가 더 낫다는 말씀입니까?
공자가 말씀하시기를, 지나침은 미치지 못하는 것과 같은 것이다.

10. 안연편(顔淵篇)

56   안연이 인의에 대하여 질문하자 공자가 말씀하시기를, 자기 사욕을 극복하고 예의로 돌아가는 것이 인의를 실천하는 것으로서 하루라도 자기 사욕을 극복하고 예의로 돌아가면 세상이 인의를 인정할 것이므로 인의를 실천하는 것이 자신에게 달려 있지 남한테 달려 있는 것이겠는가!

안연이 다시 말하기를, 그 조목을 여쭙겠습니다. 공자가 말씀하시기를, 예의가 아니면 보지도 말고, 예의가 아니면 듣지도 말며, 예의가 아니면 말하지도 말고, 예의가 아니면 행동하지도 말아야 하는 것이다.

안연이 다시 말하기를, 제가 비록 민첩하지 못하지만 그 말씀을 일삼도록 하겠습니다.

57   중궁이 인의에 대하여 질문하자 공자가 말씀하시기를, 대문을 나설 때는 큰손님 뵙는 것같이 하고, 백성을 부릴 때에는 큰제사 받드는 것같이 하며, 자기가 바라지 않는 것을 남에게 시도하지 말아서 나라 안에 있어서도 원망이 없어야 하고, 집안에 있어서도 원망이 없어야 한다.

중궁이 말하기를, 제가 비록 민첩하지 못하지만 그 말씀을 일삼도록 하겠습니다.

58   자공이 정치에 대하여 질문하자 공자가 말씀하시기를, 식량이 풍족하고 군사력이 만족스러우면 백성들이 믿을 것이다.

자공이 말하기를, 꼭 부득이해서 버려야 한다면 이 세 가지 중에 무엇을 먼저 버리겠습니까?

말씀하시기를, 군사력을 버려야 한다. 자공이 또 말하기를, 꼭 부득
이해서 버려야 한다면 이 두 가지 중에 무엇을 먼저 버리겠습니까?
말씀하시기를, 식량을 버려야 할 것이니 예로부터 모두가 죽음은
있는 것이므로 백성들의 믿음이 없고서는 군주가 존립할 수가 없는
것이다.

59 자장이 덕성 승상과 의혹 분별에 대하여 질문하자 공자가 말씀하
시기를, 충실과 신의를 위주로 하여 도의로 옮겨가는 것이 덕성을
높이는 것이다. 사랑하면 그가 살기를 바라고, 미워하면 죽기를 바
랄 것인데 그가 살기를 바랐으면서 다시 그가 죽기를 바란다면 이
것이 의혹이다.

60 제경공이 공자에게 정치에 대하여 질문하자 공자가 말씀하시기를,
임금은 임금답고, 신하는 신하답고, 아버지는 아버지답고, 자식은
자식다워야 합니다. 제경공이 말하기를, 좋습니다.
참으로 만일 임금이 임금답지 못하고 신하가 신하답지 못하며 아버
지가 아버지답지 못하고 자식이 자식답지 못하면 아무리 곡식이 많
이 있다고 해도 그런 세상에서 우리가 먹고 살 수야 있겠습니까?

61 공자가 말씀하시기를, 문학을 널리 배우고 예의로 단속하면 과연
도리에 어긋나지 않을 수 있을 것이다.

62 공자가 말씀하시기를, 군자는 남의 아름다운 일을 이루어지게 하고
남의 나쁜 일을 이루어지지 못하게 하는데 소인은 이와 반대이다.

63 계강자가 공자에게 정치에 대하여 질문하자 공자가 대답하기를,

정치란 바로세운다는다는 뜻으로 그대가 올바르게 솔선한다면 누가 감히 올바르지 않겠습니까!

64 계강자가 도적을 걱정하여 공자에게 질문하자 공자께서 대답하기를, 진실로 그대가 탐욕 부리지 않으면 아무리 상을 준다고 해도 도적질하지 않을 것입니다.

65 계강자가 공자에게 정치에 대하여 질문하기를, 만일 무도한 사람을 죽이고 도 있는 사람을 진출시키면 어떻습니까?
공자께서 대답하기를, 그대가 정치하면서 어떻게 죽이는 법을 쓰려고 하시오. 그대가 선정을 하면 백성도 선행을 할 것입니다. 군자의 덕성이 바람이라면 소인의 덕성은 풀이라서 풀 위로 바람이 불어닥치면 반드시 쓰러지게 됩니다.

66 번수가 인의에 대하여 질문하자 공자가 말씀하시기를, 사람을 사랑하는 것이다. 지혜에 대하여 질문하자 공자가 말씀하시기를, 사람을 쓸 줄 아는 것이다. 번수가 알아듣지 못하자 공자가 말씀하시기를, 정직한 사람을 등용하고 모든 굽은 사람들을 버려두면 굽은 사람들을 정직해지도록 할 수 있다고 하시자
번수가 물러가서 자하를 만나보고 말하기를, 지난번에 우리 선생님을 뵙고 지혜에 대하여 질문하자 공자가 말씀하시기를, 정직한 사람을 등용하고 모든 굽은 사람들을 버려두면 굽은 사람들을 정직해지도록 할 수 있다고 하셨는데 무엇을 말하는 것입니까? 자하가 말하기를, 풍부하신 말씀이여!
순임금이 천하를 소유하실 때에 많은 사람 중에서 선택하여 고요를 등용하시자 어질지 않은 사람들이 멀어졌고, 탕임금이 천하를 소유하실 때에 많은 사람 중에서 선택하여 이윤을 등용하시자 어질지

않은 사람들이 멀어졌다고 말씀하신 것이다.

67 자공이 벗에 대하여 질문하자 공자가 말씀하시기를, 충고해주고 선도하다가 안 되면 그만두고서 자신이 욕을 당하는 일은 없게 해야 한다.

68 증자가 말하기를, 군자는 문학으로 벗을 모으고 벗들과 인의 실천을 도와야 한다.

11. 자로편 (子路篇)

69 자로가 말하기를, 위나라 임금이 선생님을 모시고 정치를 할 터인데 선생님은 무엇을 우선적으로 하시렵니까? 공자가 말씀하시기를, 꼭 명분을 바로세워야 할 것이다. 자로가 말하기를, 그런 계획이 있으십니까? 선생님의 계획은 요원합니다. 어떻게 바로잡으시렵니까?

공자가 말씀하시기를, 단순하구나 유(자로)야. 군자는 자기가 알지 못하는 것에 대하여 대체로 빠질 줄 아는 것이다.

명분을 바로세우지 못하면 선언이 순조롭지 못하고, 선언이 순조롭지 못하면 일이 성사되지 못하며, 일이 성사되지 못하면 예악이 흥행하지 못하고, 예악이 흥행하지 못하면 형벌이 공평하지 못하며, 형벌이 공평하지 못하면 백성들이 수족조차 둘 곳이 없게 된다.

그러므로 군자가 명분을 세우면 반드시 선언하며, 선언하면 반드시 실행하므로, 군자는 그 일을 선언함에 있어 실행되는 것을 구차하게 하는 일이 없게 할 따름인 것이다.

70 자하가 거보읍에 재상이 되어 정치에 대하여 질문하자 공자가 말씀하시기를, 빨리 하려고 하지 말고 작은 이익을 보려고 하지 말아야 하는데, 빨리 하려고 하면 도달하지 못하고, 작은 이익을 보려고 하면 큰일을 완성하지 못한다.

71 번수가 인의에 대하여 질문하자 공자가 말씀하시기를, 머물러 있을 때 공손히 하고 일을 할 때에 정성을 들이며 사람과의 성실함을 아무리 오랑캐 나라에 가서 살더라도 포기해서는 안 된다.

72 공자가 말씀하시기를, 군자는 동화를 이루지만 뇌동하지 않고, 소인은 뇌동은 하지만 동화를 이루지 못한다.

73 공자가 말씀하시기를, 군자는 섬기기는 쉬우나 기쁘게 하기는 어려운데 기쁘게 하기를 정도로 하지 않으면 기뻐하지 않게 되고, 사람들을 부림에 이르러서는 그 사람 그릇대로 한다.
소인은 섬기기는 어려우나 기쁘게 하기는 쉬운데 기쁘게 하기를 아무리 정도로 안 한다 해도 기뻐하고 사람들을 부림에 이르러서는 원하고 있는 것을 모두 갖춰주기를 요구한다.

74 공자가 말씀하시기를, 군자는 태연하며 교만하지 않고, 소인은 교만하며 태연하지 못다.

12. 헌문편(憲問篇)

75 공자가 말씀하시기를, 나라에 도가 있을 때는 말을 바르게 하며 행실도 바르(곧)게 해야 하고, 나라에 도가 없을 때는 행실을 바르(곧)게 해도 되지만 말만큼은 겸손하게 해야 한다.

76 자로가 임금 섬기는 일에 대하여 질문하자 공자가 말씀하시기를, 기만하지 말고 간청해야 한다.

77 공자가 말씀하시기를, 군자는 위(진리)로 통달하고, 소인은 아래(영리)로 통달한다.

78 공자가 말씀하시기를, 옛적에 배우는 사람들은 자기를 위하는 학문을 하였는데, 요즈음 배우는 사람들은 남만을 위하는 학문을 하는구나!

79 공자가 말씀하시기를, 군자는 말을 조심해서 하고 행동은 그 말한 것보다 지나게 한다.

80 공자가 말씀하시기를, 남이 나를 알아주지 않는 것을 걱정할 것이 아니라 자기가 유능하지 못한 것을 걱정해야 한다.

81 자로가 군자에 대하여 질문하자 공자가 말씀하시기를, 정성으로 자신을 수양하는 것이다. 자로가 말하기를, 그와 같을 뿐입니까? 말씀하시기를, 자신을 수양하고 나서 남을 편안하게 해주는 것이

다. 그와 같을 뿐입니까?

자신을 수양하고 나서 백성들을 편안하게 해주어야 하는데 자신을
수양하고 나서 백성들을 편안하게 해주는 일은 요임금, 순임금도
오히려 그렇게 해줄 수 있는지를 근심하셨던 일이다.

13. 위령공편(衛靈公篇)

82 공자가 말씀하시기를, 함께 말해야 하는데도 함께 말하지 않으면 남의 공신력을 잃게 되고, 함께 말하면 안 되는데도 함께 말하면 말의 가치를 잃는 것으로, 지혜로운 사람은 남의 공신력을 잃지 않고 또한 말의 가치도 잃지 않게 한다.

83 공자가 말씀하시기를, 뜻을 가진 선비와 어진 사람은 삶을 추구함으로 해서 인의를 해치는 일은 없고, 자신을 희생시킴으로 해서 인의를 이루는 경우는 있다.

84 공자가 말씀하시기를, 사람이 멀리 내다보는 생각이 없으면 반드시 가까운(대상, 시기) 곳에 근심할 일이 있게 된다.

85 공자가 말씀하시기를, 자신은 스스로 심하게 질책하고 남을 질책할 때는 가볍게 한다면 원망을 멀리할 수 있을 것이다.

86 공자가 말씀하시기를, 이를 어쩌나 이를 어쩌나 말하지 않는 사람은 나도 그 사람을 어떻게 해줄 수 없을 뿐이다.

87 공자가 말씀하시기를, 군자는 도의로써 본질을 삼고, 예의로써 행동하며, 겸손함으로써 진출하고, 성실로써 이루어지게 하니 군자다움이구나!

88 공자가 말씀하시기를, 군자는 자기의 무능함을 근심하지만 남이

나를 알아주지 않는 것은 근심하지 않는다.

89 공자가 말씀하시기를, 군자는 그것(문제점)을 자신에서 찾고, 소인은 그것(문제점)을 남에게서 찾는다.

90 공자가 말씀하시기를, 군자는 말만을 평가해서 사람을 등용하지 않고 사람만을 평가해서 말까지 버리지 않는다.

91 자공이 질문하기를, 한 말씀으로 종신토록 시행할 만한 것이 있습니까? 공자가 말씀하시기를, 그것은 남을 배려하는 마음으로 자기가 바라지 않는 것은 남에게도 하지 말아야 한다.

92 공자가 말씀하시기를, 교묘한 말은 도덕을 어지럽히고, 작은일을 참지 않으면 큰 계책을 어지럽히게 된다.

93 공자가 말씀하시기를, 많은 사람들이 미워한다 해도 반드시 그 이유를 살피며 많은 사람들이 좋아한다 해도 반드시 그 이유를 살펴야 한다.

94 공자가 말씀하시기를, 사람이 도를 넓혀가는 것이지 도가 사람을 넓혀주는 것은 아니다.

95 공자가 말씀하시기를, 과오가 있는데도 고치지 않는 것을 바로 과오라고 말할 수 있을 것이다.

96 공자가 말씀하시기를, 지혜가 이르고도 인의로 수호하지 못하면 비록 얻었다 해도 반드시 잃게 될 것이고, 지혜가 이르고 인의로 수호하였다 해도 정중하게 다가가지 않으면 백성들이 공경하지 않을 것이고, 지혜가 이르고 인의로 수호하며 정중하게 다가간다 해도 행동하기를 예절로 절제하지 않으면 최선이 되지 못한다.

14. 계씨편(季氏篇)

97 공자가 말씀하시기를, 유익한 세 가지 벗이 있고, 손해되는 세 가지 벗이 있어, 정직한 사람을 벗 삼고, 진실한 사람을 벗 삼으며, 견문이 많은 사람을 벗 삼으면 유익하고, 치우치기 잘하는 사람을 벗 삼고, 나약한 사람을 벗 삼으며, 아첨하기 잘하는 사람을 벗 삼으면 손해될 것이다.

98 공자가 말씀하시기를, 군자는 세 가지 경계할 것이 있어, 젊었을 때에는 혈기가 안정되어 있지 않아 경계함이 여색에 있고, 장성함에 이르러서는 혈기가 한창 강성하여 경계함이 싸움에 있고, 노약함에 이르러서는 혈기가 쇠약해져서 경계함이 탐내는 데 있다.

99 공자가 말씀하시기를, 군자는 세 가지 두려워함이 있어 천명을 두려워하고, 대인을 두려워하며, 성인의 말씀을 두려워한다. 소인은 천명을 알지도 못하거니와 두려워하지도 않으면서 대인을 함부로 대하고, 성인의 말씀을 업신여긴다.

100 공자가 말씀하시기를, 태어나서 아는 사람은 최상이요, 배우고서 아는 사람은 다음이요, 곤란해서 배우는 사람은 또 다음으로서 곤란하면서도 배우지 않으면 백성 중에 곧 최하의 지식이 될 것이다.

101 공자가 말씀하시기를, 군자는 아홉 가지의 생각이 있어야 하는데 볼 때는 분명하게 볼 것을 생각하고, 들을 때는 총명하게 들을 것을 생각하며, 낯빛은 온화하게 할 것을 생각하고,

외모는 공손하게 할 것을 생각하며, 말은 진실하게 할 것을 생각하고, 일은 정성스럽게 할 것을 생각하며,
의심 나면 질문할 것을 생각하고, 분할 때는 곤란해질 것을 생각하며, 이득을 보면 옳은 것인지를 생각해야만 한다.

15. 양화편(陽貨篇)

102 공자가 말씀하시기를, 본성이 서로간에는 가까운 것이었지만 습성에 따라 서로간에 본성이 멀어지게 된다.

103 공자가 말씀하시기를, 최상의 지혜를 가진 사람과 최하의 우둔함을 가진 사람은 바뀌기 쉽지 않다.

104 자장이 공자에게 인의를 질문하자 공자가 말씀하시기를, 다섯 가지를 세상에 시행할 수 있으면 인의가 될 것이다.
자장이 다섯 가지를 질문하자 말씀하시기를, 공손과 관대와 신의와 민첩과 은혜로서, 공손하면 업신여김을 받지 않고, 관대하면 많은 사람들을 얻게 되며, 신의가 있으면 사람들이 그에게 맡겨주고, 민첩하면 업적이 있으며, 은혜로우면 사람들을 다스릴 수가 있다.

105 공자가 말씀하시기를, 배불리 먹고 날짜를 보내며 마음 쓸 일이 없다면 어려운 사람일 것이야! 장기나 바둑이라는 것도 있지 않은가! 그것이라도 하는 것이 그래도 나을 따름이다.

106 자로가 말하기를, 군자도 용맹을 숭상합니까? 공자가 말씀하시기를, 군자는 도의를 으뜸으로 삼는데 군자가 용맹만 있고 도의가 없으면 난동을 일으키고, 소인이 용맹만 있고 도의가 없으면 도둑질을 하게 된다.

16. 자장편(子張篇)

107　자하가 말하기를, 널리 배우고서 의지를 독실하게 하고 간절히 묻고
　　서 가까운(卑近) 것부터 생각해 나간다면 인의가 그 속에 있을 것이다.

108　자하가 말하기를, 모든 장인(기술자)들은 일터에 있으면서 맡은 일
　　을 완성하고 군자는 배우고서 도의를 이룬다.

109　자하가 말하기를, 소인은 과오가 있으면 반드시 꾸며대려고 한다.

110　공자가 말씀하시기를, 부여받은 본분을 모르면 군자가 될 수 없고,
　　예의를 모르면 존립할 수 없고, 말의 참뜻을 구분할 줄 모르면 인
　　재를 알아볼 수가 없다.

8.
맹자 孟子

부동심과 호연지기로 정의 사회를 구현하는 의(義)의 철학

맹자 孟子

　『맹자』는 주나라 전국시대(BC 403~221) 추읍의 유학자인 맹자(이름 맹가, BC 372~289)가 제자들과 문답한 내용 및 여러 나라 제후들과 왕도정치 실현에 대하여 나눈 언행을 모아서 엮은 책으로 제자인 만장과 공손추와 함께 저술하였다고 전해진다.

　내용은 양혜왕장에서 진심장까지 7편으로 되어 있으며, 공부자의 인(仁) 사상을 계승해서 인의(仁義)와 성선설(性善說)로 상세하게 설명하고 있다.

서문 해설

『사기열전』에 이르기를, 맹가(맹자)는 추읍 사람이니 자사(공자의 손자)의 문인에게 수업하였다. 도를 통하고 나서 제나라에 가서 제선왕을 섬겼으나 선왕이 등용하지 못하였고, 양나라로 갔으나 양혜왕은 말한 것을 결행하지 못함으로 요원하고 현실과 거리가 멀다는 느낌을 받았다. 당시에 진나라는 상앙을 등용하였고, 초나라와 위나라는 오기를 등용하였으며, 제나라는 손자(병법가)와 전기를 등용하여 온세상이 한창 합종연횡을 힘쓰고 있었고, 공략과 정벌을 최선이라고 생각하였다.

그리하여 맹자는 바로 당(요) 우(순)와 3대(하·은·주)의 덕치를 말씀하셨으니 이 때문에 가는 곳(전국시대 제후나라)마다 덕치가 합치되지 않아서 물러나 만장 등의 제자들과 『시경』, 『서경』을 강론하며 중니(공자)의 뜻을 기술하여 『맹자』 7편을 지으셨다.

한자(당나라 한유)가 말하기를, 요임금은 이도를 순임금에게 전하시고, 순임금은 우임금에게 전하시고, 우임금은 탕임금에게 전하시고, 탕임금은 문왕, 무왕, 주공에게 전하시고, 문무 주공은 공자에게 전하시고, 공자는 맹자에게 전하셨으나 맹자가 별세하자 유학이 전하여지지 못하였다.

순자(순황)와 양자(양웅)는 이도를 선택하였으나 정밀하지 못하였고, 논설하였으나 상세하지 못하였다.

또 말하기를, 맹자는 순수하고도 순수한 사람이었고 순자와 양웅은 크게는 순수하였지만 작게는 결함이 있었다.

다시 말하기를, 공자의 도는 크고도 넓어서 문하의 제자들이 두루 보고서 모두 알 수 없었다. 그러므로 배워서 그 본질에 가깝기는 했지만 그후에 흩어져서 여러 제후나라에 나누어 살게 되었다. 또 각자의 재능으로 제자들을 가르쳤으나 근원이 점점 멀어져 마지막은 더욱 분리되었으며 오직 맹자만이 자사를 스승으로 모셨으니 자사의 학문은 증자에게서 나왔다. 공자가 돌아가신 뒤로부터 유독 맹자의 전함만이 으뜸이라 할 수 있으므로 성인의 도를 찾아보려고 하는 사람은 꼭 맹자로부터 시작해야 한다.

다시 말해서 양웅이 말하기를, 옛적에 양주와 묵적이 이 길을 막으려 했지만 맹자는 강론하며 열어놓고 넓혀갔다. 대체로 양주와 묵적의 도가 행하여지면 바른길도 피폐해져서 맹자가 비록 성현이라 하더라도 지위가 없어서 빈말이 되어 시행되지 않을 것이니 비록 간절하나 무슨 도움이 되리오! 그러나 그 말씀에 힘입어 지금 배우는 사람들은 그래도 공자를 높이고 인의를 숭상하며 왕도를 소중하게 생각하고 패도를 천하게 생각할 줄 알아야 할 따름이다.

그 경전과 법전은 모두 없어져 찾지 못하고 훼손되어 수습할 수 없어 백분의 일 정도만 남아 있다고 할 수 있으니 학문을 넓힌 공적이 어디에 있다고 하리오! 그러나 지난 옛적에 맹씨가 없었다면 모두 왼쪽으로 되어 있는 오랑캐 옷을 입고 다니며 오랑캐 말을 하였을 것이다.

그러므로 나는 맹씨를 존경하게 되었으며 그 공력이 절대 우임금 아래 있지 않다고 생각하게 된 것은 바로 이러하였기 때문이다(양웅: 전한시대의 유학자).

맹자 孟子

1. 오십보, 백보(五十步, 百步)

양혜왕이 말하기를, 과인은 국가에 대하여 성심을 다할 뿐인데 하내지역이 흉년 들면 그곳 백성들을 하동지역으로 이주시키고, 곡식을 하내지역으로 옮겼으며

하동지역이 흉년 들면 역시 그렇게 하였는데 이웃나라 정치를 살펴보았지만 과인의 마음 쓰는 것과 같은 나라가 없는데도 이웃나라 백성들이 더 적지도 않고 우리나라 백성들이 더 많지도 않은 것은 왜 그렇습니까?

맹자가 대답하기를, 왕께서 전쟁을 좋아하시므로 전쟁으로 비유하여보겠습니다. 둥둥 북을 울리며 무기로 접전하다가 갑옷을 버리고 무기를 끌면서 달아나게 되었는데, 어떤 병사는 백보를 달아난 뒤에 멈춰섰고, 어떤 병사는 오십보를 달아난 뒤에 멈추고서 오십보 달아난 사람이 백보 달아난 것을 (겁쟁이라고) 비웃는다면 어떻겠습니까?

왕이 말하기를, 옳지 않으므로 다만 백보가 아닌 것뿐이지 그것 역시 달아난 것입니다.

맹자가 말하기를, 왕께서 이 말의 이치를 아신다면 백성들이 우리나라보다 더 많아지는 것을 바라지 마십시오라고 하였다.

[역주] 1. 양혜왕은 전국시대 위(魏)나라의 제후인 앵(罃)으로 대량(大梁)에 도읍을 정하고 위나라의 제후 신분으로 왕이라 참칭하였으며 시호는 혜(惠)이다. 『사기열전』의 양혜왕 35년(BC 336)에 예를 갖추어 현인을 초빙할 무렵에 맹자와 만나게 되었다.

2. 주나라 춘추시대(BC 771~403)에는 진(晉)나라에 六卿(大夫). 세 가문(范氏, 中行氏, 智氏)이 한씨(韓氏), 위씨(魏氏), 조씨(趙氏) 세 가문에게 멸망당하였고 이를 주도한 세 가문이 진(晉)나라 국토를 셋으로 나누어 주나라 32대 위열왕으로부터 제후로 책봉받아 다스리기

시작하여 전국시대(BC 403~221) 7웅으로 등장한다. 양혜왕은 또 위(魏)나라의 대량에 도읍한 제후로서 같은 대부가(大夫家)였던 한(韓)나라와 조(趙)나라와 전쟁을 하게 된다. 사마광(司馬光)은 한(韓), 위(魏), 조(趙)가 승인받은 해(BC 403 무인년)부터 『자치통감』을 저술하였으므로 이 시점부터 전국시대로 보는 견해가 지배적이다.

2. 불위자, 불능자(不爲者, 不能者)

맹자가 말하기를, 어떤 사람이 왕(제선왕)을 뵙고서 말한다고 합시다. 자기 힘으로 삼천 근을 들 수가 있는데 새 깃털 한 개를 들 수가 없다고 하고, 눈 밝기가 가을에 날려 다니는 새 깃털의 끝을 볼 수가 있는데 수레에 실은 땔나무를 못 본다고 하면 왕께서는 인정하시겠습니까? 절대 못하지요.

맹자가 말하기를, 요즈음에 왕의 덕택이 짐승들한테까지 미치고 있는데, 은혜가 백성들한테까지 이르지 못하는 것은 유독 왜 그러하겠습니까!

그렇다면 깃털 한 개를 못 든다고 하는 것은 힘을 쓰지 않은 결과이고, 수레에 실은 땔나무를 못 본다고 하는 것은 눈밝음을 이용하지 않은 결과이며, 백성들의 안위를 못 본다고 하는 것은 은덕을 베풀지 않은 결과이니 그러므로 왕이 왕도를 실천하지 못한다고 하는 것은 실천하지 않는 것이지 못하는 것이 아닙니다.

제선왕이 말하기를, 하지 않는 것과 못하는 것의 형태가 어떻게 다릅니까?

맹자가 말하기를, 태산을 옆구리에 끼고 북해를 뛰어넘는 것을 남에게 나는 못한다고 하면 참으로 못하는 것이지만 어른을 위하여 나뭇가지(임시 지팡이) 꺾는 것을 남에게, 나는 못한다고 하면 그것은 하지 않는 것이지 못하는 것이 아닙니다.

그러므로 왕이 왕도를 실천하지 못한다고 하는 것은 태산을 옆에 끼고 북해를 뛰어넘는 따위가 아니라 왕이 왕도를 실천하지 못한다고 하는 것은 바로 나뭇가지를 꺾는 따위에 속하는 것입니다.

3. 연목구어(緣木求魚)

맹자가 말하기를, 왕의 큰 욕망을 들려주실 수 있겠습니까? 왕이 웃으며 말하지 않으시자

맹자가 말하기를, 살찐 고기와 감칠맛 나는 음식이 입에 부족하며 가볍고 따뜻한 옷이 몸에 부족한 것이겠습니까! 아니면 채색빛이 눈으로 보기에 부족하며 악기 소리가 귀로 듣기에 부족하며 편하게 해주고 총애하는 사람이 앞에서 시중 드는 것이 부족한 것이겠습니까! 왕의 여러 신하들이 모두 받들어 모실 수 있는데, 왕은 왜 그렇게 생각하십니까! 왕이 말하기를, 아니지요. 나는 그렇게 생각하지 않습니다.

맹자가 말하기를, 그러시다면 왕의 큰 욕망을 알 수 있을 뿐으로 국토를 확장하고 진나라와 초나라를 조회하러 오게 해서 나라 중앙에 있으면서 동서남북에 있는 오랑캐 나라들까지 모두 어루만져주시려는 것이겠군요?

그런 생각으로 그런 욕망 이룰 길을 찾는다면 나무 위에 올라가서 물고기를 구하려는 것과 똑같은 이치입니다.

왕이 말하기를, 그렇게 심한 것입니까! 맹자가 말하기를, 거의 심한 점이 있어서 나무 위에 올라가서 물고기를 구하는 것은 아무리 물고기는 얻지 못한다 해도 뒤로 재앙은 없겠지만 그런 생각으로 그런 욕망 이룰 길을 찾는다면 마음과 온 힘을 다해서 실천한다 해도 뒤에 반드시 재앙이 있게 됩니다.

왕이 말하기를, 그 이유를 들려주실 수 있겠습니까? 맹자가 말하기를, 추나라 사람들이 초나라 사람들과 전쟁을 하면 누가 이긴다고

생각하십니까? 초나라 사람이 이기겠지요.

맹자가 말하기를, 그러시다면 작은 것이 참으로 큰 것을 대적하지 못하고 적은 것이 참으로 많은 것을 대적하지 못하며

약한 것이 참으로 강한 것을 대적할 수 없으므로 중국 땅에서 사방으로 천리길의 땅을 가진 나라 아홉 중에 제나라가 그중 하나를 소유하고 있는데 하나로써 여덟을 복종시키려고 하는 것이 추나라가 초나라를 대적하려는 것과 무엇이 다르겠습니까! 대체로 보아 아니라면 계획을 근본적으로 돌이켜야 할 것입니다.

지금 왕께서 정치력을 발휘하고 좋은 제도를 시행하시어 온세상에 벼슬하려는 사람들이 모두 왕의 관청에서 일할 수 있도록 하고 농사짓는 사람들이 모두 왕의 땅에서 농사짓도록 하며 장사하는 사람들이 모두 왕의 도읍에서 장사하도록 하고 여행하는 사람들이 모두 왕의 나라에서 유람하도록 하신다면

세상에서 자기 나라 임금을 미워하는 사람들이 모두 왕에게로 다가와서 하소연할 텐데 그렇게만 하신다면 누가 살기 좋은 나라로 오는 것을 막을 수가 있겠습니까!

왕이 말하기를, 내가 어리석어서 그런 방향으로 나아가지 못했으니 선생님께서는 나의 뜻을 도와 현명하게 나를 가르쳐 주십시오. 내가 아무리 민첩하지 못하지만 시도해보겠습니다.

맹자가 말하기를, 일정한 생업이 없고도 떳떳한 마음이 있는 사람은 오직 선비만은 가능하겠지만 저 백성들은 일정한 생업이 없으면 따라서 떳떳한 마음도 없게 마련이니 만일 떳떳한 마음마저 없게 되면 방자하고 편벽되고 간사하고 사치함을 하지 않을 수가 없을 것으로

죄에 빠진 다음에 따라가서 처벌하게 되면 그것은 백성들을 그물질(법망)하는 격으로 어떻게 어진 사람이 지위에 있으면서 백성들을 그물질(법망으로)할 수가 있겠습니까!

역주 恒産. 일정한 생업 및 자산   恒心. 변함없는 의지

그러므로 현명한 임금이 백성들의 생업을 마련해줄 때 반드시 위로 우러러보아서는 부모를 섬길 수 있도록 하고, 아래로 굽어보아서는 처자식을 부양할 수 있도록 해서 안정된 세월에는 종신토록 배부르고 흉년에는 죽음을 모면하게 해야 하니 그런 다음에 백성들을 선행으로 인도하여 독려할 수 있으므로 백성들을 따르도록 하기가 쉬울 것입니다.

지금에는 백성들의 생업을 마련해줄 때 우러러보아서는 부모를 섬길 수 없게 되어 있고, 굽어보아서는 처자식을 부양할 수 없게 되어 있어서 안정된 세월인데도 종신토록 괴롭고 흉년에는 죽음을 모면하지 못하고 있으니

이 상황은 오직 죽음만을 구제한다고 하더라도 충분하지 못할까 염려되는데, 어느틈에 예의를 지켜 나갈 수 있겠습니까! 왕께서 시행하려고 한다면 어찌하여 그 계획을 근본적으로 돌이키지 않으시는 것입니까?

오백 평의 택지에 뽕나무를 심으면 오십 된 사람은 비단옷을 입을 수 있을 것이며, 닭과 어미돼지와 개와 새끼돼지의 축산을 적당한 때를 놓치지 않으면 칠십 된 사람은 고기를 먹을 수 있을 것이며, 만 평 정도의 밭을 (부역 등으로) 파종 시기를 놓치지 않으면 여덟 식구 정도의 가정은 굶주림이 없을 것이며,

읍이나 군현의 학교에서 교육을 근엄하게 시켜 효도하고 공경하는 예의를 펼치게 한다면 노인들은 도로에서 등짐 지거나 머리에 이고 다니지 않고, 비단옷을 입고 고기를 먹을 수 있어서 백성들은 굶주리거나 헐벗지 않을 것으로, 그렇게 하고서 왕도를 실천하지 못할 사람은 없을 것입니다.

역주 畝는: 1.6㎡를 一步라 하고, 100보를 一畝라 하며 진나라 이후에는 240보를 一畝라 하였으니 진나라 이전에는 160㎡, 이후에는 384㎡이다.

4. 민지부모(民之父母)

양혜왕이 말하기를, 내가 어떻게 그런 재능이 없다는 것을 알고서 뽑을 수 있겠습니까?

맹자가 말하기를, 나라의 군주가 현인을 진출시킬 때 부득이한 것 같이 해야 하는데 낮은 사람들이 높은 사람들을 바라볼 수 있도록 해야 하고, 소원해진 사람들이 친해지는 것을 바라볼 수 있도록 해야 하므로 신중히 하지 않을 수 있겠습니까!

좌우 측근이 모두 현인이라고 해도 옳다고 듣지 말고 대부들이 모두 현인이라고 해도 옳다고 듣지 말며, 국민들이 모두 현인이라고 말한 다음에 살펴보고서 그 사람의 현명함을 본 다음에 등용해야 하며,

좌우 측근들이 모두 옳지 않다고 해도 듣지 말고, 대부들이 모두 옳지 않다고 해도 듣지 말며 국민들이 모두 옳지 않다고 한 다음에 살펴보고서 그 사람의 옳지 않은 점을 본 다음에 버려두어야 하며,

좌우 측근들이 모두 죽여야 된다고 해도 듣지 말고 대부들이 모두 죽여야 된다고 해도 듣지 말며 국민들이 모두 죽여야 된다고 한 다음에 그 사람의 죽일 만한 점을 본 다음에 죽여야 할 것이니

그렇게 국민들에게 이러한 정치를 보여줘야 백성들의 부모라고 말할 수 있을 것입니다.

5. 부동심(不動心)

공손추가 말하기를, 감히 여쭈오니 선생님의 부동심과 곡자의 부동심을 들려주실 수 있겠습니까?

곡자의 말에 의하면, 말에 이해되지 않으면 마음에서 찾지 말며 마음에 이해되지 않으면 기질에서 찾지 말라고 하였는데 마음에 이해되지 않으면 기질에서 찾지 말라고 한 것은 맞지만 말에 이해되지 않으면 마음에서 찾지 말라고 한 것은 맞지 않으니

대체로 의지란 기질의 총수요 기질은 육체의 충만으로서 의지가 지극한 것이고, 기질이 다음이니 그러므로 그 의지를 굳게 가지되 그 기질만큼은 포악하지 말라고 하는 것이다.

지금 말씀에 의지가 지극한 것이고, 기질이 다음이라 하셨고, 또 그 의지를 굳게 가지되 그 기질만큼은 포악하지 말라고 말씀하신 것은 무엇 때문입니까?

맹자가 말하기를, 의지가 한결같으면 기질을 움직이고, 기질이 너무 한결같으면 의지를 움직이니 지금의 넘어지거나 위험하게 달리는 사람들은 그 기질이 도리어 그 마음을 움직이는 사람들인 것이다.

6. 호연지기(浩然之氣)

공손추가 말하기를, 감히 여쭈오니 선생님은 무엇이 장점입니까?
맹자가 말하기를, 나는 말의 이치를 알고 나의 호연지기를 잘 수양
한다. 감히 여쭈오니 무엇을 호연지기라고 합니까?

말하기를, 말로는 말하기 어려운 것이다. 호연지기의 기품이 지극
히 방대하고 지극히 강직한 것이어서 정직함으로 수양하여 해로움
이 없게 되면 온천지에 가득 차서 그 기운이 의와 도에 배합되는데
이런 의와 도가 없다면 그 호연지기는 굶주리는 것이 된다.

그것은 의를 집중해서 생겨나는 것으로 의가 엄습해와서 취하게 되
는 것이 아니므로 실행하여 마음을 채우지 못함이 있으면 굶주림이
되는 것이다. 내가 그래서 곡자는 의를 알지 못한다고 한 것은 의를
밖이라고 보았기 때문이었다.

7. 알묘조장(揠苗助長)

맹자가 말하기를, 반드시 그 호연지기를 일삼아 수양할 때에 미리 기대하지는 말고서 마음에도 잊지 말고 조장하지도 말아야 하며, 송나라 사람의 어리석음처럼 되지는 말아야 한다.

송나라 사람이 자기의 곡식 싹이 자라지 않는 것을 걱정해서 곡식 싹을 뽑아 키워주는 사람이 있었는데 멍하니 집으로 돌아가서 집안 식구들한테 말하기를 오늘 피곤하구나! 내가 곡식 싹을 자라도록 도와주고 왔다고 하기에 그의 자식이 달려가보니 싹이 곧 말라 있었던 것이다.

세상에 싹이 자라도록 돕지 않는 사람이 적으므로 이로움이 없다고 해서 내버려둘 것을 생각하는 사람은 싹을 김매주지 않는 사람이고, 자라도록 돕는 사람은 싹을 뽑아 키워주는 사람으로서 다만 이로움이 없을 뿐만 아니라 더욱이 해로운 것이다.

8. 백이 이윤(伯夷 伊尹)

공손추가 말하기를, 백이와 이윤은 어떤 사람입니까?

맹자가 말하기를, 도가 달라서 자기가 바라는 임금이 아니면 섬기지 않으며 자기를 따르는 백성이 아니면 부리지 않아서 잘 다스려지면 진출하고 혼란하면 물러나는 것은 백이이고,

누구를 섬기면 임금이 아니며 누구를 부린들 백성이 아니랴 하면서 잘 다스려져도 진출하고 혼란해도 역시 진출하는 것은 이윤이고, 벼슬할 만하면 하고 그만두어야 될 것 같으면 그만두며 오래 있을 만 하면 오래 있고 빨리 가야 될 것 같으면 빨리 떠나는 것은 공자이시니 모두 옛 성현이셨다.

나는 실행하지는 못하였지만, 바라는 것이라면 공자의 언행을 배우는 것이다. 그렇게 백이와 이윤이 공자에게 있어서 동등한 반열이라는 말씀입니까? 그렇지 않다. 사람들이 살아옴으로부터 공자 같으신 분이 있지 않았다.

9. 이덕복인(以德服人)

맹자가 말하기를, 위력으로 인의를 가장하는 사람은 패도이니 패도는 반드시 큰 나라를 소유하였고 성덕으로 인정을 시행하는 사람은 왕도이니 왕도는 큰 나라를 기대하지 않았다.

은나라 탕왕은 사방 70리로 시작하였고, 주나라 문왕은 사방 100리로 시작하였으니 위력으로 사람들을 복종시킨 것은 마음이 복종한 것이 아니라 힘이 부족했던 것이고, 성덕으로 사람들을 복종시킨 것은 속마음이 기뻐서 참으로 복종한 것으로 70세 노인이 공자에게 복종하는 것과 마찬가지이다.

『시경』에 말하기를, 서쪽, 동쪽에서 복종하고 남쪽, 북쪽에서 복종하여 복종하지 않는 곳이 없다고 하였으니 바로 이런 것을 두고 말한 것이다.

10. 불인인지심(不忍人之心)

맹자가 말하기를, 사람들은 모두 사람을 차마 못하는 마음이 있는데 선대왕들이 사람을 차마 못하는 마음이 있기에 곧 사람을 차마 못하는 정치가 있었던 것으로 사람을 차마 못하는 마음을 가지고 사람을 차마 못하는 정치를 시행하게 되면 세상 다스리는 일은 손바닥 위에서 움직일 수가 있는 것이다.

모든 사람들이 사람을 차마 못하는 마음이 있다고 말하는 까닭은 방금 사람들이 갑자기 어느 젖먹이 아이가 우물로 빠져들어가려는 것을 보고는 모두 두려워하며 가여워하는 마음으로 구조하게 되는데 젖먹이 아이의 부모와 교분을 맺으려고 하는 이유도 아니고, 고을이나 친구들에게 칭찬을 받으려고 하는 이유도 아니며, 자기의 명성이 나빠질까 봐 그러는 것도 아닌 것이다.

11. 사단지심(四端之心)

이것으로 인하여 미루어보면 측은해하는 마음이 없으면 사람이 아니고 부끄러워하는 마음이 없으면 사람이 아니며 사양하는 마음이 없으면 사람이 아니고 시비를 가리는 마음이 없으면 사람이 아닌 것이다.

측은지심은 인의 단서이고, 수오지심은 의의 단서이고, 사양지심은 예의 단서이고, 시비지심은 지혜의 단서이다.

사람들이 이러한 사단(네 가지 단서)이 있는 것은 마치 우리의 사지(팔과 다리)가 있는 것과 같아서 이러한 사단이 있는 것을 자신은 가능하지 않다고 말하는 사람은 자신을 부정하는 사람이고, 자기 임금은 가능하지 않다고 하는 사람은 자기 임금을 부정하는 사람인 것이다. 대체로 나에게 사단이 있는 것을 모두 확충할 줄 알게 되면 불이 타기 시작하는 것 같고 샘물이 솟기 시작하는 것 같아서 만일 확충한다면 온나라를 보전할 수 있을 것이고, 만일 확충하지 못한다면 부모 섬기는 일도 부족할 것이다.

12. 시인 함인(矢人 函人)

맹자가 말하기를, 화살 만드는 사람이 왜 갑옷 만드는 사람보다 훌륭하지 않을까마는 화살 만드는 사람은 오직 사람들을 해치지 못할까를 걱정하고 갑옷 만드는 사람은 오직 사람들이 다칠까를 걱정하는데 무당이나 기술자도 역시 그렇다. 그러므로 기술이란 신중히 하지 않으면 안 되는 것이다.

공자가 말씀하시기를, 마을에 인후한 풍속이 아름다운 것으로 선택하여 인후한 마을에 살지 않는다고 하면 어떻게 지혜롭다고 할 수 있겠는가 하셨으니 대체로 인후함이란 하늘의 존엄한 관직이며 사람의 편안한 집으로서 막지 않는데도 인후한 마을에 살지 않으니 그것은 지혜롭지 못한 것이다.

어질지도 않고 지혜롭지도 못하며 더욱이 예절도 없고 도의까지 없다면 남에게 부림만 당하므로 남에게 부림을 당하면서 부림당하는 자체를 부끄러워한다면 마치 활 만드는 사람이 활 만들기를 부끄러워하고 화살 만드는 사람이 화살 만드는 것을 부끄러워하는 것과 같아서 만일 부끄러워한다면 인의를 실천하는 것만한 것이 없다.

인의란 활쏘기 대회와 같아서 활쏘기는 자기 몸을 똑바르게 한 다음에 쏘는데, 쏘아서 적중하지 못했다 하더라도 자기 이긴 사람을 원망해서는 안 되고, 그 못 맞춘 이유를 자신에게 찾아서 반성할 따름인 것이다.

13. 천시 지리 인화(天時 地利 人和)

맹자가 말하기를, 천시가 지리만 못하고 지리가 인화만 못한 것이다. 3리 둘레 되는 내곽 성과 7리 되는 외곽 성을 포위하고서 공격했는데도 이기지 못하였으니, 대체로 포위하고 공격할 즈음에 반드시 천시를 얻은 사람이 있었겠지만 이기지 못한 것은 바로 천시가 지리만 못해서이다.

성이 높지 않아서가 아니고, 못(해자)이 깊지 않아서가 아니며 무기와 갑옷이 견고하거나 예리하지 못해서가 아니고 군량미가 적은 것은 아니지만, 포기하고 떠나간 것은 바로 지리가 인화만 못해서이다. 그러므로 백성들을 구분짓되 국토의 경계선으로 이용하지 않고 나라를 튼튼하게 하되 산이나 계곡의 험준함으로 이용하지 않으며 세상을 위엄으로 다스리되 무기나 갑옷의 예리함으로 이용하지 않으니 도를 얻은 사람은 도움이 많고, 도를 잃은 사람은 도움이 적게 된다.

도움이 적게 되면 친척까지 배반하게 되고, 도움이 많게 되면 세상이 순종하게 된다.

세상이 순종하는 것으로 친척이 배반하는 것을 공격하는 격이 되니 그러므로 군자는 전쟁하지 않지만 전쟁을 한다면 반드시 승리하게 되는 것이다.

14. 항산 항심 (恒産 恒心)

등나라 문공이 나라 다스리는 일을 질문하자 맹자가 말하기를, 백성에 관한 일은 늦추어서는 안 됩니다.

백성들이 도리를 실천함에 일정한 생업이 있는 사람은 떳떳한 마음이 있겠지만 일정한 생업이 없는 사람은 떳떳한 마음도 없으므로 만일 떳떳한 마음마저 없게 되면, 방자하고 편벽되고 간사하고 사치함을 하지 않을 수가 없을 것으로,

죄에 빠지게 된 뒤에 따라서 처벌하게 되면 그것은 백성들을 (법망으로) 그물질하는 것으로서 어떻게 어진 사람이 지위에 있으면서 백성들을 그물질하는 일을 할 수가 있겠습니까!

그러므로 현명한 군주는 반드시 공손하고 검소하여 아랫사람을 예우하고 백성들에게 세금을 거둘 때에 제한이 있는 것입니다. 양호(양화)도 말하기를, 부자 되려면 인의를 실천하지 못할 것이고, 인의를 실천하려면 부자 되지 못할 것이라고 하였습니다.

15. 오취이 강주(惡醉而 强酒)

맹자가 말하기를, 3대(하나라, 은나라, 주나라)가 천하를 얻은 것은 인정을 시행하였기 때문이고, 천하를 잃은 것은 시행하지 않았기 때문이니, 나라가 번성하거나 쇠퇴하며 보존되거나 멸망하는 것도 역시 그러하다.

천자가 인정을 시행하지 않으면 모든 제후나라들을 보호하지 못하고, 제후가 인정을 시행하지 않으면 사직을 보전하지 못하며, 경대부가 인정을 시행하지 않으면 종묘를 보전하지 못하고, 선비나 서민들이 인의를 실천하지 않으면 자신도 지키지 못하는데, 요즈음은 죽음을 싫어하면서도 나쁜일을 즐기고 있으니 그것은 마치 술 취하는 것을 싫어하면서도 억지로 술 마시는 것과 같은 것이다.

맹자가 말하기를, 사람을 친애하여 친해지지 않으면 자기의 사랑심을 반성해보고 남을 다스려서 다스려지지 않으면 자기의 지혜를 반성해보며, 남을 예우하여 응답이 없으면 자기의 공경심을 반성해보아야 하고, 실행하였으나 얻지 못하는 경우가 있으면 모두 그 이유를 자기에게서 찾아 반성해야 하니, 자기 자신만 올바르다면 세상이 모두 귀의해 올 것이다.

선량하지 않은 사람과는 함께 말할 수 있겠는가! 그 위태로움을 편하게 생각하고 그 재앙을 이롭게 생각하여 그 망하는 일을 즐기고 있는데 선량하지 않다 해도 함께 말을 나눌 수만 있다면 왜 나라를 망치고 집안을 패가시키는 일이 있겠는가!(충고를 받아들이는 사람은 교화 가능)

옛날 어떤 동자가 노래하기를, 창랑 강물이 맑을 때면 나의 갓끈을 빨고 창랑 강물이 흐릴 때면 나의 발을 씻는다고 하였으니 공자가 말씀하시기를 제자들아! 들거라 맑으면 곧 갓끈을 빨고 흐리면 곧 발을 씻겠지만 모든 일은 자신이 선택하는 것이라고 하셨다.

대체로 사람은 반드시 자신을 업신여긴 다음에 남들이 업신여기게 되고, 집안도 반드시 스스로 헐뜯게 만든 다음에 남들이 헐뜯고, 나라도 반드시 스스로 혼란해진 다음에 남들이 공격하니

태갑(『서경』)에서 말하기를, 하늘이 내린 재앙은 그래도 피할 수가 있겠지만 자신이 저지른 재앙은 살아날 수가 없다고 하였으니 이것을 두고 말한 것이리라.

16. 자포자기(自暴自棄)

맹자가 말하기를, 스스로 부정하는 사람과는 함께 할 말이 없을 것이고, 스스로 포기하는 사람과는 함께 할 일이 없으므로, 말이 예의가 아닌 것을 자포라고 하고, 나 자신이 인의를 따를 수 없다고 하는 것을 자기라고 말하니 인은 편안한 집이고 의는 사람의 올바른 길이다.

편안한 집을 비우고 살지 않고 바른길을 놔두고 가지 않으니 애석하도다!

길이 가까운 데 있는데도 그 길을 먼 데서 찾고 일이 쉬운 데 있는데도 그 일을 어려운 데서 찾으니 사람 사람마다 자기 친족을 친애하고 자기 어른을 어른으로 받들면 온세상이 평화로울 것이다.

17. 성자 성지자(誠者 誠之者)

맹자가 말하기를, 낮은 지위에 있으면서 윗사람의 신임을 얻지 못하면 백성들을 다스려나갈 수 없을 것이다. 윗사람의 신임을 얻는 데 길이 있어 친구에게 신임을 받지 못하면 윗사람의 신임도 얻지 못할 것이다.

친구에게 신임받는 데 길이 있어, 어버이 섬기는 것을 기쁘게 해드리지 못하면 벗에게도 신임을 받지 못할 것이다. 어버이를 기쁘게 해드리는 데 방법이 있어 자신을 돌이켜보아 성실하지 않았다면 어버이에게 기쁘게 해드리지 못하였을 것이다. 자신을 성실하게 하는 데 길이 있어 선행에 밝지 못하면 자신을 성실히 하지 못할 것이다. 이런 까닭으로 성이란 하늘(진리)의 도이고, 그 진리를 성실히 노력하기를 생각하는 것은 사람의 도리로서 지극히 성실하고도 감동시키지 못하는 일은 없으므로 성실하지 못하다면 감동시킬 수 있는 것이란 아무것도 없는 것이다.

18. 양지 양구체(養志 養口體)

맹자가 말하기를, 누구를 섬기는 것이 크다고 할까! 어버이를 섬기는 일이 큰 것이다. 무엇을 지키는 것이 크다고 할까! 자신을 지키는 것이 큰 것이다. 그 자신을 잃지 않고서 어버이를 섬길 수 있는 사람을 나는 들어보았지만, 그 자신을 잃고서 어버이를 섬길 수 있는 사람을 나는 들어보지 못했다.

어느 것인들 섬김이 되지 않을까 마는 어버이를 섬기는 것이 섬김의 근본이고, 무엇인들 지킴이 되지 않을까 마는 자신을 지키는 것이 지킴의 근본이다.

증자가 아버지 증석을 봉양할 때에 꼭 술과 고기 안주가 있었는데 상을 치우려 할 때 반드시 누구에게 주실 곳을 여쭈었고 남은 것이 있느냐고 물어보시면 반드시 있다고 대답하였다.

아버지 증석이 돌아가시고, 아들 증원이 증자를 봉양하게 되었는데 꼭 술과 고기안주가 있었는데, 상을 치우려 할 때 주실 곳을 여쭙지 않았고 남은 것이 있느냐고 물어보시면 없다고 대답하였다고 하니 다음에 다시 내오려고 했던 것이다.

이것을 양구체 효도라고 하는데 증자같이 섬기는 효도는 양지 효도라고 할 수 있을 것으로 어버이 섬김을 증자같이 하는 사람이 옳은 방법이다.

19. 영과이후진 (盈科而後進)

서자가 말하기를, 중니(공자)께서는 자주 물을 거론하며 물이로다! 물이로다! 하셨다고 하는데 무슨 뜻을 물에서 찾으셨습니까?

맹자가 말하기를, 샘 근원이 흐르고 흘러 밤낮을 쉬지 않고 웅덩이를 다 채운 다음에 흘러가서 바다에 도달하니 근본이 있는 것은 모두 이와 같다. 그 이치를 찾으실 따름이었다.

만일 근본(샘)이 없었다면 7~8월에 비가 집중해와서 도랑을 모두 채웠다고 하지만 물이 말라버리는 것은 서서 보면서 기다릴 수 있을 정도이니 그러므로 명성이 실제보다 넘치는 것을 군자는 부끄러워한다.

맹자가 말하기를, 사람이 짐승과 다를 까닭은 거의 드물 것으로 서민은 저버리고 군자는 보존한다. (염치를 버리면 짐승에 가깝다)

20. 애인 경인(愛人 敬人)

맹자가 말하기를, 군자가 보통 사람들과 다른 이유는 그 본심을 보존하기 때문이니 군자는 인의로 마음을 보존하고 예의로 마음을 보존하며 어진 사람은 사람을 사랑하고 예의가 있는 사람은 사람을 공경하여 사람을 사랑한 사람은 남들도 항상 사랑하게 되고 사람을 공경한 사람은 남들도 항상 공경하게 된다.

어떤 사람이 이렇다고 하자 그 사람이 나 대하기를 거슬림으로 한다면 군자는 반드시 스스로 반성하면서 내가 하필 어질지 못했는가 하필 예의가 없었는가 하면서 이런 일이 어떻게 이르렀는가! 할 것이다.

또 스스로 반성해보아 어질게 하였으며 스스로 반성해보아 예의도 있었지만 그 사람의 거슬림이 여전하다면 군자는 반드시 스스로 반성하면서 내가 충실하지 못했었나 하였을 것이다.

또 스스로 반성해보아 그 사람의 거슬림이 여전하다면 군자는 말하기를, 이 사람은 역시 망녕스러운 사람일 뿐이구나 할 것이니 이런 사람이라면 짐승과 어떻게 구별하며 또 짐승한테 무엇을 꾸짖겠는가!

그리하여 군자는 종신의 근심은 있지만 하루아침의 근심은 없다. 만일 근심하는 일이라면 있으므로 순임금도 사람이고 나 또한 사람이지만 순임금은 세상에 본보기가 되시어 후세에까지 전할 수 있었는데 나는 아직도 시골 사람됨도 모면하지 못하고 있으니 이런 것이라면 근심할 만한 것이다.

근심하면 무엇하겠는가! 순임금과 똑같이 할 뿐으로서 대체로 군자가 근심하는 일은 없다고 할 것이다.

인의가 아니면 하지 않으며, 예의가 아니면 행동하지 않아서 만일 하루아침에 관한 걱정이라면 곧 군자는 걱정하지 않을 것이다.

21. 성지시자(聖之時者)

맹자가 말하기를, 백이는 눈으로 나쁜 색깔을 보지 않고 귀로는 나쁜 소리를 듣지 않으며, 자기가 바라는 임금이 아니면 섬기지 않고 자기가 바라는 백성이 아니면 부리지 않고서

잘 다스려지면 진출하고 혼란해지면 물러가서 거슬리는 정치가 나오는 곳과 거슬리는 백성이 머무는 곳에 차마 살지 않았으며, 시골 사람들과 거처하기를 생각할 때 조정의 관복을 입고 도탄에 앉아 있는 것처럼 생각했었다고 한다.(정치가로서 구제 못한 부끄러움)

은나라 마지막 주왕 때를 당하여 북쪽 바닷가에 살았으며 세상이 깨끗해지기를 기다렸다고 하니 그러므로 백이의 풍습을 들은 사람은 탐욕스러운 사람도 청렴하였고 나약한 사람도 의지를 정립할 수 있었다고 한다.

이윤이 말하기를, 누구를 섬기면 임금이 아니며 누구를 부리면 백성이 아니겠는가 하면서 잘 다스려져도 진출하고 혼란스러워도 역시 진출하고서 말하기를, 하늘이 백성들을 살도록 하신 것은 먼저 아는 사람들로 하여금 뒤에 알려고 하는 사람들을 알도록 하였고 먼저 깨달은 사람들로 하여금 뒤에 깨달으려고 하는 사람들을 깨닫도록 하였으니

나는 하늘이 내리신 백성 중에 먼저 깨달은 사람으로서 나는 이러한 방법으로 백성들을 깨닫도록 할 것이라 하였으며 생각하기에 세상의 백성들인 모든 남녀가 함께 요순의 은덕을 입지 못한 사람이 있으면 마치 자신이 밀쳐서 도탄 속에 빠뜨린 것같이 생각하면서 이 세상의 중책을 스스로 책임지려는 마음을 가졌다고 한다.

유하혜는 부족한 임금을 부끄럽다고 생각하지 않았고, 작은 벼슬을 사양하지 않았으며 진출하게 되면 현명함을 숨기지 않고서 반드시 자기 도리를 다하였고 버려지거나 숨어살아도 원망하지 않았으며 일이 막히거나 생활이 곤궁해도 근심하지 않았고, 시골 사람들과 거처하기를 흡족한 듯 차마 떠나지 못하고서 생각하기를,

너는 너일 뿐이고 나는 나일 뿐이니 아무리 웃옷을 벗거나 벌거벗고 내 곁에 있은들 네가 어떻게 나까지 더럽힐 수 있겠는가 하였다고 하니 그러므로 유하혜의 풍습을 들은 사람은 인색한 사람도 관대하여지고 각박한 사람도 후덕해졌다고 한다.

공자가 제나라를 떠날 때에는 씻던 쌀을 들고 떠나셨고, 노나라를 떠날 때에는 지루하고 지루하다 나의 행차라고 하셨으니 부모의 나라를 떠나야 하는 길이었다. 빨리 가야 되면 빨리 떠났고, 오래 있을 만하면 오래 있었고, 잠시 머물러야 되겠으면 머무르셨고, 벼슬해도 될 만하면 벼슬하신 것은 공부자이셨다.

맹자가 말하기를, 백이(은나라 시절 고죽국의 왕자)는 청렴결백한 성인이셨고, 이윤(은나라 성탕임금의 재상)은 세상의 중책을 자처한 성인이셨고, 유하혜(춘추시대 현인)는 대의와 조화를 실천하는 성인이셨고, 공자(노나라 시절 유학 창시자)는 때에 알맞게 행동하는 성인이셨다.

22. 맹자 성선설(孟子 性善說)

곡자가 말하기를, 성(性)은 버드나무와 같고, 의(義)는 그릇과 같아서 사람의 본성으로 인의를 실천하는 것이 마치 버드나무로 그릇을 만드는 것과 마찬가지라고 하자,

맹자가 말하기를, 버드나무의 자연 성질 그대로 그릇을 만들 수 있겠는가! 버드나무를 베어서 깎아낸 다음에 그릇을 만들게 되는데 만일 버드나무를 베어서 그릇을 만든다고 하면 역시 사람을 해쳐서 인의를 실천한다는 말이 되는 것이다. 세상 사람들을 인솔하여 인의를 해치게 만드는 것은 필연코 그대의 말과 똑같은 것이다.

곡자가 말하기를, 성(性)은 마치 여울물과도 같아서 동쪽으로 터놓으면 동쪽으로 흐르고 서쪽으로 터놓으면 서쪽으로 흐르므로 사람 본성의 선과 불선의 구분이 없는 것은 물이 동쪽과 서쪽의 구분이 없는 것과 같다고 하자

맹자가 말하기를, 물이 참으로 동쪽과 서쪽의 구분은 없겠지만 높은 곳과 낮은 곳의 구분도 없다는 말인가! 인성의 선함이 마치 물이 낮은 곳으로 흘러 내려가는 것과 같아서 사람은 착하지 않음이 없고 물은 내려가지 않음이 없는 것이다.

지금 저 물을 쳐서 뛰어오르게 하면 이마를 지나 올라가도록 할 수 있으며 급류로 흐르게 하면 산 위로 가도록 할 수 있는데 이것을 어떻게 물의 성질이라고 할 수 있는가!

그 형세가 곧 그렇게 만든 것으로 사람이 불선을 하게 되는 그 성(性) 역시 이것과 마찬가지이다.

곡자가 말하기를, 타고난 것을 성(性)이라고 한다 라고 말하자 맹자

가 말하기를, 타고난 것을 성(性)이라고 한 것은 흰 것을 희다고 한 것과 같은 말인가? 곡자가 말하기를, 그렇다.

맹자가 말하기를, 하얀 날개의 흰색이 흰눈의 흰색과 같으며 흰눈의 흰색이 백옥의 흰색과 같다는 말인가? 곡자가 말하기를, 그렇다. 맹자가 말하기를, 그렇다면 개의 본성이 소의 본성과 같으며 소의 본성이 사람의 본성과 같다는 말인가!

곡자가 말하기를, 음식(본능적으로 좋아함)과 여색(본능적으로 좋아함)이 성(性)으로 인(仁)은 내적으로서 외적이 아니고 의(義)는 외적으로서 내적이 아니라고 하자

맹자가 말하기를, 무엇으로 인(仁)이 내적이고 의(義)가 외적이라고 하는가?

곡자가 말하기를, 저 사람들이 어른이라고 하기에 내가 어른이라고 여기는 것으로 나에게 어른으로 여기는 존경심이 본래부터 있었던 것은 아니다. 저 사람들이 희다고 하기에 내가 희다고 하는 것과 같은 것으로 그 희다고 하는 것을 외적 요인에 따랐기 때문에 외적이라고 말한 것이다라고 하자

맹자가 말하기를, 흰말의 흰 것은 백인의 흰 것과 다름이 없을지 모르지만 나이 든 말의 어른됨과 나이 든 사람의 어른됨이 다름이 없다는 말인가? 다시 말해서 나이 든 사람을 의(義)라고 보는가? 어른으로 존경하는 마음을 의라고 보는가?

곡자가 말하기를, 나의 동생이면 사랑하고 진나라 사람 동생이면 사랑하지 않는데 그것은 나를 위주로 기쁨을 삼은 것이다. 그러므로 내적이라고 한 것이고, 초나라 사람의 나이 든 사람도 어른으로 여기며 우리의 나이 든 사람도 어른으로 여기니 그것은 어른으로 여기는 것을 위주로 기쁨을 삼은 것이다.

그러므로 외적이라고 말한 것이다라고 하자

맹자가 말하기를, 진나라 사람들이 불고기 좋아하는 것과 우리들이

불고기 좋아하는 것은 다름이 없는 것으로 대체로 물질도 역시 그런데 그렇다면 불고기 좋아하는 것도 역시 외적 요인에 있다는 말인가! 하였다.

맹계자가 공도자에게 질문하기를, 무엇으로 의(義)를 내적이라고 하는가? 공도자가 말하기를, 나의 본심이 공경심을 행동하도록 하기 때문에 내적이라고 말한 것이다.

맹계자가 다시 질문하기를, 향리 사람 중에 나의 맏형보다 한 살이 더 많다면 누구를 공경하겠는가? 공도자가 말하기를, 형을 공경한다. 술을 따른다면 누구를 먼저 따를 것인가?

공도자가 말하기를, 한 살 더 많은 향리 사람에게 먼저 따른다. 맹계자가 말하기를, 공경하는 것은 이쪽(형)에 있고, 어른인 것은 저쪽(향인)에 있어 결과적으로 외적 요인에 있는 것으로 내적 요인이 아닌 것이다라고 하자

공도자가 더 이상 대답할 수 없어서 맹자에게 말하자 맹자가 말하기를, 숙부를 공경하느냐 아우를 공경하느냐고 물어보면 맹계자는 숙부를 공경한다고 말할 것이고, 그 아우가 시동으로 앉아 있으면 누구를 공경하느냐고 다시 물어보면 맹계자는 시동인 아우를 공경한다고 말할 것이다.

그대 공도자가 맹계자에게 숙부를 공경하는 이유가 어디에 있느냐고 반문하면 저 사람은 지위에 있기 때문이라고 말할 것이니 그대 공도자 역시도 지위에 있기 때문이라고 말하거라. 항상 공경함은 형에게 있고, 잠시 공경함은 향리 사람에게 있는 것이다.

맹계자가 공도자의 말을 듣고 말하기를, 숙부를 공경하게 되면 숙부를 공경하고 아우를 공경하게 되면 아우를 공경하여 의(義)는 결과적으로 외적 요인에 있는 것으로 내적 요인이 아니다고 하자

공도자가 말하기를, 겨울이면 끓는 물을 마시고 여름이면 찬 물을 마시는데 그렇다면 먹고 마시는 것조차도 역시 외적 요인에 있다는

말인가! (시동 옛날에는 제사 지낼 때 신위에 동자를 앉혔었다.)

공도자가 말하기를, 곡자가 말하는 성(性)은 선도 없고, 불선도 없다고 하고, 또 어떤 사람은 성(性)은 선할 수도 있고, 선하지 않을 수도 있다고 하였으니 그러므로 문왕, 무왕 같은 성군이 일어나면 백성들이 선을 좋아하였고, 유왕 여왕 같은 폭군이 일어나면 백성들이 포악을 좋아하였습니다.

또 어떤 사람이 말하기를, 성(性)은 선함도 있고, 성(性)은 불선함도 있다고 하였으니 그러므로 요임금 같으신 분이 임금이 되셨는데도 어리석은 상이 있었고, 고수 같은 분이 아버지가 되셨는데도 훌륭하신 순임금이 계셨으며 은나라 주왕 같은 사람은 형님의 아들(조카)로서 또 임금이 되셨는데도 훌륭한 미자계와 왕자비간(숙부)이 있었다고 하는데,

지금 성(性)은 착한 것이라고만 말씀하시니 그렇다면 저 사람들 말은 모두 틀린 것입니까? 맹자가 말하기를, 사람의 성정으로 말하면 선한 것이므로 바로 내가 선이라고 말한 것이다. 대체로 불선을 하는 것은 타고난 재질의 죄가 아닌 것이다.

측은지심을 사람들이 다 갖고 있고 수오지심을 사람들이 다 갖고 있으며 공경지심을 사람들이 다 갖고 있고 시비지심을 사람들이 다 갖고 있는데

측은지심은 인(仁)이고 수오지심은 의(義)이고 공경지심은 예(禮)이고 시비지심은 지(智)이니 인의예지가 밖으로부터 나를 녹여 들어오는 것이 아니라 내가 본래 갖고 있는 것이지만 생각하지 않았을 뿐인 것이다.

그러므로 찾으면 얻고 놓아버리면 잃는다고 하였으니 간혹 사람들의 선과 악의 차이가 배가 되기도 하고 다섯 배가 되어 계산해볼 수조차 없는 것은 본래 갖고 있는 그 재능을 다하지 않아서인 것이다.

맹자가 말하기를, 풍년에는 자제들이 선량함이 많고, 흉년에는 자

제들이 포악함이 많은데, 하늘이 재질을 내리심이 그렇게 달리하신 것이 아니라 자신이 자기 마음을 방심한 까닭이 그러했던 것이다. 지금 보리를 파종하고 흙으로 덮었다고 하자, 그 토지가 같고 심은 때마저 또한 같다면 무성하게 자라서 하지 때가 되면 모두 익게 될 것으로 다만 똑같지 않음이 있다고 한다면 그것은 곧 땅이 비옥하거나 척박하며 비와 이슬이 길러줌과 사람들의 가꾸는 일이 똑같지 않아서일 것이다.

그러므로 대체로 같은 종류는 모두 서로 비슷한 것이므로 왜 유독 사람에게 있어서만 의아스러움이 있겠는가! 성인도 우리와 똑같은 부류의 사람인 것이다.

그리하여 용자의 말에 의하면 발의 크기를 모르고 신을 만든다 해도 나는 삼태기는 만들지 않을 것으로 믿는다고 하였으니 신발이 서로 비슷한 것은 세상 사람의 발들이 거의 같아서인 것이다.

입들이 맛에 있어서 똑같은 즐김이 있는 것이므로 역아는 우리 입들이 즐기는 맛을 먼저 깨달은 사람이다. 만일 입들이 맛에 있어서 그 성향이 남들과의 특수함이 마치 개나 말들이 우리와 같은 부류가 아닌 것과 마찬가지라면 세상 사람들이 어떻게 맛 즐기는 것을 모두들 역아의 맛을 아는 경지에 도달할 수가 있겠는가.

맛을 아는 데 있어서는 세상 사람들이 역아처럼 되기를 바랄 것으로 그것은 세상 사람들의 입맛이 서로 비슷해서이다.

귀도 또한 그러므로 소리를 듣는 데 있어서도 세상 사람들이 사광처럼 되기를 바라므로 그것은 세상 사람의 귀가 서로 비슷해서이다. 눈도 또한 그러므로 자도에게 있어서는 세상 사람들이 그 사람의 아름다움을 모르는 경우가 없으므로 자도의 아름다움을 모르는 사람은 아름다움을 볼 줄 아는 눈이 아닌 사람이라고 할 수 있을 것이다.

그러므로 입들이 맛에 있어서 똑같은 즐김이 있는 것이고 귀가 소리에 있어서 똑같은 들음이 있는 것이며 눈이 빛깔에 있어서 똑같은 아름다움이 있으므로 마음에 있어서만 유독 똑같은 옳게 여기는 본연의 마음이 없겠는가!

마음이 똑같다고 여기게 되는 본연은 무엇인가! 리(性理)와 의(道義)를 말한다. 성인은 우리 마음의 똑같은 옳게 여기는 본연의 마음을 먼저 깨달으셨을 뿐으로 리(體)와 의(用)가 우리 마음을 즐겁게 하는 것이 마치 소나 돼지 등의 고기가 우리 입맛을 즐겁게 하는 것과 마찬가지인 것이다.

23. 우산지목(牛山之木)

맹자가 말하기를, 우산이라고 부르는 산의 나무들이 울창했었는데 큰 나라의 도읍지 교외에 있었기 때문에 많은 사람들이 도끼로 벌목을 해서 울창할 수 있었겠는가!

밤낮으로 자라남과 비와 이슬로 적셔주어서 벌목해간 그루터기에 움이 자라나지만 소나 양들을 따라서 방목까지 하였다. 그런 이유로 저렇게 반질반질한데 사람들은 그 반질반질한 것만 보고서 우산에는 재목감이 아예 있은 적이 없었다고 생각하게 되는데 이것이 어떻게 우산의 본모습이겠는가!

역주 牛山. 제나라 동쪽에 있는 산 이름

사람이 보존하고 있는 것 중에 어떤 것인들 인의의 본심이 없을까마는 그 양심을 놓아버리게 된 까닭이 또한 도끼로 나무를 아침마다 벌목하는 것과 마찬가지여서 아름다울(인의의 본심) 수가 있겠는가!

밤낮으로 자라남과 평온한 아침 기온의 좋고 나쁨이 사람들과 서로 근접하기가 거의 드물지만 곧 아침과 낮에 저지르는 일이 어지럽히거나 소멸시키는 일이 있으므로 어지럽힘이 반복하게 되면 그 밤기온이 보존될 수가 없고, 보존될 수 없게 되면 짐승들과의 거리가 멀지 않으므로 사람들이 그 짐승같은 것만을 보고서 재질(인의의 본심)이 있은 적이 없었다고 생각하게 되는데 이것이 어떻게 그 사람의 진실이겠는가!

그러므로 만일 그 길러줌을 받게 되면 만물이 자라나지 않음이 없게 될 것이고, 만일 그 길러줌을 잃게 되면 사물이 소멸하지 않음이

없게 될 것이라고 하였으니 공자가 말씀하시기를, 잡으면 보존되고
놓아버리면 사라져서 나가고 들어옴이 정해진 때가 없이 그 향방을
알 수가 없다고 한 것은 오직 마음을 두고 한 말이라고 하셨다.

24. 사생취의(捨生取義)

맹자가 말하기를, 물고기도 내가 바라는 것이며 곰발바닥도 내가 바라는 것이지만 두 가지를 함께 가질 수 없다면 물고기를 놔두고 곰발바닥을 가질 것이다.

삶 또한 내가 바라는 것이며, 의(義) 또한 내가 바라는 것이지만 두 가지를 함께 가질 수 없다면 삶을 놔두고 의(義)를 가질 것이다.

삶 역시 내가 바라는 것이지만 바라는 것이 삶보다도 더 심한 것이 있기 때문에 구차하게 얻으려고 하지 않는 것이고 죽음 또한 내가 싫어하는 것이지만 싫어하는 것이 죽음보다도 더 심한 것이 있기 때문에 환란일지라도 회피하지 않으려는 경우가 있으므로

만일 사람들의 욕망이 삶보다도 더 심한 것이 없도록 만든다면 대체로 삶을 얻을 수 있는 방법을 왜 쓰지 않겠으며 사람들의 싫어함이 죽음보다도 더 심한 것이 없도록 만든다면 대체로 환란 피할 수 있는 방법을 왜 하지 않겠는가!

그런 이유로 바로 삶이라도 선택하지 않는 경우가 있으며 그런 이유로 바로 환란 피할 수 있는데도 피하지 않는 경우가 있다. 그러므로 바라는 것이 삶보다도 더 심한 것도 있으며 싫어하는 것이 죽음보다도 더 심한 것도 있어서 유독 현자만이 그런 마음이 있는 것이 아니라 사람들이 모두 있지만 현자는 잃음이 없도록 할 뿐이다.

한 대나무 그릇에 담긴 밥과 한 나무그릇에 담긴 국을 얻으면 살고 얻지 못하면 죽는다고 하더라도 욕을 하면서 주면 먼 길 가는 사람도 받지 않을 것이고 발로 차면서 주면 걸인도 편안하지 않을 것이다. 십만 섬의 곡식이라면 예의를 분별하지 않고 받는데 십만 섬의 곡

식이 나한테 다 무슨 소용이 있을까마는 집의 화려함과 아내의 받듦과 알고 있는 곤궁한 사람들을 위하여 나한테 얻어가도록 하기 위하여는 받는다는 말인가!

얼마 전의 자신을 위하여는 죽어도 받지 않다가 지금 집의 화려함을 위하여는 받게 되고 얼마 전의 자신을 위하여는 죽어도 받지 않다가 지금 아내의 받듦을 위하여는 받게 되며 얼마 전의 자신을 위하여는 죽어도 받지 않다가 지금 알고 있는 곤궁한 사람이 나한테 얻어가게 할 때는 받는다면 이것 역시 옳지 않을 뿐이다.

이런 것을 두고 본심을 잃은 것이라고 한다.

25. 구방심(求放心)

맹자가 말하기를, 인(仁)은 사람의 마음이고 의(義)는 사람의 길인데 그 길을 놔두고 가지 않고 그 마음을 놓아버리고도 찾을 줄 모르니 애석하구나!

사람이 닭이나 개를 놓치게 되면 찾을 줄 알면서도 놓아버린 마음이 있어도 찾을 줄 모르니 학문의 길은 다른 데 있는 것이 아니라 그 놓아버린 마음을 찾을 뿐인 것이다.

26. 무명지애(無名指愛)

맹자가 말하기를, 무명지(네 번째 손가락)가 굽혀져서 펴지지 않는 것이 아픈 병이 되어, 일하는 데 해가 있는 것은 아니지만 만일 펴줄 수 있는 사람이 있다고 한다면 진나라나 초나라의 길도 멀지 않다고 하면서 가는데 그것은 무명지가 남만 못하기 때문이다.

손가락이 남만 못하면 싫어할 줄 알면서도 마음이 남만 못하면 싫어할 줄 모르니 이런 것을 두고 유별(따위)을 모른다고 하는 것이다.

맹자가 말하기를, 한 아름 또는 한 줌 되는 오동나무나 가래나무를 사람이 만일 살리려고 한다면 모두 기르는 방법을 알고 있지만 몸에 관하여는 기르는 방법을 모르고 있으니 어떻게 몸을 아끼는 마음이 오동나무나 가래나무만 못해서야 되겠는가! 생각하지 못함이 너무 심한 것이다.

27. 대인 소인(大人 小人)

맹자가 말하기를, 사람들은 몸에 있어서 아끼는 마음을 겸하여 갖고 있는데 아끼는 마음을 겸한다면 기르는 마음도 겸해야만 한다. 일부분의 피부라도 아끼지 않는 마음이 없다면 일부분의 피부라도 기르지 않는 마음이 없어야만 한다.

잘 기르고 못 기르는 것을 참고 하는 것이 어떻게 다른 곳에 있겠는가! 자기 자신에게서 찾을 뿐인 것이다.

한몸에도 귀천이 있고 크고 작음이 있는데 작은 것으로 큰 것을 해칠 수는 없고 천한 것으로 귀중한 것을 해칠 수는 없으므로 그 작은 것을 기르는 사람은 소인이 되고

그 큰 것을 기르는 사람은 대인이 된다. 마시고 먹기만 하는 사람들을 곧 사람들이 천하다고 하는데 그 작은 것을 기르고 큰 것을 잃기 때문이다. 큰 것을 잃는 일이 없다면 입이나 배가 어떻게 다만 일부분의 피부만 위하겠는가! (마음이나 의지까지도 위한다)

공도자가 질문하기를, 똑같은 사람인데 어떤 사람은 대인이 되고 어떤 사람은 소인이 되는 것은 왜 그렇습니까? 맹자가 말하기를, 큰 본체를 따르면 대인이 되고 작은 본체를 따르면 소인이 된다.

다시 질문하기를, 똑같은 사람인데 어떤 사람은 큰 본체를 따르고 어떤 사람은 작은 본체를 따르는 것은 왜 그렇습니까?

맹자가 말하기를, 귀와 눈의 기능은 생각하지 않을 때 사물에 가리워지는데 사물이 사물과 어울리면 이끌릴 따름인 것이다.

마음의 기능은 생각하는 것으로 생각하면 얻고 생각하지 않으면 얻지 못하는 것은 하늘이 우리에게 부여해 주신(性) 것이다. 먼저 그

큰 본체(心志)를 세우면 작은 본체(耳目)가 빼앗지 못하므로 이것이 대인이 될 따름인 것이다.

28. 지성즉지천 (知性則知天)

맹자가 말하기를, 그 마음을 극진히 하는 사람은 그 성(性)을 알 것이고 그 성을 알면 하늘을 알게 되는 것이다. 그 본심을 보존하고 그 본성을 수양하는 것은 하늘을 섬기는 일이고 단명과 장수를 바꿔보려 하지 않고 수신하고 기다리는 것은 천명을 정립하는 일이다. 그러므로 천명을 아는 사람은 높은 바위나 담장 밑에 서 있지 않는다. 명 아닌 것이 없으므로 그 올바름을 따르고 받아들여서 자기의 도리를 다하고 죽는 사람은 올바른 명인 것이고, 감옥에서 죽는 사람은 올바른 명이 아닌 것이다.

맹자가 말하기를, 찾으면 얻고 놓아버리면 잃는다고 하는데 그 찾는 것이 취득에 도움이 있는 것으로 나에게 있는 것을 찾아서이다. 찾는 것이 길이 있고 얻는 것이 명에 있으니 그 찾는 것이 취득에 도움이 없는 것으로 밖에 있는 것을 찾아서이다.

만물이 모두 나에게 갖추어져 있는데 자신을 반성해보아 성실했다면 즐거움이 이보다 더 클 수는 없고 배려심으로 힘써 실행한다면 인(仁)을 찾는 것이 이보다 더 가까운 것은 없을 것이다.

맹자가 말하기를, 실행하였지만 뚜렷하지 않고 익힌 것이지만 정밀하게 살피지 못하여 종신토록 따른다 해도 그 길을 모르는 사람들이 많다. 사람이 부끄러워함이 없어서는 안 되는데 부끄러워함이 없는 것을(파렴치) 부끄러워한다면 정말 부끄러운 일이 없게 될 것이다. 부끄러워함이란 사람에게 있어서 가장 큰 것이다. 기회나 변덕의 재주를 부리는 사람은 부끄러워하는 마음을 가질 일이 없을 것으로 부끄럽지 않은 일이 남만 못하다면 무엇인들 남만 하겠는가!

29. 양지 양능(良知 良能)

맹자가 말하기를, 사람이 배우지 않은 것도 능통한 사람은 양능인 것이고, 깊이 생각하지 않은 것도 아는 사람은 양지인 것으로 어린 아이가 자기 부모 사랑함을 모를 리 없으며 그 성장함에 이르러서 자기형님 공경함을 모를 리가 없다.

친족(부모, 형제, 친척)을 사랑하는 것은 인(仁)이고, 어른을 공경하는 것은 의(義)로서 다름이 아니라 세상에 두루 통하는 도리이기 때문이다.

맹자가 말하기를, 순임금이 깊은 산 속에 사실 때에 나무나 돌과 살으셨으며 사슴이나 산돼지들과 놀으셨다고 하는데 깊은 산 속에 사는 야인들과 다를 까닭이 거의 적었지만 한 가지 좋은 말을 듣거나 한 가지 선행을 보게 되면 강물을 터놓은 것 같았다고 하니 그 자연스러움을 막을 수가 없었다고 한다.

하지 않아야 되는 것을 하지 않았고 하고 싶지 않은 것을 하지 않으셨으니 이렇게 하실 따름이었던 것이다.

30. 군자삼락(君子三樂)

맹자가 말하기를, 군자는 세 가지 즐거움이 있는데 세상을 다스리는 왕도는 함께 있지 않았다.

부모가 함께 계시고 형제가 무고함이 첫째 즐거움이고, 위로 쳐다보아서는 하늘에 부끄럽지 않고, 아래로 굽어보아서는 남에게 부끄럽지 않은 것이 둘째 즐거움이고, 세상의 영재를 얻어서 교육하는 것이 셋째 즐거움으로 군자는 세 가지 즐거움은 있지만 세상을 다스리는 왕도는 함께 있지 않았다(없다고 강조하는 말)고 한다.

맹자가 말하기를, 공자는 동산에 올라가 노나라를 작게 보셨고 태산에 올라가 세상을 작게 보셨으니 그러므로 바다를 구경한 사람에게는 물 이야기 하기가 어렵고 성인의 문하에 머물던 사람에게는 말에 관한 이야기 하기가 어렵다.

물을 관찰하는 방법이 있어서 꼭 그 물결의 파장을 볼 줄 알아야 하고 해와 달도 밝은 빛이 있어서 빛을 용납하는 곳에는 반드시 비춰지게 마련이다.

흐르는 물의 물질 기능이 웅덩이를 채우지 않으면 흘러가지 않는 것과 같이 군자가 도에 뜻을 두고서 문채(성과)를 이루지 못하면 통달하지 못한 것으로 생각하였다.

맹자가 말하기를, 닭이 울 때 일어나서 부지런히 선을 실천하는 사람은 순임금 등이셨고 닭이 울 때 일어나서 부지런히 이익만 추구하는 사람은 도척의 무리였으니 순임금과 도척의 구분을 알려고 한다면 다름이 아니라 이익과 선의 차이인 것이다.

맹자가 말하기를, 양주는 자기 위함만을 취하였는데 털 한 개를 뽑아서 세상에 이익이 된다 해도 하지 않았고, 묵적은 사랑하는 것을 겸하였는데 이마를 비벼서 발꿈치까지 닿는다 해도 세상에 이익만 되면 하였으며 자막은 중도를 지켰는데 중도를 지킴이 가깝기는 하지만 중도를 지키고서도 권도가 없으면 한쪽을 잡은 것과 마찬가지이다.

한쪽만 잡는 것을 싫어하는 것은 중도를 해치기 때문으로 한쪽만을 들면서 백 가지를 버리는 격이 되기 때문이다.

맹자가 말하기를, 굶주린 사람은 달갑게 먹고 갈증나는 사람은 달갑게 마시는데 그것은 음식의 바른 맛을 얻지 못한 것으로 기갈이 입맛을 해친 것이다. 왜 입이나 배만 기갈의 해가 있겠는가! 사람 마음도 또한 모두 해로움이 있어서 사람이 기갈의 해로움이 마음까지 해롭게 하는 일을 없게 할 수 있다면 남에게 미치지 못하는 것을 걱정하지 않아도 될 것이다.

그만두지 않아야 되는데, 그만두는 사람은 그만두지 않는 것이 없고, 후하게 해야만 되는데 박하게 하는 사람은 박하지 않은 것이 없으므로 그 전진이 빠른 사람은 그 후퇴도 빠르다고 한다.

맹자가 말하기를, 군자는 사물을 아껴주지만 두루 사랑하지 못하였으며 백성을 사랑하지만 두루 친하지 못하였으니 친족을 사랑하고 나서 백성들을 사랑하며 백성들을 사랑하고 나서 사물을 사랑하게 되기 때문이다.

맹자가 말하기를, 지혜로운 사람은 모르는 것이 없지만 당장 힘써야 되는 일을 급한 일로 삼았고, 어진 사람은 사랑하지 않는 것이 없지만 어진 사람 가까이함을 급한 일로 삼았으니
요임금 순임금의 지혜로도 사물을 두루 살피지 못한 것은 먼저 힘써야 할 일을 급한 일로 삼아서이고 요임금 순임금의 어짊으로도 사람들을 두루 사랑하지 못한 것은 어진 사람 가까이함을 급한 일로 삼아서이다.

31. 민귀군경(民貴君輕)

맹자가 말하기를, 인자와 현자를 믿지 않으면 나라가(인재) 텅 비고 예의가 없으면 위아래가 문란해지며 정치력이 없으면 경제가 부실하게 된다.

맹자가 말하기를, 백성이 귀중한 것이고 사직이 다음이며 군주가 가볍다고 할 것이니 제후가 사직을 위태롭게 하면 바뀌게 된다.

맹자가 말하기를, 성인은 백대의 스승으로서 백이와 유하혜가 그분들이다. 그러므로 백이의 풍습을 들은 사람들은 탐욕스러운 사람도 청렴해지고 나약한 사람도 의지를 정립할 수 있으며,

유하혜의 풍습을 들은 사람들은 각박한 사람도 독실해지고 인색한 사람도 관대해져서 백대 위에서 떨쳤다면 백대 후에 들은 사람도 흥기하지 않을 수 없을 것으로 성인이 아니고서야 이렇게 할 수가 있겠는가!

그런데도 더욱이 가까이서 가르침을 받은 사람이야 말할 것이 있겠는가!

32. 양심과욕(養心寡慾)

맹자가 말하기를, 사람들이 모두 차마 안 하려는 마음이 있는데 그 차마 할 수 있는 경지에 도달하게 되면 인(仁)인 것이고, 사람들이 모두 하지 않으려는 것이 있는데 그 실천하는 경지에 도달하게 되면 의(義)인 것이다.

사람이 남을 피해주지 않겠다는 마음을 채울 수 있다면 그 인(仁)을 모두 쓸 수가 없을 것이며(많음) 사람이 담을 뚫거나 넘어가지 않겠다는 마음을 채울 수 있다면 그 의(義)를 모두 쓸 수가 없을 것이다.

마음을 수양함이 욕심을 적게 하는 것보다 좋은 것이 없어서 그의 사람됨이 욕심이 적다면 아무리 수양 보존을 안했다 해도 보존 안 된 것이 적을 것이고, 그의 사람됨이 욕심이 많다면 아무리 수양 보존을 했다 해도 보존된 것이 적을 것이다.

33. 자요순 지공자(自堯舜 至孔子)

맹자가 말하기를, 요임금과 순임금으로부터 탕왕에 이르기까지 500여 해인데 우임금과 고요는 보고서 알으셨고 탕임금은 듣고서 알으셨다.

탕왕으로부터 문왕에 이르기까지 500여 해인데 이윤과 래주는 보고서 알으셨고 문왕은 듣고서 알으셨다. 문왕으로부터 공자에 이르기까지 500여 해인데 태공망과 산의생은 보고서 알으셨고 공자는 듣고서 알으셨다.

공자로부터 이후로 지금에 이르기까지 180여 해(맹자)인데 성인 세대와의 시간적 공간이 그토록 멀지 않으며 성인 거주 지역과의 근거리가 이처럼 매우 가깝지만 그런데도 실행되고 있는(유학의 성행) 것이란 없으니 곧 또한 있을 일(전국시대 중국대전 중)이 아닌 듯 싶다(유학의 침체를 우려함).

주해 전국시대(BC 403)부터 진시황 천하통일(BC 221)까지 182년간 중국대전 시작으로 주나라 100여 제후국가가 합종연횡하여 7웅(秦 楚 燕 齊 韓 魏 趙)이 대치하다 멸망 후에 진시황 통일국가(15년간) 통치를 거쳐 한(漢)나라 건국 이후에야 비로소 유학이 침체기에서 벗어나 부흥하게 된다.

그러므로 한문(漢文)이란 한족의 문자 개념이기도 하지만 한나라 시대에 완성이란 개념도 포함한다고 할 수 있다.

한대 유학자: 동중서, 사마천, 사마상여, 양웅, 마융, 정현, 반고, 허신 등.

당대 유학자: 한유, 유종원, 이백, 두보 등. (우리나라: 설총, 최치원)

송대 유학자: 주돈이, 정호, 정이, 장재, 소옹, 주희, 사마광, 왕안석, 증공, 소순, 소식, 소철 등. (우리나라: 안향)

9.

중용 中庸

천도와 인도로 중화(中和)사상을 구현하는 성(誠)의 철학

중용中庸

　『중용』은 본래『예기』의 49편 중 31번째 편으로서 한대(漢代)부터 중요시되어 사마천의『사기』공자세가에는 공자의 손자 자사(子思)의 저술이라고 하였으며, 공자의 중용사상을 집대성한 심오한 경지의 도학이라고 할 수 있다.『중용』은『논어』요왈(堯曰)의 윤집기중(允執其中)과『서경』대우모(大禹謨)의 "인심은 유위하고 도심은 유미하니 유정유일하여 윤집궐중하라"(人心惟危　道心惟微　惟精惟一　允執厥中)를 중용사상의 유래로 보고 이를 자사가 요순 이래로 전해온 도통의 연원을 밝힌 글이라 하였으며, 주자는『대학』, 『논어』, 『맹자』와 함께 사서(四書)라고 이름하여 유학의 기본서로 전해지고 있다.

중용장구 서문 해설

　『중용』은 어떻게 저작하게 되었는가? 자사자께서 전통을 잃게 될까 걱정하여 지으신 것이다. 대체로 아주 옛날 성신께서 하늘의 뜻을 이어 법칙을 세우게 됨으로부터 도통의 전함이 자연스럽게 유래하게 되었다.

　경서에 보이는 진실로 그 중도를 지켜야 한다고 말한 것은 요임금이 순임금에게 전수해주셨던 일이고 사람 마음은 위태롭고 도심은 은미하니 정밀하고도 한결같이 해야만 진실로 그 중도를 지킬 수 있다고 말한 것은 순임금이 우임금에게 전수해주셨던 일이었으니 요임금의 한 말씀이 지극하고도 극진하였지만 순임금이 또다시 세 말씀을 덧붙인 것은 요임금의 한 말씀을 꼭 이렇게 실천한 뒤라야만 거의 도심에 가까워질 수 있음을 천명하게 된 이유인 것이다.

　대체로 논설했었지만 마음의 허령된 지각은 한가지일 뿐인데 인심과 도심이 다르다고 한 것은 어떤(人心) 것은 형체를 이룬 기질의 사사로움에서 나오고 어떤(道心) 것은 부여받은 본성의 올바름에 근원하여 지각하게 되는 원인이 같지 않기 때문이다. 이런 까닭으로 어느 것은 위태로워 편안하지 못하고 어느 것은 은미해서 보기가 어려울 따름이지만 그러나 사람은 이런 현상이 꼭 있기 마련이다.

　그러므로 최고의 지혜를 가진 사람도 이런 마음이 없을 수는 없는 것이고 또한 이런 본성이 있지 않을 수는 없다. 그러므로 최하의 우둔한 사람도 이런 도심이 없으란 법은 없는 것이니 이 두 가지 마음(人心. 道心)이 주먹만한 작은 공간에 섞여 있으되 다스릴 방법을 알지 못하게 되면 위태로운 사람은 더욱 위태로워지고 혼미한 사람은 더욱 혼미해져서 천리의 공공성이 마침내는 인간 욕망의 사사로움을 이길 수가 없게 될 것이리라.

정밀함이란 두 가지 마음의 사이를 살펴서 뒤섞이지 않게 하는 것이요 한결같이함이란 본심의 올바름을 지키고 떠나지 않게 하는 것이니 이것을 일삼되 조금이라도 끊기지 않게 하여 반드시 도심은 항상 한몸의 주장이 되도록 하고 인심은 항상 부여받은 명을 받도록 한다면 위태로운 것은 편안해지고 은미한 것은 뚜렷하게 되어 동정과 언행이 자연 지나치거나 모자람의 차등이 없이 균등하게 될 것이다.

저 요임금, 순임금, 우임금은 세상의 위대한 성인이셨고 세상을 서로 전하여주신 것은 세상의 위대한 일이었다. 세상의 위대한 성인으로서 세상의 위대한 일을 하셨으면서도 전해주고 전해받는 즈음에 정녕코 일러주신 말씀이 이러함에 지나지 않았으니 세상의 진리가 어떻게 이것보다 더한 것이 있으리오! 이후로부터 성인과 성인이 서로 계승하셨으니 저 성탕과 문왕과 무왕 같으신 분이 임금되심과 고요와 이윤과 부열과 주공과 소공 같은 신하된 사람들이 모두 이렇게 도통의 전함을 이으셨고, 저 공부자께서는 비록 임금 지위는 얻지 못하였으나 지나간 성인의 도를 계승하셨고 후학의 길을 열어놓으셨으니 그 공력이 도리어 요임금, 순임금보다도 더하다고 할 수 있을 것이다.

그러나 당시에 보고 알도록 한 사람은 안자와 증자의 전함만이 정통이라 할 수 있었으니 증자가 다시 전하여 공부자의 손자 자사를 얻음에 이르러서는 성인과의 거리가 멀어지고 이단의 학파들이 일어나게 되었다. 자사께서 더욱 오래되면 참도마저 잃게 될까 두려워하여 곧바로 요순 이래로 서로 전하여 온 뜻을 미루어 근간으로 삼고 평소에 부모님과 스승에게서 들은 말씀들을 바탕으로 해서 번갈아 서로 연관 짓고, 부연 설명해서 이책(중용)을 저작하여 뒤따라 배우는 학자들을 가르치셨으니 대체로 걱정이 깊으셨다고 할 수 있다. 때문에 말씀이 간절하셨고 생각하심이 원대함에 있었기 때문에 그 말씀이 상세하였다. **하늘이 부여한 본성을 따르라는 말은 도심을 말하는 것이고, 선을 선택하여 굳게 지키라고 하는 말은 정밀함과 한결같음을 말하는 것이고 군자로서 때에 맞게 행동하라는 말은 중도를 지키라고 말하는 것이니** 세대 상호간의 전후가 1000여 년이 지났지만 그 말씀이 마치 부절을 합친 것과 다름이 없으니 지나온 성인의 서적을 들추어보건대 강령을 제휴하고 심오한 이치를 열어보여주신 예가 이렇게 분명하고 또 완성된 책은 없었다고 할 수 있다.

이로부터 또다시 전하게 되어 맹자를 얻음으로 해서 이책(중용)을 미루어 밝힐 수 있게 되어 앞 성인의 전통을 계승할 수 있었는데 돌아가심에 이르자 마침내 전함을 잃게 되었으니 우리의 도가 발붙일 것은 언어와 문자 정도에 지나지 못하였고 이단의 학설들이 날로 새롭게 등장하고 달로 번져서 노자(도가)와 석가(불가)들이 출현함에 이르러 더욱 진리를 내세우고 접근하는 터에 우리의 참도가 크게 어지럽히게 되었던 것이다.

그러나 아직 다행스럽게도 이 책이 없어지지 않았기 때문에 정호, 정이 형제가 출현하여 상고한 것이 있어 1000년 동안 전해지지 않았던 서업을 계속할 수 있게 되었고, 근거한 것이 있어 도가 불가의 옳은 것만 같은 그릇됨을 배척할 수 있었으니 대체로 자사의 공력이 곧바로 위대하게 되었지만 정자 형제가 아니었다면 그 말씀에 따른 그 심중을 얻을 수가 없었을 것이다.

애석하게도 논설하신 것이 전해지질 않았지만 석 돈이 기록한 것이 겨우 그 문인의 기록해둔 것에서 나오게 되었다. 이러한 까닭으로 대의가 비록 분명하긴 하지만 은미한 말씀은 해석되지 못하였고 그 문인들이 각자 말한 것에 이르러서는 비록 퍽이나 상세함을 다하고 드러내 밝힌 것들이 많지만 그러나 스승의 말씀을 저버리고 도가 불가로 기울어진 사람들 또한 없지 않았던 것이다.

나(주희)는 어려서부터 가르침을 받아 읽고 내심으로 의혹되는 것이 있어 침잠하기를 반복한 것이 여러 해였는데 하루아침에 황홀하게도 그 강령을 터득할 수 있을 듯하였다. 그런 뒤에 곧바로 감히 여러 학설을 모으고 그 절충점을 찾아서 중용장구 한 편을 만들기로 하고 저술해서 뒤에 군자를 기다리기로 하였으며 한두 명의 동지들과 다시 석 돈의 기록을 가져다 번잡하고 산란한 부분을 삭제하여 집략이라 명칭하고 또 토론하고 구별하면서 취하거나 놔두기로 했던 뜻을 기록하여 별도로 혹문장을 만들어 뒷면에 첨부하였으니 그리고 난 뒤에 이 책의 요지가 지류별로 나뉘고 구절로 해석되어 맥락이 관통하고 상세함과 간략함이 서로 통하였으며 크고 작은 것이 모두 열거되어 모든 학설의 같고 다름과 얻고 잃음이 구석까지 통하고 좌우로 통하여 각각의 취지를 다했다고 할 수 있으니 비록 도통의 전함 여부는 감히 함부로 논의할 수 없겠지만 그러나 처음 배우는 선비가 누구라도 취득하려는 생각만 있다면 거의 먼 미래를 지향하고 높은 경지에 오르는 데 일조가 될 수 있다고 말할 수 있을 따름이다.

순희 기유년(1189) 봄 3월 무신일에 신안 주희는 서문을 쓰다.

중용中庸

1. 천명위성(天命爲性)

1   하늘이 부여한 것을 성이라 하고, 성을 따르는 것을 도라 하고, 도를 닦는 것을 교라고 한다.

2   도란 잠시도 떠날 수 없는 것으로, 떠난다면 도가 아니다. 이런 이유로 군자는 보이지 않는 곳에서도 경계하고 삼가하며 그 들리지 않는 곳에서도 두려워한다.

3   숨기는 것보다 잘 드러나는 것이 없으며 미세한 일보다 잘 나타나는 것이 없기 때문에 군자는 그 혼자만이 아는 것과 행동하는 것(대상, 장소)도 삼가한다.

2. 중화(中和)

4   기쁨과 분노와 슬픔과 즐거움이 아직 발동하지 않은 것을 중(中 균형)이라 하고 발동하였으나 모두 절도에 맞는 것을 화(和 조화)라고 하는데, 중이란 세상에 큰 근본이고 화란 세상에 두루 통하는 도로서 중정(中正)과 화평(和平)을 이루게 되면 천지가 중화 속에서 자리 잡히고 만물이 중화 속에서 생겨나고 자란다.

3. 군자중용(君子中庸)

5   공자 말씀하시기를, "군자는 중용을 실천하고, 소인은 중용에 반대 되는 일을 하는데" "군자가 중용을 실천하는 것은 군자로서 때에 알맞은 점이며, 소인이 중용에 반대되는 것은 소인으로서 거리낌 이 없는 점이다."

4. 색은행괴 (索隱行怪)

6   공자가 말씀하시기를, "은밀한 이치를 찾으며 괴상한 행동을 하는 것을 후세에 칭송하려는 사람이 있는데 나는 그런 말은 하지 않을 것이다."

7   "군자의 도를 따라 실천하다가 중도에서 그만두는데 나는 그만두지 않을 것이다." "군자는 중용에 의거하여 세상에 숨겨져서 알아보지 못한다 해도 후회하지 않는데, 오직 성인다운 사람만이 할 수 있는 것이다."

5. 군자지도(君子之道)

8 군자의 도는 넓으면서도 은미하다.

9 부부의 어리석음으로도 참여하여 알 수 있지만, 그 지극함에 이르러서는 아무리 성인이라도 또한 알지 못하는 것이 있으며 부부의 불초함으로도 행할 수 있지만 그 지극함에 이르러서는 아무리 성인이라도 또한 행하지 못하는 것이 있으며 하늘과 땅의 위대함에도 사람이 오히려 유감스럽게 여기는 경우가 있다.
그러므로 군자가 큰 것을 말하면 세상이 그것을 다 싣지 못하고 작은 것을 말하면 세상이 그것을 다 나누지 못한다.

10 『시경』에 말하기를, "솔개는 날아서 하늘에 오르는데 물고기는 연못에서 뛴다."고 하였으니, 위와 아래로 확연히 드러남을 말한 것이다.

11 군자의 도는 단서가 부부로부터 시작되는데, 그 지극함에 이르러서는 세상에 드러난다(生生之德).

6. 도불원인(道不遠人)

12   공자가 말씀하시기를, "도는 사람에게서 멀지 않아야 되는데 사람
     이 도를 실천하면서 도가 사람의 도리와 멀어지게 된다면 도라고
     할 수 없다."

13   성실과 배려는 도와의 거리가 멀지 않으니, 자기에게 베풀어보아
     원하지 않는 것을 역시 남에게도 베풀지 말아야 한다.

14   "군자의 도가 네 가지 중에 나는 그것을 하나도 잘하지 못하지만
     아들에게 요구하는 것으로 아버지를 섬기지 못하고, 신하에게
     요구하는 것으로 임금을 섬기지 못하며, 아우에게 요구하는 것
     으로 형을 섬기지 못하고, 벗에게 요구하는 것으로 먼저 베풀지
     못하니
     평상적인 덕행을 실천하고 평상적인 말을 삼가해서 덕행에 부족한
     것이 있으면 감히 힘쓰지 않을 수 없고 여유가 있으면 감히 다했다
     고 하지 않고서, 말은 행동을 돌아보고 행동은 말을 돌아봐야 하므
     로, 군자가 어떻게 독실하게 하지 않을 수가 있겠는가!"

7. 소기위행(素其位行)

15   군자는 그 지위에 따라 행동하고 그밖의 것을 바라지 않는다.

16   부귀에 따라서는 부귀에 맞는 도로 행동하고, 빈천에 따라서는 빈
       천에 맞는 도로 행동하며, 오랑캐에 따라서는 오랑캐에 맞는 도로
       행동하고, 환란에 따라서는 환란에 맞는 도로 행동한다. 군자는 들
       어가는 곳마다 자득하지 못하는 일이 없어야 한다.

17   높은 지위에 있으면서 아래사람을 업신여기지 않고 낮은 자리에
       있으면서 윗사람을 끌어당기지 않으며, 자기를 바르게 하고서 과오
       를 남에게 돌리지 않으면 원망이 없을 것으로, 위로 하늘을 원망하
       지 않고 아래로 사람을 탓하지 않아야 한다.
       그러므로 군자는 평탄한 데 있으면서 운명을 기다리고 소인은 위험
       한 길을 가면서 요행을 바란다.

18   공자가 말씀하시기를, "활 쏘는 것이 군자의 처신과 비슷하므로 정
       곡을 놓치더라도 돌이켜 그 실수를 자신에게서 찾아야 한다."

8. 귀신위덕(鬼神爲德)

19 공자가 말씀하시기를, "신명의 덕스러움이 성대한 것이구나!"

20 그것을 보려고 해도 보지 못하고 그것을 들으려고 해도 듣지 못하지만, 사물의 본체가 되어 빠뜨릴 수가 없으니 말이다.

21 대체로 은미한 것이 드러나므로 진실을 가릴 수 없는 것이 이와 같구나.

9. 순기대효(舜其大孝)

22 공자가 말씀하시기를, "순임금은 큰 효자이셨구나. 위대한 덕성은 성인이 되셨고 존귀함은 천자가 되셨으며 부유함은 온 나라를 소유하여 선왕을 종묘에서 흠향하시게 하였고 자손을 보전하셨도다."

23 "그러므로 큰 성덕은 반드시 지위를 얻고 반드시 봉록을 얻으며 반드시 명예를 얻고 반드시 장수를 얻는다."

24 "그러므로 하늘이 만물을 낳음에 반드시 그 재질에 따라서 도탑게 하니, 자라는 것을 북돋아주고 기울어가는 것을 전복시킨다."

10. 애공문정 (哀公問政)

25 애공이 정치에 대하여 질문하자, 공자가 대답하시기를, "문왕과 무왕의 정치가 방책에 실려 있는데, 그런 사람이 있으면 그런 정치가 일어나고 그런 사람이 없으면 그런 정치가 종식됩니다."
사람의 도는 정치에 민감하고 땅의 도는 나무에 민감하니, 대체로 정치란 빨리 자라는 갈대와 같으므로 정치를 하는 것이 사람에게 달려 있어서, 사람을 얻는 것은 몸소 노력해야 하고 심신을 닦는 것은 도의로써 하며 도의를 닦는 것은 인의로 해야 합니다.

26 인(仁)은 사람다움이니 친족을 친하게 대함이 큰일이 되고 의(義)는 마땅한 일로 현인을 존경함이 큰일이 되니 친족을 친하게 대하는 인의가 줄어듦과 현인을 존경하는 의례 차등이 예절이 생겨나게 된 까닭이다. 아래 지위에 있으면서 윗사람의 신임을 얻지 못한다면 백성들을 다스려나갈 수 없을 것입니다.
그러므로 군자는 수신하지 않으면 안 되고 수신할 것을 생각한다면 어버이를 섬기지 않으면 안 되고 어버이 섬길 것을 생각한다면 사람 도리를 알지 않으면 안 되고 사람 도리를 알려고 생각한다면 하늘(진리)을 알지 않으면 안 되는 것입니다.

11. 천하달도(天下達道)

27 세상에 두루 통하는 도는 다섯 가지고 행하여지게 하는 것은 세 가지(智仁勇)로 군신과 부자와 부부와 형제와 친구 사귀는 것 등 다섯 가지는 세상에 공통되는 도리이고, 지혜와 사랑과 용기 세 가지는 세상에 공통하는 덕목으로 이것을 실천하도록 하는 것은 한 가지(誠)입니다.

> [자해] 一. 誠(성실한 노력)也. 智(아는 지혜) 仁(행동하는 양심) 勇(노력하는 용기)

28 어떤 사람은 태어나면서 알고 어떤 사람은 배워서 알며 어떤 사람은 어렵게 알지만 그 아는 데에 이르러서는 한 가지입니다. 어떤 사람은 편안해서 행동하고 어떤 사람은 이로워서 행동하며 어떤 사람은 힘쓰려고 행동하지만 그 공을 이룸에 이르러서는 한 가지입니다.

29 공자 말씀하시기를, "배우기를 좋아하는 것은 지혜에 가깝고 힘써 실천하는 것은 사랑에 가까우며 부끄러움을 아는 것은 용기에 가까운 것입니다."

30 이 세 가지를 알면 심신수양하는 방법을 알 것이고, 심신수양하는 방법을 알면 사람 다스릴 방법을 알 것이고, 사람 다스릴 방법을 알면 세계와 국가 다스릴 방법을 알 것입니다.

12. 천하구경(天下九經)

31   대체로 세상과 국가를 다스리는 데 아홉 가지 방법이 있는데, 심신을 수양함과 어진 분을 존경함과 친족을 친하게 대함과 대신을 공경함과 여러 신하들을 보살핌과 서민을 자식처럼 사랑함과 온갖 전문가를 오게 함과 먼 나라 사람을 부드럽게 대해줌과 제후를 품어주는 일일 것이다.

심신을 수양하면 도가 확립되고, 어진 이를 존경하면 의혹하는 마음이 일어나지 않게 되며, 친족을 친애하면 아버지 형제들과 나의 형제들이 원망하지 않게 되고, 대신을 공경하면 현혹되지 않게 되며, 여러 신하들을 보살피면 선비가 예로 보답하는 것이 정중해지고, 서민을 자식처럼 사랑하면 백성이 서로 힘쓰며,

전문가를 오게 하면 재산이 풍족해지고, 먼 나라 사람들을 부드럽게 대해주면 사방의 백성들이 귀의해 오며, 제후를 품어주면 세상이 공경하면서 두려워합니다.

32   깨끗이 재계하고 예복을 성대하게 갖추고서 예의가 아니면 행동하지 않는 것은 자신을 수양하는 것이고 헐뜯는 사람을 물리치고 여색을 멀리하며 재물을 천하게 생각하고 덕행을 귀중하게 생각하는 것은 현인을 힘쓰도록 하는 것이고

지위를 높여주고 봉록을 후하게 주며 좋은 일 나쁜 일을 함께 하는 것은 친족 사랑함을 힘쓰도록 하는 것이고 관직을 많이 두고서 사령을 책임질 수 있게 하는 것은 대신들을 힘쓰도록 하는 것이고 충실과 신의를 표창하여 봉록을 후하게 주는 것은 선비들을 힘쓰

도록 하는 것이고 부역을 때를 가려 시키고 세금을 적게 거둠은 백성들을 힘쓰도록 하는 것이고 나날이 살펴보고 달마다 시험하여 성과에 걸맞게 봉록을 주는 것은 온갖 기술자들을 힘쓰도록 하는 것이고

가는 사람을 친절히 전송하고 오는 사람을 기쁘게 맞이하며 잘하는 사람을 가상히 여기고 못하는 사람을 가엾게 생각하는 것은 멀리 있는 사람을 회유하는 것이고 끊긴 대를 이어주고 피폐한 나라를 일으켜 세우며 혼란을 다스려서 위태로움을 붙잡아주고 조회와 방문을 때에 맞게 하며 가져가는 것을 후하게 주고 가져오는 것을 적게 받아들이는 것은 제후들을 감싸주는 것입니다.

대체로 세상과 국가를 다스리는 것이 아홉 가지 방법이 있어서 시행하게 되는 것은 한 가지(誠)이니 모든 일이 대비하면 성립되고 대비하지 않으면 피폐하며 말하기에 앞서 예정되어 있으면 빗나가지 않고 일하기에 앞서 예정되어 있으면 곤란하지 않으며 행동하기에 앞서 예정되어 있으면 병폐가 없을 것이고, 방법을 사전에 예정해 두었다면 궁색하지 않을 것입니다.

33 낮은 지위에 있으면서 윗사람의 신임을 얻지 못하면 백성을 다스릴 수 없을 것입니다. 윗사람의 신임을 얻는 데에는 방법이 있어 친구에게 신임이 없으면 윗사람의 신임을 얻지 못할 것이며 친구에게 신임받는 것이 방법이 있어 어버이를 기쁘게 해드리지 못하면 친구에게 신임받지 못할 것이며

어버이를 기쁘게 하는 데 방법이 있어 그 자신을 돌이켜보아 성실하지 못하면 어버이를 기쁘게 못할 것이며 자신을 성실하게 하는 데 방법이 있어 선행에 밝지 못하면 자신을 성실하게 하지 못할 것입니다.

13. 성자성지자(誠者誠之者)

34 진리란 것은 하늘의 도요 하늘의 도를 성실하게 힘쓰는 것은 사람의 도리로서 진리란 힘쓰지 않아도 들어맞고 생각하지 않아도 얻어서 자연스럽게 도에 알맞으니 성인의 도인 것이고, 성인의 도를 성실하게 힘쓴다는 것은 선을 선택해서 굳게 지킨다는 것이다.

35 여러 분야로 넓게 배우고 자세히 물으며 신중히 생각하고 현명하게 판단하며 독실하게 실천하여야 한다.

36 배우지 않았지만 배운다면 배우지 못한 것을 놔두지 않고, 묻지 않았지만 묻는다면 알지 못한 것을 놔두지 않으며, 생각하지 않았지만 생각한다면 얻지 못한 것을 놔두지 않고, 판단하지 않았지만 판단한다면 현명하지 못한 것을 놔두지 않으며, 실천하지 않았지만 실천한다면 독실하지 못한 것을 놔두지 않고서
남이 한 가지를 잘하면 나는 백 가지를 잘하고 남이 열 가지를 잘하면 나는 천 가지를 잘해야 한다.

37 과연 이러한 방법들을 잘할 수 있다면, 아무리 어리석지만 반드시 현명해지고 아무리 부드러우나 반드시 강직해질 것이다.

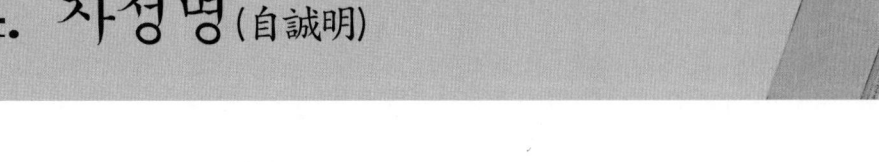

14. 자성명(自誠明)

38   진리로 인하여 공명해짐을 천성(天道)이라 말하고 공명함으로 인하여 성실해짐을 교화(人道)라고 말하니, 진리를 따르면 공명해지고 공명을 따르면 성실해진다.

15. 천하지성(天下至誠)

39 오직 세상의 지극한 진리여야 천성을 다할 수 있으니, 천성을 다할
수 있으면 사람의 본성을 다할 수 있고 사람의 본성을 다할 수 있
으면 사물의 본성을 다할 수 있고 사물의 본성을 다할 수 있으면
천지의 조화와 생육을 받들 수 있고 천지의 조화와 생육을 받들 수
있으면 천지와 함께 참여할 수 있게 된다.

16. 곡능유성(曲能有誠)

40 그 다음은 한 끝을 미루어 이루는 것이니, 한 끝을 미루어 이루면 성실해질 수 있다. 성실하면 나타나고, 나타나면 뚜렷해지며, 뚜렷해지면 밝아지고, 밝아지면 움직이며, 움직이면 변하고, 변하면 교화하므로 오직 세상의 지극한 진리여야 세상을 교화시킬 수가 있다.

17. 지성지도(至誠之道)

41 지극한 진리의 도는 앞일을 알 수 있으니, 국가가 부흥하려고 할 때에는 반드시 행운의 조짐이 있고 국가가 망하려고 할 때에는 반드시 재앙의 조짐이 있어서, 시초점과 거북점에 나타나고 온몸에서 감동된다.

따라서 재앙과 복이 오려고 할 때에 선을 반드시 먼저 알게 되고 불선을 반드시 먼저 알게 된다. 그러므로 지극한 진리는 신명과도 같은 것이다.

18. 성자자성(誠者自成)

42 진리란 저절로 이루어진(天道) 것이지만, 도는 자신이 가야 하는 길
(人道)인 것이다.

43 진리란 사물의 마침이며 시작으로서 진리가 아니었다면 사물이 없
게 된다. 그러므로 군자는 성실히 노력(人道)하는 것을 귀중하게 여
긴다.

44 진리란 저절로 우리를 이루어줄 뿐만 아니라 사물을 이루어주는
것이다. 우리를 이루어주는 것은 인의 혜택이고 사물을 이루어주
는 것은 조화의 혜택으로서 천리의 상덕이다. 안과 밖을 합치하는
도이기 때문에 때에 알맞게 조치하는 것이 마땅한 일이다.

45 그러므로 지극한 진리는 그침이 없어서 그치지 않아 오래가고 오
래가면 효험이 나타나며 효험을 하게 되면 멀리 가고 멀리 가면 넓
고 두터우며 넓고 두터우면 높고 밝음으로 나타난다.

46 넓고 두터움은 만물을 싣는(땅) 것이고, 높고 밝음은 만물을 덮는
(하늘) 것이고, 멀고 오래감은 만물을 생성(화육)하는 것으로 넓고
두터움은 땅을 짝(함께)하는 것이고, 높고 밝음은 하늘을 짝(함께)하
는 것이며, 멀고 오래감은 끝이 없으니
이와 같은 것은 보이지 않지만 나타나고, 움직이지 않지만 변하며,
실행하지 않지만 성취되는 것이다.

19. 천지지도(天地之道)

47 하늘과 땅의 도는 한마디로 모두 말할 수 있으니, 만물의 생성됨이 두 가지로(誠. 不誠) 하지 않는다. 그리하여 만물의 생성됨이 예측할 수 없어서 하늘과 땅의 도는 넓고 두텁고 높고 밝고 멀(공간적)고 오래(시간적) 가는 것이다.

20. 성인지도(聖人之道)

48 위대하도다 성인의 도여! 활기차게 만물을 발육하여 높음(성인의 도)
이 하늘의 도를 다했도다. 그러므로 '진실로 지극한 성덕이 아니면
지극한 도가 모여 이루어지지 않는다.'라고 하는 것이다.

49 그러므로 군자는 덕성을 존중하여 묻고 배우는 길로 가야 하고 넓
고 큰 것을 이루어 정밀하고 자세한 것을 극진히 하며 높고 밝은
것을 지극히 하여 중용을 실천하고 옛 것을 익혀 새로운 것을 미루
어 알며, 독실하고 후덕함으로 예의를 숭상하여야 한다.

50 이런 이유로 높은 지위에 있어도 교만하지 않고, 낮은 지위에 있어
도 배반하지 않는다. 나라에 도가 있을 때에는 언론이 일어날 수
있고, 나라에 도가 없을 때에는 침묵이 용인될 수 있으므로
『시경』에서 말하기를, "현명하고 지혜로움으로 그 몸을 보존한다."
고 하였으니, 이것을 말한 것이로구나!

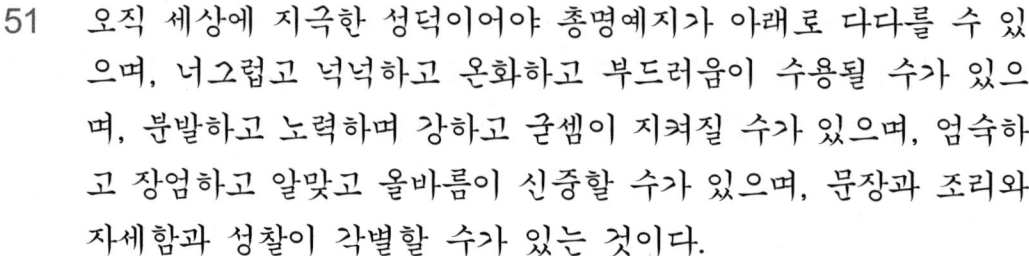

21. 천하지성(天下至聖)

51 오직 세상에 지극한 성덕이어야 총명예지가 아래로 다다를 수 있으며, 너그럽고 넉넉하고 온화하고 부드러움이 수용될 수가 있으며, 분발하고 노력하며 강하고 굳셈이 지켜질 수가 있으며, 엄숙하고 장엄하고 알맞고 올바름이 신중할 수가 있으며, 문장과 조리와 자세함과 성찰이 각별할 수가 있는 것이다.

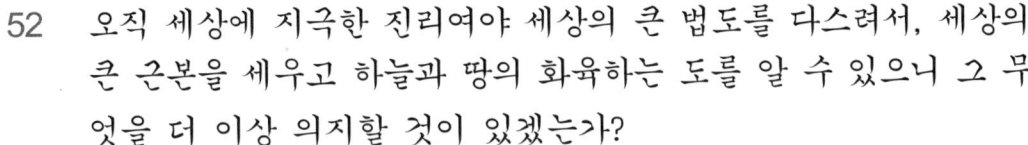

22. 천하경륜(天下經綸)

52 오직 세상에 지극한 진리여야 세상의 큰 법도를 다스려서, 세상의
    큰 근본을 세우고 하늘과 땅의 화육하는 도를 알 수 있으니 그 무
    엇을 더 이상 의지할 것이 있겠는가?

10.
손자병법 孫子兵法

손자병법 孫子兵法

전략을 경영으로……

　『손자병법』과 『육도』와 『삼략』은 중국 춘추시대의 병법서로 무경칠서(『손자병법』, 『육도』, 『삼략』, 『오자』, 『사마법』, 『울료자』, 『이위공문답』) 중에 세 권으로서 전술을 제외한 전략 내용만을 선집하여 사회 경영전략으로도 참고하여 활용하는 데 도움이 되기를 기대한다.

　특히 군사전문가와 고위 지휘관은 반드시 읽어야 할 책으로서 2000여 년 동안 많은 지도자들이 탐독하였던 소중한 전략 지침서라고 할 수 있을 것이며, 특히 『육도』와 『삼략』은 고도의 정치에 관한 내용으로서 정치인의 필독서라고 할 만하다.

　"대체로 전쟁이란 좋은 일은 못 되지만 생존을 위하여 부득이해서 병법을 사용하게 된다면 그것은 바로 천도라고 하였다."

　그러므로 고도의 병법은 세상의 달덕(達德)으로서 지(智) 인(仁) 용(勇)의 유학에 근간을 두고 있다.

金仁圭

전략을 경영으로

전략이란 전쟁에 있어 군사에 관한 경영이다. 그러므로 꼭 전쟁에만 필요한 것이 아니라 현대 경쟁사회의 모든 경영에 있어서도 깊은 진리를 담고 있는 내용이 많으므로 경영주가 탐독한다면 단 몇 가지만이라도 경영 전략으로 활용할 수가 있을 것이라 기대된다.

이 책이 비록 옛날의 병법고전이긴 하지만 흥미적인 관심으로 옛날의 전쟁 형태도 음미해 볼 수 있고 또 지나온 오랜 역사들이 이러한 전략과 전술을 바탕으로 변천해왔음을 짐작해볼 수 있다. 그러므로 무경칠서(武經七書)인 『육도(六韜)』『삼략(三略)』『손자(孫子)』『오자(吳子)』『사마법(司馬法)』『울료자(尉繚子)』『이위공문답(李衛公問答)』 중에 『육도』와 『삼략』과 『손자병법』 책 속에서 전술을 제외한 전략에 관한 내용을 선집하여 전쟁 전략뿐만 아니라 경영전략으로서 활용이 가능하다는 점을 부각시키기 위하여 유학과의 정서는 다르지만 동양 고전이라는 점에서 채택하게 되었다.

기원전 2000년경 중국 대륙에는 황하 유역을 중심으로 황하 문명이 성립되었다. 중국 전설에 의하면 삼황오제의 시기를 지나 우(禹)가 순(舜)의 제위를 선양받아 하(夏)왕조를 열었고 그 하나라의 마지막 걸(桀)왕의 포악한 정치로 인하여 탕(湯)왕이 이윤(伊尹)과 함께 하왕조를 멸망시키고 은(殷)왕조를 열었으며, 또한 역시 그 은나라의 마지막 주(紂)왕의 포악한 정치로 인하여 주무왕(周武王)이 강여상(姜呂尙)과 함께 은왕조를 멸망시키고 주왕조(BC 1122)를 열었는데 이로써 봉후건국(封侯建國)이라고 하는 봉건사회가 성립하게 된다. 당시의 정치 형태는 읍제(邑制) 도시국가로서 씨족적 결합체와 국가유공자인 측근들에게 도시별로 제후를 책봉하여 분권정치(分權政治) 형태로 100여 제후국가들이 주나라 무왕(天子)에게 조공(朝貢)을 바치면서 제후들의 영토를 다스려나갔다.

이토록 주나라 역사는 실체로서 특히 소중한 근거는 주나라 이전의 은왕조 20대왕 반경(盤庚) 이후의 도읍터가 하남성 안양현에서 1899년 갑골문(甲骨文)에 의하여 은나라(殷墟) 수도였음이 확인되었다.

이러한 왕조 변천 과정에는 반드시 세력과 힘에 의한 무력 행사가 수반되며 주나라

건국 이후 330여 년이 지나자 12대 유왕(幽王)이 포사(褒姒)에 빠져 정치가 어지러우므로 신황후의 사주에 의하여 서쪽 나라 견융(犬戎)이 침공하여 수도 호경이 무너지고 동쪽 낙양으로 도읍을 옮겨 13대 평왕(平王)이 즉위(BC 771)하면서 동주(東周)라고 불리워지는 시기부터 씨족적 결합체인 제후나라 사이에 친분은 차츰 쇠퇴하고 100여 제후가 합종연횡으로 영토 확장에 주력하게 되면서 봉건사회가 무너지는 춘추전국시대로 접어든다.

이후부터 제자백가(諸子百家: 온갖 전문가)들이 각기의 학설을 가지고 중국 문명을 활발하게 열어가는데 그중에 한 가지가 병가(兵家)이다. 병가의 발단은 주문왕의 군사(軍師)로 활약한 강여상(姜呂尙)이 강태공이라고도 불리면서 무왕을 도와 은나라를 멸망시키고 주나라를 세웠으며 무왕에게 정치와 군사에 관한 일을 조언함으로써 병가가 등장했다고 볼 수 있고, 그후 무왕으로부터 제나라를 책봉받아 다스림으로부터 제나라 왕조가 되었으며 지금의 산동성 지역으로서 당시에는 경제대국으로 부강하였었다.

그후 600여 년이 지나자 손무(孫武: 손자)라는 병법가가 『손자병법』을 저술하였으며 또 100여 년이 지나자 손빈(孫臏)이라는 병법가가 출현하여 전국시대까지 병가로서 제나라의 명성을 떨쳤다.

『손자병법』은 춘추시대 오나라 합려왕(闔廬王)에게 제나라 사람인 손무가 6,600여 자의 저서를 합려왕(BC 514~496)에게 바친 기록이 있고, 손빈병법은 그동안 저서는 알려지지 않았으나 1972년 산동성 임기현 은작산에서 한나라 때의 묘를 발굴하던 중에 죽간이 발견됨으로써 두 가지의 『손자병법』이 존재하였음을 입증할 수 있게 되었다. 그러나 『육도』와 『삼략』은 내용상으로는 상당히 오래된 것은 분명하지만 누구의 저술인지는 명확하지 않다.

손자는 이름이 무(武)이며 제나라 사람이다. 병법에 밝았으므로 오왕(BC 514~496) 합려(闔廬)를 알현하게 되었는데 손자에게 말하기를……. 그대의 저서 13편을 보았는데 시험 삼아 그 실제적인 군대 훈련을 보여주지 않겠소? 그래서 왕은 후궁 및 궁중의 미녀 180명을 동원하였다. 손자는 이들을 두 편대로 나누고 왕이 제일 사랑하는 두 사람을 뽑아 각기 편대의 대장으로 삼아 모두에게 창을 들린 다음 명령을 내렸다. 그대들은 각자 자기의 가슴과 양쪽 팔과 등을 알고 있는가? 궁녀들이 알고 있다고 대답하자 손자는 다시 말했다.

내가 (앞　쪽) 하고 구령을 내리면 가슴을…….

　　(왼　쪽) 하고 구령을 내리면 왼팔을…….

(오른쪽) 하고 구령을 내리면 오른팔을…….

(뒤　쪽) 하고 구령을 내리면 등쪽을 보아야 한다.

또 궁녀들이 알았다고 대답하자 손자는 군령을 펴고 형벌용 무기를 준비한 다음에 세 번 군령을 내리고 다섯 번 설명을 했다. 그리고 북을 치면서 (오른쪽) 하고 구령을 말하자 궁녀들이 크게 웃었다.

손자는 또다시 말했다. "군령이 명료하지 못하고 구령이 철저하지 못한 것은 전적으로 지휘하는 장군의 책임이다." 하고는 다시 군령을 세 번 내리고 다섯 번 이를 설명했다. 그리고 북을 치면서 (왼쪽) 하고 구령을 말하자 궁녀들은 또 크게 웃었다. 손자는 "군령이 명료하지 못하고 구령이 철저하지 못한 것은 전적으로 지휘하는 장군의 책임이다. 그러나 군령과 구령이 명료한데도 규정대로 따르지 않은 것은 각 편대의 대장의 책임이다."라고 말하고 좌우 두 사람의 대장을 죽이려고 했다.

오왕 합려는 누대 위에서 구경하고 있다가 손자가 당장에 자기가 사랑하는 애첩을 죽이려고 하므로 깜짝 놀라 즉시 전령을 보내 말하기를……. "나는 장군이 용병술에 뛰어난 사람임을 이미 알고 있었소. 나에게 이 두 사람이 없으면 무엇을 먹어도 맛이 없을 것 같으니 제발 죽이지는 말아주시오."

그러나 손자는 단호하게 말하기를, "나는 이미 왕으로부터 명령을 받은 장군입니다. 진중에서는 왕명이라 할지라도 때에 따라서는 듣지 않을 경우도 있습니다." 하고는 마침내 두 명의 대장을 목 베어 모든 병사에게 본보기로 보인 다음 다시 왕이 세, 네 번째로 사랑하는 두 후궁을 뽑아 대장으로 삼았다. 그리고 또 북을 치며 구령을 하자 궁녀들은 왼쪽이건 오른쪽이건 앞이건 뒤이건 앉는 것이건 서는 것이건 구령 하는 대로 움직였고 목소리 하나 들리지 않았다.

그러자 손자는 전령을 시켜 왕에게 말하기를, "군대 훈련은 끝났습니다. 대왕께서는 시험 삼아 누대에서 내려오시어 보시도록 하십시오 대왕께서 명을 내리시면 물 속이건 불 속이건 거절하는 자가 없을 것입니다." 왕이 말하기를, "장군은 그만 휴식하고 숙사로 들도록 하시오 나는 누대 아래까지 가서 볼 생각은 없소" 하니 손자가 말했다. "대왕은 단지 병법에 대한 의논만을 좋아하실 뿐 병법을 실제로 응용하시지는 못하시는군요." 하였다.

그리하여 오왕 합려는 손자가 용병에 뛰어난 것을 알았고, 그를 장군으로 임명하였다. 이렇게 하여 오나라는 강국 초나라를 무찌르고 그 도읍인 영땅에 입성하였고, 제나라와 진나라를 위협하며 제후들 사이에 명성이 높았다.

손자가 죽은 다음 100여 년 만에 손자의 자손인 손빈(孫臏)이란 사람이 태어났다. 손빈은 일찍이 방연(龐涓)과 함께 병법을 배웠으며 후에 방연은 위(魏) 혜왕(양혜왕)의 장군이 되었는데 방연이 자기보다 재능이 뛰어난 손빈을 시기하여 위나라로 불러들여 죄를 뒤집어씌워 양다리 힘줄을 잘랐다. 그런데 마침 제나라 사신이 위나라에 왔다가 은밀하게 손빈과 만나서 이야기를 나눈 뒤에 비밀리에 손빈을 수레에 태워 제나라로 돌아왔다. 제나라 장군 전기(田忌)는 손빈의 재능을 알았기에 제(齊) 위왕에게 추천하여 자기의 병법 스승으로 삼았다.

당시에 위나라 방연이 조나라를 공격하여 포위하자 조나라는 제나라에 구원을 요청했다. 제나라 전기는 군사를 이끌고 위나라 방연이 포위하고 있는 조나라를 구원하러 가려고 하는데 손빈이 말하기를…….

실이 엉클어진 것을 푸는 사람은 주먹으로 두들기지 않으며 싸움을 돕는 사람이 맨주먹으로 행동하지 않습니다. 급소를 치고 허를 찔러서 형세를 뒤집어놓으면 저절로 풀리게 됩니다. 지금 위나라는 조나라를 쳐서 포위하고 있기에 위나라 도읍에는 노약자만 남아 있을 것이니 그곳을 공격하면 위나라는 어쩔 수 없이 조나라를 포기하고 자기 방어에 나설 것입니다. 이것이야말로 허를 찔러서 조나라를 구원해주고 공격한 위나라를 피폐하게 만드는 계책입니다. 이렇게 하여 위나라 방연은 손빈에게 보복을 당한 셈이다.

13년 뒤에 위나라 방연이 이번에는 한나라를 공격하자 한나라는 제나라에 구원을 요청했다. 제나라 장군 전기는 이번에도 손빈이 말대로 허를 찌르기 위해 위나라로 쳐들어가서 그날 체류하는 영내에 부엌 10만 개를 만들도록 시켰으며 다음날 영내에는 5만 개로 줄였고, 또 그다음날 영내에는 3만 개로 줄였다. 위나라 방연은 본국으로 돌아와 자기 나라를 침략한 제나라 장군 전기의 군대를 추격하면서 날마다 부엌 수가 줄어드는 것을 보고 제나라 군대가 도망쳐서 겁쟁이라며 기뻐했다.

그러나 손빈은 전기 장군에게 "복병하기 좋은 곳을 찾아서 큰나무 껍질을 하얗게 벗긴 다음 오늘밤 방연이 이 나무 아래서 죽을 것이다."라고 써 붙였다. 그리고 복병에게 밤에 불빛이 오르거든 일제히 공격하기로 약속했다. 날이 저물자 과연 위나라 장군 방연이 제나라 장군 전기를 추격하다가 나무에 씌어진 글을 읽는 순간 복병들이 일제히 쇠뇌를 발사하여 위나라 군대는 크게 패배당하고 말았다. 방연은 자신의 지혜가 모자라서 자신의 군대가 패배한 것을 깨닫고 스스로 목 찔러 죽었다.

　방연이 죽음에 임하여 말하기를……. "기어코 손빈의 이름을 떨치게 만들었구나!"라고…….

　손빈의 이름은 이 일로 인하여 천하에 드러났지만 저서는 있지 않았다. 그러나 1972년 산동성 임기현에서 한나라의 묘지를 발굴하던 중 손빈의 죽간이 출토되어 사실을 입증할 수 있게 되었다. 병법가 하면 손무(孫武)·손빈(孫臏)을 말할 수 있으니 전통을 이은 병법대가(大家)이다. 손자(孫子)라는 명칭은 선생님을 뜻하는 자(子)를 붙인 것이다. 결국 시기했던 방연은 같이 공부했던 손빈의 계략에 패배당하고 말았으니 때문에 원수와 원한을 맺지말라고 하였던가!

차 례

제1편 전쟁을 계획할 때 (始計)

1 전쟁이란 兵者

손자가 말하기를 전쟁은 국가의 큰일로서 국민들이 죽고 사는 문제요 국가가 보존되거나 멸망하는 갈림길이니 통찰하지 않으면 안 되는 일이다.

2 다섯 가지 사안 五事

그러므로 다섯 가지 사안으로 계획하고 일곱 가지 계략으로 검토해서 그 실정에 맞게 모색해야 하니 첫째는 도리이고, 둘째는 일기이고, 셋째는 지역이고, 넷째는 장군이고, 다섯째는 군법이다.
도리란 백성들이 통치자와 뜻을 같이하여 함께 죽을 수도 있고 함께 살 수도 있도록 해서 위험을 두려워하지 않게 하는 것이다.
일기란 밤과 낮, 추위와 더위 등의 계절과 상황이고 지역이란 멀거나 가깝고 험하거나 평평하고 넓거나 좁고 죽을 곳과 살 곳이고 장군이란 지혜, 신의, 인애, 용기, 엄정이고 군법이란 상세한 편제와 계급과 권도와 주요 병참 등이니 장군이 모르면 안 되는 것으로 아는 장군은 승리하고 모르는 장군은 승리하지 못한다.

3 일곱 가지 계략 七計

그러므로 일곱 가지 계략으로 검토하여 그 실정에 맞게 모색해야 하니 통치자가 어느 편이 도덕성이 있나, 장군은 어느 편이 유능한가, 천시와 지리는 어느 편이 얻고 있나, 법령은 어느 편이 잘 시행되나, 병력은 어느 편이 강한가, 병졸은 어느 편이 잘 훈련되어 있나, 상과 벌은 어느 편이 분명한가 등이니 나는 이것만으로도 승부를 알 수 있을 것이다.

오왕이 나의 계략을 들어준다면 용병해서 반드시 승리하고 머물 것이지만 나의 계략을 들어주지 않는다면 용병해봐야 반드시 패전하게 될 수 있어 떠나게 될 것이다. 계략을 유리함으로 인용하게 되면 마침내 세력을 형성해서 외부로부터의 전쟁을 수행할 수 있으므로 세력이란 유리함에 따라서 권력으로 형성되는 것이다.

4 기만 수단 詭道

전쟁이란 속임수단이다. 그러므로 잘해도 못하는 것으로 보여주고 쓰임이 있어도 못 쓸 것으로 보여주며 가까운 곳에 뜻이 있으면 먼 곳을 보여주고 먼 곳에 뜻이 있으면 가까운 곳을 보여주며 이익으로 유인하고 혼란으로 취하며 견고하면 수비하고 강하면 피하며 분노하게 하여 흔들고 저자세로 교만해지게 하며 떼지어 다니면서 피곤하게 하고 가까이 지내면 분산시키며 수비 없는 곳을 공격하고 그들이 생각지 않은 곳으로 출격하니 이것이 병법가의 승산으로서 적보다 먼저 가까이 하지 않으면 안 되는 것이다.

5 승리 확률 勝算

대체로 전투하기 전에 조정에서 승산을 분석한 장군은 승산이 많다고 할 수 있고 전투하기 전에 조정에서 승산을 분석하지 않은 장군은 승산이 적다고 할 수 있다.

승산을 많이 분석하면 승리하고 승산을 조금 분석하면 승리하지 못하는데 하물며 승산 분석이 없었다면 말이 되겠는가. 나는 이것만을 보고서도 승부를 미리 알 수 있을 것이다.

제2편 공략을 도모할 때 (謀攻)

1 싸우지 않고 굴복시키는 것이 최상책 不戰屈人爲上

손자가 말하기를, 대체로 보아 용병술의 원칙이 적국을 온전히 놔두고 굴복시키는 것이 상책이고 적국을 파멸시키는 것이 다음이며 적군단을 온전히 살려두고 굴복시키는 것이 상책이고 적군단을 격파하는 것이 다음이며

적의 여단을 온전히 살려두고 굴복시키는 것이 상책이고, 적의 여단을 격파하는 것이 다음이며 적의 병사들을 온전히 살려두는 것이 상책이고, 적의 병사들을 격파하는 것이 다음이며 적의 대오를 온전히 놔두는 것이 상책이고 적의 대오를 격파하는 것이 다음이다. 이런 이유로 백전백승은 잘하는 것이지만 잘한 것이 아니고 싸우지 않고 적을 굴복시키는 것이 잘하는 것 중에도 잘한 것이다.

2 최상의 병법은 모의단계부터 차단 上兵伐謀

그러므로 최상의 병법은 모의단계부터 차단하는 것이고 다음은 교류를 차단하는 것이며 다음은 병력과 접전하는 것이고 최하의 병법이 성곽을 공격하는 것이다.

성곽을 공격하는 방법은 부득이할 때만 하는 것으로 배나 수레를 수리하고 기계를 구비해서 3개월 후에나 완성할 수 있고 성 외곽을 흙으로 쌓는 데만 3개월이 소요된다. 장군이 그런 생각을 참지 못하고 개미처럼 기어오르게 한다면 병사들을 삼분의 일 정도 잃고도 성을 빼앗지 못할 것이니 이것을 공격 재앙이라고 하는 것이다.

그러므로 용병술에 능숙한 장군은 적의 군대를 굴복시키지만 전투

하지 않고 적의 성을 빼앗긴 하지만 공격하지 않으며 적국을 허물어뜨리지만 오래 걸리지 않는다. 반드시 온전한 상태로 천하를 경쟁하기 때문에 병력을 무너뜨리지 않고서도 국가 이익을 완전하게 할 수 있으니 이것이 공략을 도모하는 법칙이다.

3   병력 운용의 법칙 用兵之法

그러므로 병력 운용의 법칙이 10배이면 포위하고 5배이면 공격하며 두 배이면 분산시키고 대적할 만할 때 전투하며 적보다 적으면 도망가고 조금 미치지 못하면 피해야 하는데 그러므로 적보다 적은 수로 견고하게 대치만 하다가는 큰 적에게 사로잡히게 된다.

4   장군은 국가 보필의 주역 將者國之輔

대체로 장군이란 국가를 보호하는 임무이다. 보호를 잘하면 국가가 반드시 강성할 것이고 보호를 못하면 국가가 반드시 쇠약할 것이다. 그러므로 통치자가 군부를 환란으로 빠뜨리는 것이 세 가지로서 군대가 진격해서는 안 되는 것을 모르고 진격을 명령하며 군대가 후퇴해서는 안 되는 것을 모르고 후퇴를 명령할 때 이것을 군대를 속박한다고 하는 것이다.

3군의 일을 모르면서 3군의 정책을 함께 의논한다는 것은 군의 사기를 당혹스럽게 하는 것이고 3군의 권한을 모르면서 3군의 임무를 함께 의논한다면 군의 사기를 의심스럽게 하는 것이다.

3군을 이미 당혹스럽게 하고 또 의심스럽게 한다면 제왕들을 다가오게 하기 어려울 것으로 이런 것을 두고 자기 군대를 혼란스럽게 만들어서 적이 승리하도록 유도해 준다고 하는 것이다.

5 적의 능력을 알고 우리를 알면 백 번 싸워도 승리

知彼知己 百戰不殆

그러므로 승리를 알 수 있는 것이 다섯 가지로 싸워야 할 것과 싸워서는 안 될 것을 아는 사람은 승리하고 많은 적과 적은 적의 용병술을 알면 승리하며 윗사람과 아랫사람의 욕망이 같으면 승리하고 사려로서 생각하지 못하는 사람을 대비하면 승리하며

장군은 유능하고 통치자가 막지 않으면 승리하니 이 다섯 가지로 승리하는 길을 알 수 있는 것이다.

그러므로 적의 능력을 알고 우리의 능력을 알면 백 번 싸워도 위태롭지 않을 것이고 적의 능력을 모르고 우리 능력만 안다면 한 번 승리하고 한 번 패배할 것이며 적의 능력도 모르고 우리 능력도 모른다면 매번 싸울 때마다 패배할 것이다.

제3편 군대의 형세(軍形)

1 **전략에 능숙한 장군은 적이 승리할 기회를 주지 않는다**

善戰者 先爲不可勝

손자가 말하기를, 옛적부터 전투를 잘하는 장군은 우선 적이 승리할 수 없게 대비하는 것으로 적이 승리할 수 있을 것처럼 기다렸다가 승리할 수 없게 만드는 것은 자신에게 달려 있고 승리할 수 있는 것은 적에게 달린 것이다.

때문에 전투를 잘하는 장군은 적이 승리할 수 없게도 만들지만 적이 승리할 기회를 절대로 주지 않는다. 그러므로 전투할 수 없게 하고 승리할 수 없게 하는 것은 수비요, 승리할 수 있게 하는 것은 공격이다. 수비하는 것은 부족할 때 하고 공격하는 것은 여유가 있을 때 한다.

수비를 잘하는 사람은 땅 밑에 감춰진 것처럼 하고, 공격을 잘하는 사람은 하늘 위에서 움직이는 것처럼 하니 그러므로 자신을 보전하고 완전한 승리로 이끌 수 있는 것이다.

2 **전략에 능숙한 장군은 손쉬운 승산을 찾아 승리한다**

善戰者 勝於易勝

승리한 계기로 보아 보통 사람이 알고 있는 것에 불과하다면 잘한 것이지만 최상의 선은 아니고 전투에 승리한 것을 두고 세상이 잘했다고 하는 것은 잘한 것이지만 최선은 아닌 것이다.

그러므로 털 한 개를 들었다고 해서 힘이 세다고 하지 않고 해와 달을 보았다고 해서 눈이 밝다고 하지 않으며 천둥소리를 들었다고 해서 귀가 밝다고 하지 않는다. 옛적부터 전투를 잘한다고 하는 사람은 손쉬운 승산으로 승리하는 사람인 것이다.

그러므로 전략에 능숙한 사람의 승리인지라 지략의 이름도 없고 용맹의 공로도 없어 보인다. 그러므로 그 전술의 승리가 틀림없으니 틀림이 없는 것은 그 필승을 조치해놓고 이미 패배할 사람을 승리한 것이다.

그러므로 전술에 능숙한 사람은 패배하지 않을 입지에 서 있으면서 적이 도움을 주는 기회를 놓치지 않는다. 이런 이유로 승리하는 군대는 승산을 먼저 구축한 뒤에 전투를 하고 패배하는 군대는 전의를 상실한 뒤에 전투를 한다고 한다.

3 용병술에 능숙한 장군은 자기 도리를 다하고 군율을 엄격히 한다 善用兵者 修道保法

용병술에 능숙한 장군은 자기 도리를 다하고 군율을 엄격하게 적용하기 때문에 승리와 패배의 정략에 능숙하다.

병법의 첫째는 국토요 둘째는 병참의량적이요 셋째는 병력의 수적이요 넷째는 군사력 평가요 다섯째는 전투 승산이니 토지는 척도를 낳고 척도는 병참량을 낳고 병참량은 병력 수를 낳고 병력 수는 군사력 평가를 낳고 군사력 평가는 전투 승산을 낳는다.

그러므로 승리하는 군대는 무거운 중량으로 가벼운 중량을 저울질하듯 하고 패배하는 군대는 가벼운 중량으로 무거운 중량을 저울질하듯 하니 승리하는 사람은 백성들을 싸우게 하기를 마치 가두어놓은 물을 천길 낭떠러지기로 터놓는 것같이 하니 그것이 바로 형세인 것이다.

제4편 허를 찌르고 실세를 피하라 (虛實)

1   **전략에 능숙한 장군은 적이 방어하지 않는 곳을 공략한다**
善戰者 攻所不守

손자가 말하기를, 대체로 보아 먼저 전투할 곳에 머물면서 적을 기다리는 사람은 편안하고 그보다 늦게 전투할 곳에 머물면서 달려들어 싸우는 사람은 피로하므로 전술에 능숙한 장군은 적을 오도록 해서 싸우며 적에게 이용당하지 않는데 적을 스스로 오도록 하려면 유리할 것처럼 보여주고 적이 다가올 수 없도록 하려면 피해를 입게 될 것처럼 보여준다.
그러므로 적이 편안해 보이면 피로하게 만들고 잘 먹고 있으면 굶주리게 만들며 안정되어 있으면 동요하게 만들고 반드시 공격해야 할 곳을 찾아 진격하지만 적이 예상하지 못했던 곳으로 진격한다. 천리길을 행군해도 피로하지 않은 것은 적이 없는 곳으로 행군하기 때문이고 공격해서 반드시 탈취하는 것은 수비하지 않는 곳을 공격하기 때문이고 수비해서 반드시 견고한 것은 공격하지 못할 곳을 수비하였기 때문인 것이다.

2   **공략에 능숙한 장군은 적에게 방어하고 있는 곳을 모르게 한다** 善攻者 敵不知所守

그러므로 공략에 능숙한 장군은 적에게 방어하는 곳을 모르게 하고 방어에 능숙한 장군은 적에게 공략하는 곳을 모르게 하니 미묘하고도 미묘해서 형태 없이 도달하고 신비하고도 신비해서 소리 없이 도달하기 때문에 적이 명령을 받고 진격했어도 방어하지 못하게 만드는 것은 그 허점을 찌르기 때문이고 후퇴할 때 추격하지 못하게 만드는 것은 속도가 빨라서 따라잡을 수 없게 하기 때문이다.

그러므로 내가 싸우려고 한다면 적이 아무리 진터를 높이 쌓고 도랑을 깊이 파놓았다고 하더라도 우리와 싸우지 않을 수 없게 만들고 그들이 반드시 구원해야만 하는 곳을 골라서 공략한다.

만약 내가 싸우지 않으려고 한다면 우리가 방어선을 구축하고 수비한다 해도 적이 우리와 싸울 수 없게 만들고 그들이 가는 곳과 어긋나게 해야 한다.

3 적이 노출할 때 잠복하면 나는 전념하지만 적은 분산된다
形人我無形則我專敵分

그러므로 적이 노출되고 내가 노출되지 않으면 나는 전념할 수 있지만 적은 분산되어 나는 한 곳으로 집중할 수 있고 적은 열 곳으로 분산하게 된다.

이런 까닭으로 열 사람이 적 한 사람과 공동 대적하게 되면 우리 편이 많고 적은 적은 수가 되므로 많은 수로 적은 수를 공격하게 되면 우리와 싸우는 적은 우리 계획대로 될 수 있는 것이다.

우리가 싸우려는 장소도 알지 못하게 해야 되니 알지 못하게 되면 적은 당연 방비할 곳이 많아지게 된다. 적이 방비할 곳이 넓어지게 되면 우리가 싸우려는 범위가 좁아지게 된다.

그러므로 전방을 방비하면 후방의 병력이 적어지고 후방을 방비하면 전방이 적어지며 좌측을 방비하면 우측이 적어지고 우측을 방비하면 좌측이 적게 되어 방비하지 않을 곳이 없게 만들면 병력이 적지 않은 곳이 없게 되므로 적의 병력이 적어지는 것은 적이 대비만 하게 분산시킨 덕이고 우리의 병력이 많아지는 것은 적으로 하여금 자기들의 대비만 하게 만들었기 때문이다.

그러므로 싸울 곳과 싸울 날짜를 알면 천리길을 가서도 모여 싸울 수 있지만 싸울 곳도 모르고 싸울 날짜도 모른다면 좌측 병력이 우측을 구원할 수 없게 되고 우측이 좌측을 구원할 수 없게 되며 전방 병력이 후방을 구원할 수 없게 되고 후방이 전방을 구원할 수 없게 되는데

더욱이 수십리 길에서 도달해야 할 병력이거나 몇 리 길의 가까운 적이라 할지라도 가능하겠는가?

내가 생각하건대 월나라 병력처럼 많다고 해도 또한 승패에 무슨 도움이 되겠는가. 그러므로 승리는 만들 수 있기에 적의 수가 아무리 많다고 해도 전투할 수 없도록 할 수 있는 것이다.

4 전술의 형태는 실세를 피하고 허를 찌른다 兵形避實而擊虛

그러므로 묘책으로 득실의 계략을 알아야 하고 나의 동작으로 적군이 동정하는 심리를 알아야 하며 지형으로 죽거나 살아남을 수 있는 곳을 알아야 하고 겨루어보고서 병력의 여유와 부족한 곳을 알아야 한다.

그러므로 전술 형태의 극치는 형체가 없어야 하니 형체가 없으면 깊숙이 잠입한 간첩도 염탐할 수가 없고 지혜로운 사람이라도 도모할 수 없을 것이다. 형태에 따라서 군사들을 승리할 수 있는 위치에 배치함으로 군사들도 알지 못하게 되고 사람들은 모두 내가 승리하는 형태의 과정은 알지만 그러나 우리가 승리하는 형세로서 적을 제압하는 까닭은 알지 못한다.

그러므로 한 번 승리한 전술은 반복하지 않아야 하고 무궁한 형태에 대응할 줄 알아야 한다. 대체로 전술의 형태는 물의 모습과 같아서 물의 형세는 높은 곳을 피하여 아래로 달려 흐르고 전술의 형태는 실세를 피하고 허점을 찌르는 것으로 물은 지형에 따라 흐름이 제한되고 전술은 적에 따라 승리가 제한된다.

그러므로 전술이란 일정한 형태가 없고 물은 일정한 형세가 없어서 적의 변화에 따라서 승리할 수 있어야 하는데 이것을 병법의 신묘라고 하는 것이다.

그러므로 오행(상생작용과 상극작용 공존)이 일정한 승세만은 없는 것이고 사계절(춘분, 하지, 추분, 동지의 태양 변동)이 일정한 위치만은 없는 것이어서 낮의 장단이 있고 달의 차고 기울음이 있는 것이다.

제5편 아홉 가지 변수(九變)

1 용병술의 아홉 가지 금지 사항 用兵之九變

손자가 말하기를, 대체로 보아 용병술은 높은 언덕 쪽으로 향하지 말고 구릉을 뒤에 두고 있는 적과 거슬러 싸우지 말며 절벽 주변에 체류하지 말고 유인하는 적을 따르지 말며

정예병을 공격하지 말고 미끼로 주는 병참을 쓰지 말며 철수하는 군대를 막지 말고 적을 포위하되 반드시 퇴로를 열어놓으며 궁지에 몰린 적은 성급하게 공격하지 말아야 하니 이것이 용병술의 아홉 가지 금지사항이다.

2 용병술의 다섯 가지 유리한 점 用兵之五利

길도 가지 않아야 할 곳이 있고 적군도 공격하지 않아야 할 경우가 있으며 성도 공격하지 않아야 할 곳이 있고 지역도 점령하지 않아야 할 곳이 있으며 통치자의 명령도 받아들이지 않아야 할 경우가 있다. 그러므로 장군이 아홉 가지 변법의 이로움을 아는 사람은 병력 운용 방법을 알 것이고 장군이 아홉 가지 변법의 이로움을 모르는 사람은 아무리 지형을 안다고 하지만 지형의 유리함을 깨닫지 못할 것이다.

전술을 펴는 데 있어 아홉 가지 변법의 방법을 알지 못하면 아무리 다섯 가지의 유리함을 알고 있다고 하지만 인재의 운용을 깨닫지 못할 것이다.

3 지혜로운 장군은 이해득실을 다각적으로 분석한다

智者 必雜於利害

이런 까닭으로 지혜로운 장군의 생각은 반드시 이해득실을 다각적으로 분석해야 하는데 이로움이 모두 있게 되면 임무를 확신할 수 있고 해로움이 모두 없게 되면 근심을 해소할 수 있다.

이런 까닭으로 제후를 굴복시키려면 해가 될 것이라는 점을 심어주고 제후를 부리려면 큰 사업을 맡겨주어야 하며 제후를 따라오게 하려면 이익으로 보여주어야 한다.

그러므로 병력을 운용하는 방법은 적들이 오지 않을 것이라 믿지 말고 우리가 대기하고 있다는 준비성을 믿어야 하며 적들이 공격하지 않을 것이라 믿지 말고 우리를 공격할 수 없게 만든 방어책을 믿어야 한다.

4 장군은 다섯 가지 위험 요소를 알아야 한다 將有五危

그러므로 장군의 다섯 가지 위험요소가 있어 필사적으로 싸우면 죽을 수도 있고 반드시 살겠다고 하면 포로가 될 수도 있으며 성정이 급하면 업신여김을 받을 수 있고 너무 청렴결백하면 욕을 먹을 수 있으며 너무 병사들을 사랑하면 번뇌할 경우가 있다.

대체로 이 다섯 가지는 장군의 오점이 될 수 있고 용병술의 재앙이 될 수 있으니 군대가 전복되거나 장군이 죽게 되는 것은 반드시 이 다섯 가지 위험요소 때문이므로 살피지 않으면 안 되는 일이다.

제6편 장군의 역량(將軍)

1 전술에 능숙한 장군은 승리를 형세에서 찾는다 善戰者 求之於勢

혼란은 정치력의 문제이고 비겁은 용기의 문제이며 허약은 강성의
문제이니 혼란이 다스려지면 한산해지고 비겁이 용감하게 되면 세
력이 되며 허약이 강해지면 형세가 된다. 그러므로 적을 잘 선동하는
장군은 전술을 드러내면 적이 반드시 말려들고 머뭇거리면 적이 반
드시 취하려고 달려드니 이익으로 선동하고 끝마침으로 기다린다.
그러므로 전술에 능숙한 장군은 승리를 형세에서 찾고 패배를 다른
사람에게 전가하지 않는다. 그러므로 인재를 선택하여 형세에 맡기
고 형세에 맡겨 병사들을 싸우게 하기를 마치 통나무나 돌이 굴러
떨어지는 것처럼 한다.
통나무나 돌의 관성은 편안히 놔두면 안정되고 위태롭게 놔두면 움
직이며 모가 나 있으면 정지하게 되고 둥글면 굴러간다. 그러므로
병사들이 잘 싸우도록 하는 형세를 마치 둥근돌이 천길 산에서 굴
러 떨어지듯 하게 하니 그것이 형세인 것이다.

2 용병술에 능숙한 장군은 적의 예봉기세만은 피한다

善用兵者 避銳氣

군정병서에 말하기를, 명령이 서로 전달되지 못하므로 징이나 북을
만들었고 시야가 서로 보이지 않음으로 깃발을 만들었으니 대체로
북이나 깃발은 사람의 귀와 눈을 하나로 하기 위한 방법이다.
병사들이 일단 한결같이 되면 용감한 사람도 혼자 전진하지 못하고
비겁한 사람도 혼자 물러서지 못하니 이것이 군사들을 운용하는 방

법이다.

그러므로 야간전투에는 불이나 북을 사용하는 경우가 많고 주간 전투에는 깃발을 사용하는 경우가 많은데 한 사람의 귀와 눈처럼 전환하기 위한 방법이다.

그러므로 삼군의 용맹도 빼앗을 수 있고 장군의 심리도 빼앗을 수 있다. 이런 까닭으로 아침 기세는 예민하고 한낮의 기세는 태만하며 저녁 기세는 돌아가려 하므로 용병술에 능숙한 장군은 그 예봉의 기세만은 피하고 그 태만하고 돌아가는 기세를 공격한다.

이것이 기세를 꺾는 방법으로서 질서 유지로써 적의 혼란할 때를 기다리고 정숙함으로써 적의 소란을 기다리니 이것이 심리를 이용하는 방법이다.

손쉬운 방법으로 멀리서 오는 적을 기다리고 편안함으로 적이 피로해지기를 기다리며 배불리 먹으면서 적의 굶주림을 기다린다. 이것이 전력을 유지하는 방법으로서 떳떳하게 진격하는 군대와 마주치지 않고 당당한 적진을 공격하지 않으니 이것이 변수를 헤쳐나가는 방법이다.

3   적진동정관찰 32사례 敵陣動靜觀察 32例

적이 가까이 있는데도 조용한 것은 험준한 요새를 믿는 것이고 멀리 주둔하면서 도전하는 것은 병사들을 유인하려는 것이고 평지에 머물러 있는 것은 유리한 점이 있는 것이고 많은 나무가 흔들리는 것은 많은 적들이 오는 것이고 많은 풀숲으로 막혀 있는 것은 복병을 가장하기 위한 것이고,

새가 날아오르는 것은 복병이 있는 곳이고, 짐승이 놀라 도망치는 것은 덮치려는 기색이 있는 것이고, 흙먼지가 높이 일어나는 것은 전투 수레가 오는 것이고, 낮고 널리 퍼져 있는 것은 보병이 오는 것이고 산발적으로 군데군데 일어나는 것은 땔나무를 채취하는 것

이다.

가끔 왔다 갔다 하는 것은 군대가 숙영하는 것이고, 말투는 겸손한데 준비하고 있는 것은 진격하려는 것이고, 말투를 속이면서 강하게 진격할 듯이 하는 것은 후퇴하려는 것이다.

전차가 앞에 있고 병사들이 옆에 있으면 전투하려는 것이고 기약 없는 화친을 청하는 것은 계략인 것이고 분주하게 전차를 늘어놓는 것은 전투 준비를 하는 것이고 반쯤 진격하고 반쯤 후퇴하는 것은 유인책이고 지팡이를 짚고 있는 것은 굶주린 것이고 물 길러가서 허겁지겁 마시는 것은 목마른 것이고

유리함을 보여줘도 진격하지 않는 것은 피로한 것이고 새들이 모여있는 것은 적진이 비어 있는 것이고, 밤에 소리 지르는 것은 두려워하는 것이고 군대가 소란스러운 것은 장군의 위엄이 없는 것이고 깃발이 움직이는 것은 문란한 것이고 지휘관이 화내는 것은 지쳐 있는 것이고 말을 잡아먹는 것은 군량이 없는 것이다.

취사도구를 걸어놓고 막사를 비운 것은 궁색한 떼도적이고 장황하게 병사들에게 천천히 말하는 것은 장군이 신임을 잃은 것이고 자주 상을 준다는 것은 지휘가 궁색한 것이고 자주 벌을 준다는 것은 지휘가 곤란한 것이고

난폭하게 다루고 병사들을 두렵게 하는 것은 지극히 자상하지 못한 것이고 찾아와서 굽신거리며 사례하는 것은 휴전하려는 것이다. 적들이 노기충천하여 서로 대치만 하고 오랫동안 싸우지 않으면서도 또한 물러가지도 않는 것은 반드시 조심하고 관찰해야 하는 상황인 것이다.

4 장군의 여섯 가지 과오 將之六過誤

그러므로 군대에는 주병, 이병, 함병, 붕병, 난병, 배병이란 것이 있는데 대체로 보아 이 여섯 가지는 하늘의 재앙이 아니라 장군의 과

오인 것이다.

대체로 세력이 비슷한데 하나로서 열을 공격하는 것을 주병이라 하고, 병졸은 막강한데 지휘관이 약한 것을 이병이라 하고, 지휘관은 강력한데 병졸이 약한 것을 함병이라 하고, 높은 지휘관이 대노해도 복종하지 않고 적을 만나 분개하며 혼자 싸우는데도 장군이 그 본능을 모르는 것을 붕병이라 하고

장군은 나약하여 위엄이 없고 지휘하는 방법이 분명하지 못하며 지휘관과 병졸이 질서 없이 싸움터에서 우왕좌왕하는 것을 난병이라 하고, 장군이 적군을 헤아리지 못하고 적은 병력으로 많은 병력과 교전하며 약한 병력으로 정예병을 공격하면서 선봉대가 없는 것을 배병이라고 한다.

대체로 보아 이 여섯 가지는 패배의 길이며 장군의 지대한 임무로서 통찰하지 않으면 안 되는 것들이다.

5   용병술에 능숙한 장군은 적이 생각하지 못한 곳을 공격한다
善用兵者 攻所不戒

옛적에 용병술에 능숙한 장군은 적군으로 하여금 전방과 후방이 서로 연결되지 못하게 하고 많은 부대와 적은 부대가 서로 지원하지 못하게 하며 정예부대와 일반 병력이 서로 구원하지 못하게 하고 지휘관과 병졸이 서로 부지하지 못하게 하며 병졸을 분산시켜 모이지 못하게 하고 병력이 합쳐져 정비되지 못하게 하며 이익이 적합하면 행동하고 이익이 부적합하면 그만둔다.

적을 무너뜨리려고 공격할 군대를 정비하고 와서 어떻게 대처할 것인가를 묻는다면 우선 그들이 아끼는 곳을 빼앗으면 될 것이라고 알려줄 것이다. 전술의 상황은 속도전을 위주로 하고 적이 미치지 못하는 기회를 틈타며 예상하지 못한 길로 잠입하고 경계하지 않는 곳을 공략하는 것이다.

6   장군은 울분을 갖고 전투를 해서는 안 된다 將不可以慍致戰

그러므로 화공법으로 공격하는 것은 밝아야 되고 수공법으로 공격하는 것은 강력해야 되지만 수공법으로는 적을 단절시킬 수는 있어도 빼앗을 수는 없다. 대체로 전투에 승리하고 공격해서 탈취했다 해도 그 공로가 없는 것은 잘못된 명령으로 낭비적인 체류인 것이다.

그러므로 현명한 통치자는 심사숙고해야 되고 훌륭한 장군은 숙련되어 있어서 유리하지 않으면 움직이지 않고 얻지 못할 계략은 쓰지 않으며 위태롭지 않으면 전쟁하지 않는다.

통치자는 분노로써 군사를 일으키면 안 되고 장군은 울분으로 싸움을 돋우면 안 되며 이익이 합당하면 움직이고 이익이 합당하지 않으면 그만두어야 한다.

분노한 마음은 다시 기뻐할 수 있는 것이고 울분도 다시 기뻐질 수 있는 것이지만 멸망한 나라는 다시 보존할 수 없고 죽은 사람은 다시 살아날 수 없는 것이다.

그러므로 현명한 통치자는 신중해야 하고 훌륭한 장군은 경계해야 하니 이것이야말로 나라를 안전하게 보존하고 군대를 완전하게 보전하는 길인 것이다.

11.
육도삼략 六韜三略

육도六韜 삼략三略

『육도』는 3000여 년 전 주나라 창업 당시의 군사(軍師)인 강태공(姜呂尙)의 저서라고 전하여졌으나 확실한 근거는 없으며『삼략』역시 전국시대에 장량이 황석공으로부터 전수받았다는 설이 있으나 확실하지는 않다.

다만『육도』의 내용이 문왕과 강태공의 만남과 정치와 군사에 관한 문답 형식으로 되어 있어 가장 오래된 병법서로 추측될 뿐이고 특히『육도』와『삼략』은 정치인이나 군지휘관에게 교훈이 될 수 있는 책이라고 할 수 있다. 세계의 정치사가 아직까지도 발전을 거듭하고 있지만 최상의 정치 논리가 이미 3000여 년 전에 전개되었다는 것이 경이로울 뿐이다.

참고:『손자병법』첫머리의 시계 편에 있는 (兵者國之大事요 存亡之道니 不可不察也) 문장 이『육도』의 논장편에서 강태공이 무왕에게 설명했던 내용인 것으로 보아『육 도』가『손자병법』보다 더욱 오래된 병법서로 간주된다.

육도六韜

※ 참고. 용도龍韜, 호도虎韜, 표도豹韜, 견도犬韜는 전술 내용이므로 생략

삼략三略

제1편 문도편(文韜篇)

1 문사文師

문왕이 사냥을 나가려 하자, 사관이 점을 쳐보고 말하기를,

"위수양지로 사냥을 나가시면 큰사람을 얻을 괘로서 용도 이무기(虬)도 아니고, 범도 큰 곰(羆)도 아니고, 공작과 후작이 될 인재를 얻을 것입니다.

하늘이 주군께 스승을 보내어 그 사람이 주나라를 번창해지도록 도와서 삼왕의 반열에 오를 것입니다."

문왕이 말하기를,

"조짐이 그와 같은가?" 사관이 대답하기를,

"저의 태조인 사관 주가 순임금을 위하여 점을 쳐서 고요를 얻었는데, 이번 조짐과 비슷하였습니다."

문왕은 곧 3일 동안 재계하고 사냥수레에 말을 매 타고서 위수양지로 사냥을 나갔는데 마침내 태공이 잔디밭에 앉아 낚시하는 것을 보게 되었다.

문왕이 위로하며 묻기를, "그대는 낚시를 즐기십니까?"

태공이 대답하기를,

"군자는 뜻 얻는 것을 즐기고 소인은 그 일감 얻는 것을 즐긴다고 하는데, 지금 제가 낚시하는 것과 매우 흡사합니다."

문왕이 말하기를,

"무엇이 유사하다는 것입니까?"

태공이 대답하기를,

"낚시에는 세 가지 권도가 있어서 권도로 녹봉을 주는 것과 같고

권도로 죽음을 무릅쓰게 하는 것과 같고 권도로 벼슬을 시키는 것과 같아서 대체로 낚시란 찾고서 얻는 것으로 그 뜻이 심오해서 큰일도 미루어 볼 수 있는 것입니다."

문왕이 말하기를,

"그 실제를 들려주십시오."

태공이 대답하기를,

"샘 근원이 깊으면 물이 흐르고, 물이 흐르면 고기가 생기는 것이 실정이고 뿌리가 깊으면 나무가 잘 자라고, 나무가 자라면 열매를 맺는 것이 실정입니다.

군자가 뜻이 같으면 친합하고, 친합하면 일이 성사되는 것이 실정입니다. 말로 응대한다는 것은 실정을 알맞게 하는 것이고, 지극한 실정을 말한다는 것은 큰일의 극치입니다.

이제 제가 지극한 실정을 거리낌없이 말씀드리려고 하는데 주군께서는 싫어하시지 않겠습니까?"

문왕이 말하기를,

"오직 어진 사람만이 바른 말을 받아들이고 지극한 실정을 싫어하지 않는다고 하는데 어떻게 그럴 리가 있겠습니까?"

태공이 대답하기를,

"낚싯줄이 가늘고 먹이가 밝으면 잔고기가 먹고, 낚싯줄이 보통이고 먹이가 향기로우면 중간 고기가 먹으며, 낚싯줄이 굵고 먹이가 풍성하면 큰 고기가 먹는데, 대체로 고기는 먹이를 먹으면 곧 낚싯줄에 걸리고 사람은 녹을 받으면 곧 군주께 복종하는 것입니다. 그러므로 먹이로 고기를 낚으면 고기를 잡을 수 있고, 녹으로 사람을 얻으면 사람의 힘을 다하게 할 수 있고, 가문으로 나라를 택하면 나라를 빼앗을 수 있고, 나라로 세상을 택하면 세상을 모두 소유할 수 있습니다.

아~아, 길게 이어진다 하지만 모인 것은 반드시 흩어지게 마련이고, 잠잠하고 어둠침침하다 하지만 그 빛은 반드시 멀리까지 미치므로 미묘한 성인의 덕으로 유도하여 혼자만이 볼 수 있고 즐겨하는 성인의 염려하심으로 각각의 차례로 돌아가 수렴할 방법을 세우게 되는 것입니다."

문왕이 말하기를,

"수렴 수립을 어떻게 해야 천하가 귀의합니까?"

태공이 대답하기를,

"세상은 한 사람의 세상이 아니고 세상 사람의 세상으로서, 세상의 이득을 함께하는 사람은 세상을 얻고, 세상의 이득을 독점하는 사람은 세상을 잃게 되어, 하늘에는 때가 있고 땅에는 재물이 있어 사람들과 함께 인의를 실천함으로서 인의가 있는 곳에 세상이 돌아가는 것입니다.

사람의 죽음을 모면하게 해 주고, 사람의 어려움을 해소해 주며, 사람의 근심을 덜어 주고, 사람의 위급함을 건져주는 것은 덕(德)으로서 덕이 있는 곳에 세상이 돌아가는 것입니다.

사람들과 근심을 함께 하고 즐거움을 함께 하며, 그들이 좋아하는 것을 좋아하고, 싫어하는 것을 싫어하는 것은 의(義)로서 도의가 있는 곳에 세상이 달려가며 모든 사람들은 죽는 것을 싫어하고 사는 것을 좋아하며 덕을 좋아하고 이(利)를 따릅니다. 복리를 창출할 수 있는 것이 도(道)로서 도의가 있는 곳에 세상이 귀의하는 것입니다."

문왕이 두 번 절하고 나서 말하기를, "진실입니다. 감히 하늘의 명령을 받지 않을 수 있겠습니까?" 하고는

바로 수레에 함께 타고 돌아가서 강태공을 세워 스승으로 삼았다.

2 영허盈虛

문왕이 태공에게 묻기를, "세상은 밝고 밝아서 한 번 차면 한 번 기울고, 한 번 다스려지면 한 번 어지러워지는데, 그 이유가 무엇입니

까? 군주의 어짊과 우매함이 같지 않아서입니까, 천시의 변화에 따른 자연적인 것입니까?"

태공이 대답하기를, "군주가 국정을 주관하지 않게 되면 나라가 위태롭고 백성이 어지러워지며, 군주가 어질면 나라가 편안하고 백성이 잘 다스려지므로 재앙과 복은 군주에게 있는 것이지 천시에 있는 것이 아닙니다."

문왕이 말하기를, "옛날의 성현에 대하여 들려 주실 수 있겠습니까?"

태공이 대답하기를, "옛날 요 임금은 세상에 왕이 되셨는데, 상고시대의 성군이라고 할 수 있습니다."

문왕이 말하기를, "그 정치가 어떠했습니까?"

태공이 대답하기를, "요 임금이 세상의 왕으로 있을 때에는 금은이나 주옥으로 장식하지 않았고, 수놓은 비단이나 무늬 있는 비단을 입지 않았으며, 기이하고 진귀한 것을 보려 하지 않았고, 보기 좋은 노리개를 보배로 여기지 않았습니다.

음란한 음악을 듣지 않았고, 왕궁의 담과 벽을 희게 칠하지 않았으며, 대마루나 서까래와 기둥을 조각하지 않았고 띠풀 지붕이 뜰에 느러져도 자르지 않았으며, 사슴가죽으로 만든 옷으로 추위를 막고 베옷으로 몸을 가렸으며,

거친 기장밥에 명아주나 콩잎국을 먹었고, 부역을 이유로 백성들의 밭 갈고 길쌈하는 시간을 뺏지 않았으며, 마음을 다듬고 뜻을 집약하여 무위(無爲)의 정치를 하셨습니다."

"관리가 충성하고 정직하여 법을 잘 받드는 사람은 벼슬을 높여주고, 청렴결백하고 백성을 아끼는 사람은 그 녹을 후하게 주었으며 백성 중에 효성스러우며 자애로운 사람은 공경하였고, 농사와 누에치기에 힘쓰는 사람은 위로하여 더욱 힘쓰도록 격려하였으며, 선과 악을 명확히 구별하여 마을 입구 정려문에 표창하였고,

마음을 평온하게 하고, 예절을 바르게 하여, 법으로 간사함과 거짓

말을 금하였고, 미워하는 사람이라도 공이 있으면 반드시 상을 주었고, 아끼는 사람이라도 죄가 있으면 반드시 벌을 주었으며, 세상의 홀아비와 과부 및 고아와 의지할 데 없는 노인을 보살펴주고, 재난을 당한 집에 재물로 도와주었으며 자신의 녹봉은 매우 박하고, 백성들의 부역은 매우 적게 하였습니다.

그러므로 온 백성이 부유를 즐겼고 굶주리고 헐벗는 기색을 없게 하여 백성들은 그 군주 받들기를 해와 달같이 하였고 군주 보기를 부모와 같이 했던 것입니다."

문왕이 말하기를, "위대하도다. 어진 군주의 덕이셨군요!"

3　국무國務

문왕이 태공에게 묻기를, "나라를 다스리는 데 가장 큰 임무를 들려주십시오. 군주가 존엄하고, 백성이 편안해지려면 어떻게 해야 됩니까?"

태공이 대답하기를, "오직 백성을 사랑할 따름입니다."

문왕이 말하기를, "백성을 사랑하려면 어떻게 해야 됩니까?"

태공이 대답하기를, "이롭게 하여 해치지 말고, 성취하게 하여 실패하지 않게 하며, 살게 하여 죽게 놔두지 말고, 주지만 빼앗지 말며, 즐겁게 하여 괴롭히지 말고, 기쁘게 하여 성나지 않게 하는 것입니다."

문왕이 말하기를, "감히 그 사례를 분석해주십시오."

태공이 대답하기를, "백성이 생업을 잃지 않으면 이롭게 하는 것이고, 농사 짓는 데 때를 잃지 않으면 이루어주는 것이고, 무고한 사람을 벌 주지 않으면 살리는 것이고, 세금을 가볍게 하면 주는 것이고, 궁실과 누각을 검소하게 하면 즐겁게 하는 것이고, 관리가 결백하고 까다롭게 굴지 않으면 기쁘게 하는 것입니다."

"백성이 생업을 잃으면 해치는 것이 되고, 농사에 그 때를 잃으면 실패하는 것이 되고, 죄없이 벌하면 죽이는 것이 되고, 세금을 무겁게 하면 빼앗는 것이 되고, 궁실과 누각을 많이 지어 백성의 힘을 피곤하게 하면 괴롭히는 것이 되고, 관리가 혼탁하고 까다롭게 굴면 곧 성나게 하는 것입니다.

그러므로 나라를 잘 다스리는 군주는 백성 다스리기를 부모가 자식을 사랑하듯이 하고, 형이 아우를 사랑하듯이 하며, 굶주리고 추위에 떠는 것을 보면 그를 위하여 근심하고, 그 수고로움과 괴로움을 보면 그를 위하여 슬퍼하며

상벌은 자기 몸에 가해지는 것과 같이 하고, 세금 거둠은 자기에게서 내주는 것과 같이 하였으니 이렇게 하는 것이 백성을 사랑하는 방법입니다."

4   대례大禮

문왕이 태공에게 묻기를, "군신의 예는 어떠해야 합니까?"

태공이 대답하기를, "윗사람이 되어서는 오직 다가가고, 아랫사람이 되어서는 오직 침묵해야 하며, 다가가지만 멀리함이 없고 침묵하지만 숨김이 없어야 하며,

윗사람이 되어서는 오직 두루 살피고, 아랫사람이 되어서는 오직 안정해야 하므로 두루살핌은 하늘의 법칙이고, 안정은 땅의 법칙으로서 혹은 하늘이 되고 혹은 땅이 되어 대례가 바로 이루어지는 것입니다."

문왕이 말하기를, "군주의 지위는 어떠해야 합니까?"

태공이 대답하기를, "평안하고 조용하며, 부드러우면서 절도가 있어 안정을 우선해야 하고 주는 것을 공평하게 하여 서로 다투지 않게 해야 하며 마음을 비우고 뜻을 고르게 하여, 남을 대함에 있어 바르게 해야 합니다."

문왕이 말하기를, "군주로서 듣는 것은 어떠해야 합니까?"

태공이 대답하기를, "함부로 허락하지 말고, 거스르고 막지 말아야

하니, 함부로 허락한다면 지킴을 잃게 되고, 막는다면 폐쇄됩니다. 높은 산을 우러러보아도 끝이 없으며, 깊은 연못을 재어도 측량할 수 없을 정도로 높고 깊어야 하니 신명의 덕은 바르고 고요하여 극치를 이룹니다."

문왕이 말하기를, "군주의 총명은 어떠해야 합니까?"

태공이 대답하기를, "눈은 명확을 귀하게 여기고, 귀는 총명을 귀하게 여기며, 마음은 지혜를 귀하게 여기므로

세상의 눈으로 본다면 보이지 않는 것이 없고, 세상의 귀로 듣는다면 들리지 않는 것이 없으며, 세상의 마음으로 생각한다면 알지 못할 것이 없어서 집중하여 아울러 내다보면 총명이 가리워지지 않을 것입니다."

5 　명전明傳

문왕이 병으로 자리에 누워 태공망을 부르자 태자 발(무왕)이 곁에 있었는데, 문왕이 말하기를, "슬프도다, 하늘이 나를 버리려 하심에, 주나라의 사직이 스승에게 달렸으니 이제 나는 스승님의 지극한 도의에 관한 말씀을 분명히 자손에게 전하려고 합니다."

태공이 말하기를, "왕께서는 무엇을 묻고자 하십니까?"

문왕이 말하기를, "옛 성현의 도의가 그치는 일과 일어나는 일을 들려주실 수 있겠습니까?"

태공이 대답하기를, "선을 보고도 게을리하고 때가 이르러도 의심하며, 옳지 않음을 알면서도 방관하는 것, 이 세 가지는 도의가 그치는 일입니다. 부드러우면서도 조용하고, 공손하면서도 공경하며, 강하면서도 약하고, 참으면서도 억센 것, 이 네 가지는 도의가 일어나는 일입니다.

그러므로 도의가 욕심을 이기면 창성하고, 욕심이 도의를 이기면 망하며, 공경심이 나태함을 이기면 길하고, 나태함이 공경심을 이

기면 멸망하게 됩니다."

6 육수六守

문왕이 태공에게 묻기를, "나라의 임금으로서 백성의 주인된 사람이 지위를 잃는 까닭은 무엇입니까?"

태공이 대답하기를, "함께 하는 일을 삼가지 않기 때문으로, 군주에게는 육수(六守)와 삼보(三寶)가 있습니다."

문왕이 말하기를, "육수란 무엇입니까?"

태공이 대답하기를, "첫째 인(仁)이요, 둘째 의(義)요, 셋째 충(忠)이요, 넷째 신(信)이요, 다섯째 용(勇)이요, 여섯째 모(謀)이니, 이것을 육수라고 합니다."

문왕이 말하기를, "삼가 육수를 지닌 사람을 선택하려면 어떤 사람을 말합니까?"

태공이 대답하기를, "넉넉하게 해서 범하지 않는가를 보고, 귀하게 해서 교만하지 않는가를 보며, 따르게 해서 변함이 없는가를 보고, 부려서 숨김이 없는가를 보며, 위태롭게 해서 두려움이 없는가를 보고, 일을 맡겨서 궁색함이 없는가를 보는 것입니다.

넉넉하게 해서 범하지 않는 것은 인의이고, 귀하게 해서 교만하지 않는 것은 도의고, 따르게 해서 변하지 않는 것은 충심이고, 부려서 숨김이 없는 것은 신의이고, 위태롭게 해서 두려워하지 않는 것은 용기이고, 일을 맡겨서 궁색함이 없는 것은 계략으로서 군주는 세 가지 보배를 남에게 빌려주지 말아야 하니, 남에게 빌려준다면 군주는 그 위엄을 잃게 됩니다."

문왕이 말하기를, "감히 세 가지 보배를 묻겠습니다."

태공이 대답하기를, "대농·대공·대상을 삼보라고 하는데, 농업을 그 고을에서 한결같이 하면 곡식이 풍족할 것이고, 공업을 그 고을에서 한결같이 하면 기물이 풍족할 것이며, 상업을 그 고을에서 한결같이 하면 재물이 풍족할 것입니다.

삼보가 각각 제자리에 있으면 백성들의 근심이 없어서 그 고을을 어지럽히는 일이 없고, 그 종족을 어지럽히는 일도 없을 것이며 신하가 군주보다 넉넉할 리 없고, 도읍이 나라보다 크게 될 리가 없어서 육수가 오래 지켜지면 군주가 창성할 것이고, 삼보가 온전하면 나라가 평안할 것입니다."

7 수토守土

문왕이 태공에게 묻기를, "영토를 지키려면 어떻게 해야 합니까?"

태공이 대답하기를, "그 친족을 멀리 하지 말고, 백성에 대해 게으르지 말며, 좌우를 어루만지고, 사방을 방어하며, 사람에게 국권을 빌려주지 말아야 하니, 국권을 빌려주면 권세를 잃게 됩니다.

구렁을 파서 언덕에 붙이지 말아야 하고, 근본을 버리고 끝을 다스리지 말아야 하며, 해가 중천에 떠오르면 반드시 말려야 하고, 칼을 잡았으면 반드시 베어야 하며, 도끼를 들었으면 반드시 쳐야 합니다. 해가 높이 솟았는데도 말리지 않으면 때를 놓치고 칼을 잡고도 베지 않으면 유리한 때를 잃게 되고, 도끼를 들고도 치지 않는다면 도적이 올 것이고, 흘러 새는 물을 막지 않으면 강물처럼 될 것이고, 불꽃이 피려고 할 때 끄지 않으면 활활 타오르는 것을 어떻게 하겠습니까. 떡잎 때 따버리지 않으면 도끼를 쓰게 됩니다.

이런 까닭으로 군주는 반드시 일마다 넉넉함을 따라야 하는데, 넉넉하지 않으면 인의를 실천할 수 없고, 베풀지 못하면 친족을 화합할 수 없으니 친족을 멀리하면 해롭고, 백성을 잃으면 패망합니다. 남에게 유리한 도구를 빌려주지 말아야 하니, 남에게 유리한 도구를 빌려주면 그 사람에게 해를 당하게 되어 그 세상을 온전히 끝마치지 못할 것입니다."

문왕이 말하기를, "무엇을 인의(仁義)라고 합니까?"

태공이 대답하기를, "백성을 공경하고 친족을 화합시켜야 하니 백성을 공경하면 화합하고, 친족을 화합시키면 기뻐하므로, 이것을 인의의 기강이라고 합니다.

사람으로 하여금 자기의 권위를 빼앗도록 해서는 안 되고, 현명하게 대처하되 상도(常道)에 따라야 하며 따르는 사람은 덕으로 신임하고, 거스르는 사람은 힘으로 단절하여, 공경하면서 의심하지 않는다면 세상은 화합하고 복종할 것입니다."

8 수국守國

문왕이 태공에게 묻기를, "나라를 지키려면 어떻게 해야 합니까?"
태공이 대답하기를, "재계하십시오. 군주께 천지의 존재 이치와 사계절의 변화하는 까닭과 성현의 도의와 민심 동기의 실상을 말씀드리겠습니다."

문왕이 7일 동안 재계하고 북쪽을 향해 재배한 다음에 묻자, 태공이 대답하기를, "하늘은 사시를 낳고, 땅은 만물을 낳으며 세상에 백성이 있는 것을 성인이 다스립니다.

그러므로 봄의 도는 낳는 것으로 만물이 소생하고, 여름의 도는 성장하는 것으로 만물이 성숙하며, 가을의 도는 거두는 것으로 만물이 가득 차고, 겨울의 도는 간직하는 것으로 만물이 안정됩니다. 차면 저장되고, 저장되면 다시 일어나서 그 끝나는 도를 알지 못하고, 그 시작되는 도를 알지 못합니다. 성인이 고려해서 세상의 법도와 기강으로 삼았으니 그러므로 세상이 잘 다스려지면 성령이 온축되고, 세상이 어지러우면 성령이 일어나게 되므로 세상의 지극한 도가 그러한 것입니다."

"성인이 세상에 있으면 보배로움이 진실로 큽니다. 일정한 도의로 보여주면 백성이 편안하므로 대체로 백성이 감동하여 동기가 되고 동기가 움직여서 득실을 다투게 됩니다.

그러므로 동기를 일으킬 때에는 은밀해야 하고 동기를 모을 때에는 드러내어 앞장서서 제창하면 세상이 화답합니다. 궁극적으로 상도로 돌아가면 나아가는데 다툼이 없고 물러가는데 사양함이 없을 것으로 나라 지킴을 이렇게 하면 천지와 함께 빛날 것입니다."

9 상현上賢

문왕이 태공에게 묻기를, "백성의 군주된 사람은 어떤 사람을 위에 두고 어떤 사람을 아래 두며 어떤 것을 취하고 어떤 것을 버리며, 어떤 것을 금하고 어떤 것을 그만두게 해야 됩니까?"

태공이 대답하기를, "현자를 위에 두고 불초한 사람을 아래에 두며, 진실을 택하고 거짓됨을 버려서 난폭함과 어지러움을 금지하고 사치를 그치도록 해야 합니다. 그러므로 군주된 사람에게는 육적(六賊)과 칠해(七害)가 있습니다."

문왕이 말하기를, "그 방법을 들려주십시오."

태공이 대답하기를, "대체로 육적이라 함은 첫째, 신하로서 궁실과 정자를 크게 짓고, 오락과 가무를 즐기는 사람이 있으면 왕의 덕을 손상시키는 것이고, 둘째, 백성으로서 농업에 힘쓰지 않고 객기를 함부로 하여 협기 부리며, 법과 금기를 범하고, 관리의 가르침에 따르지 않는 사람이 있으면 왕의 교화를 손상시키는 것이고,

셋째, 신하로서 붕당을 결성하여 어진 사람의 지혜를 가리며, 군주의 총명을 막는 사람이 있으면 왕의 권위를 손상시키는 것이고,

넷째, 선비로서 뜻을 거스르고 절의를 높이며 기세를 부려 밖으로 제후와 사귀고, 군주를 존중하지 않는 사람이 있으면 왕의 위엄을 손상시키는 것이고,

다섯째, 신하로서 벼슬과 지위를 가볍게 여기고 담당자를 천하게 대하며, 윗사람 때문에 어려운 일 당하는 것을 부끄럽게 여기는 사람이 있으면 공신의 공로를 손상시키는 것이고, 여섯째, 막강한 문

벌로써 약한 사람을 약탈하고 업신여기는 사람이 있으면 서민의 생업을 손상시키는 것입니다."

"칠해란 첫째, 지략이나 권모가 없는데도 후한 상으로 높은 관직을 받음으로 해서 강경한 만용으로 전쟁을 경시하여 밖에서 요행을 찾게 되면 왕은 삼가서 이런 사람을 장수로 삼지 말아야 하며,

둘째 이름만 있을 뿐 실상이 없어서 들어오고 나갈 때 말이 다르고, 선을 가리우고 악을 드러내며, 나아가고 물러섬에 있어 기교만을 일삼으면, 왕은 삼가서 함께 도모하지 말아야 하며

셋째, 그 몸을 소박하게 하고 의복을 누추하게 하며, 무위를 말하면서 명성을 추구하고, 무욕을 말하면서 이익을 추구하면 거짓된 사람이니, 왕은 삼가서 가까이하지 말아야 하며,

넷째, 의관을 기이하게 하고 의복을 위대하게 하며, 지식을 가장하고 고원한 의제로 허황되게 논설하는 것을 위용으로 여기고 조용한 곳에 숨어 있으면서 풍속을 비방하면 간사한 사람이니 왕은 삼가서 이런 사람을 총애하지 말아야 하며,

다섯째, 아첨으로 구차하게 마음을 사서 관직을 구하며, 과감하여 형벌을 가벼이 여기고 녹봉을 탐하며, 큰일을 도모하지 못하고 이익만을 탐내어 행동하며 거짓된 말로 왕을 기쁘게 하면 왕은 삼가서 부리지 말아야 하며,

여섯째, 무늬를 새기고 강철을 조각하며, 솜씨로 화려한 장식을 만들어 농기구를 손상하면 왕은 반드시 금지해야 하며,

일곱째, 거짓된 방술과 괴상한 기교로 무당굿이나 그릇된 점술과 불길한 예언으로 양민을 현혹시키는 일은 왕은 반드시 금지시켜야 합니다."

"그러므로 백성이 힘을 다하지 않으면 내 백성이 아니고, 선비가 성실하지 않고 신의가 없으면 내 선비가 아니고, 신하가 충성으로 간청하지 않으면 내 신하가 아니고, 관리가 공평하고 결백함으로 사

람을 아끼지 않으면 내 관리가 아니고

재상으로서 나라를 잘살게 하고 군대를 강하게 하며, 음적 양적으로 조화롭게 황제를 편안히 하고, 여러 신하를 바르게 하며, 명분과 실리를 정립하여 상벌을 분명히 하고 백성을 즐겁게 하지 못한다면 내 재상이 아닙니다."

"대체로 왕의 도는 용의 머리와 같아서, 높은 데 있으면서 멀리 바라보고, 깊이 보고 자세히 들으며, 그 모습을 드러내고 그 감정을 감출 때에 마치 하늘같이 높아서 그 끝을 알 수 없고, 연못같이 깊어서 그 깊이를 헤아릴 수 없게 해야 합니다.

그러므로 성내야 할 때 성내지 않는다면 간신이 일어나고, 처벌해야 할 때 처벌하지 않는다면 큰 역적이 일어나며, 군대의 위세가 행하여지지 않으면 적국이 강해집니다."

문왕이 말하기를, "좋은 말씀입니다."

10   거현擧賢

문왕이 태공에게 묻기를, "군주가 현자를 등용하고자 애써도 그 공을 거두지 못하고, 세상의 어지러움이 더욱 심해져 멸망할 지경에 이르게 되는 것은 무엇 때문입니까?"

태공이 대답하기를, "현자를 등용했어도 쓰지 못함은, 현자를 등용한 명분만 있고 현자가 쓰여지는 실리가 없는 것입니다."

문왕이 말하기를, "그 과실이 어디에 있습니까?"

태공이 대답하기를, "그 과실은 군주에게 있으며 세상 사람들이 칭찬하는 사람을 쓰기 좋아하여 참된 현자를 얻지 못하는 데 있습니다."

문왕이 말하기를, "무슨 뜻입니까?"

태공이 대답하기를, "군주가 세상 사람들이 칭찬하는 사람을 현자로 생각하고, 세상 사람들이 비방하는 사람을 불초한 사람이라고 하면, 무리가 많은 사람은 나아가고, 무리가 적은 사람은 물러서게

되므로,

이와 같이 된다면 사악한 무리들이 주변을 따르고 현자를 가려버리며, 충신이 죄없이 죽게 되고, 간신이 공허한 명예로 벼슬을 얻게 되어 이를 계기로 세상의 어지러움이 더욱 심해지면, 나라가 위태하여 멸망을 면할 수 없게 됩니다."

문왕이 말하기를, "현자를 등용하려면 어떻게 해야 됩니까?"

태공이 대답하기를, "장수와 재상이 직책을 나누어서 각각의 직위로 사람을 등용하며 관직에 따라 그 사람의 실력을 감독하고, 인재를 가려내어 능력을 시험해서, 실력이 관직을 감당하고 관직이 그 실력을 감당하게 한다면, 인재 등용의 방법이 될 수 있을 것입니다."

11 상벌賞罰

문왕이 태공에게 묻기를, "상은 권장하기 위한 것이고, 벌은 징계하기 위한 것으로 나는 하나를 상주어 백 사람을 권장하고, 하나를 벌주어 대중을 징계하려고 하는데, 어떻게 해야 됩니까?"

태공이 대답하기를, "보통 상을 내리려면 확신을 귀중하게 여기고, 벌을 주려면 필벌을 귀중하게 여기므로,

상신벌필(賞信罰必)을 사람들이 귀와 눈으로 듣고 보는 곳에서 집행한다면, 듣고 보지 못하는 사람도 감화되지 않을 수 없을 것으로, 대체로 진실은 천지에 사무치며 신명과 통하는 것인데, 하물며 사람에게 통하지 않을 리가 있겠습니까?"

12 병도兵道

무왕이 태공에게 묻기를, "병도(兵道)는 어떠해야 합니까?"

태공이 대답하기를, "대체로 병도는 일원화를 지나치지 말아야 하니, 일원화란 홀로 가고 홀로 올 수 있는 체계이다.

태고 때 황제께서 말씀하기를, '일원화란 도의 단계이며, 신에 가까운 것이다.'라고 하셨으니, 쓰는 것은 기회에 있고, 나타내는 것은 세력에 있으며, 이루는 것은 군주에게 있는 것입니다. 그러므로 성왕은 병도를 일컬어 흉기라 하였으며, 부득이한 경우에만 쓰셨던 것입니다.

지금 은왕(商王; 紂王)은 존재만 알 뿐 멸망을 알지 못하고 즐거움만 알 뿐 재앙을 알지 못하니 대체로 존재란 항상 있는 것이 아니라 멸망을 생각하기에 있는 것이고 즐거움이란 항상 즐거운 것이 아니라 재앙을 생각하기에 있는 것으로 지금 왕께서 샘 근원을 걱정하고 계시는데 무엇 때문에 그 흐름까지 근심할 일이겠습니까?"

무왕이 말하기를, "양쪽 군대가 대치하면서 저들도 올 수 없고 우리도 갈 수 없어서 각각 견고한 방비를 갖추고 감히 먼저 도발하지 못하고 있을 때 우리가 습격하려는데 유리하지 못할 때에는 어떻게 해야 됩니까?"

태공이 대답하기를, "밖은 어지러우나 안은 정돈되고, 굶주림처럼 보이나 실제는 배부르며, 안은 정밀하지만 밖은 우둔해야 하고, 한 번 합쳤다가 한 번 떨어지며 한 번 모였다가 한 번 흩어져 계책을 은밀하게 하며, 그 기밀을 은폐하고, 보루를 높이며

정예병을 숨겨서, 적막하게 인기척 없이 한다면 적은 우리가 대비하는 것을 모를 것이므로 그때에 서쪽을 치려면 동쪽을 먼저 습격하십시오."

무왕이 말하기를, "적이 우리의 실정을 알고 우리의 계책도 알았다면 어떻게 해야 됩니까?"

태공이 대답하기를, "싸워서 이기는 방법은 은밀히 적군의 기밀을 살피고 속도전으로 유리함을 틈타며, 또한 신속하게 생각하지 못한 곳을 공격하는 것입니다."

제2편 무도편(武韜篇)

1 계발啓發

문왕이 풍읍에 있으면서 태공을 불러 말하기를, "아아! 은왕의 포학함이 극에 달해 죄없는 사람을 처벌하여 죽이니 공은 나를 도와 백성의 일을 근심하고 계시는데, 어떻게 하면 좋겠습니까?"

태공이 대답하기를, "왕께서는 덕을 닦아 현명하신 결단을 내리시고 백성에게 은혜를 베풀면서 천도를 살피시고 천도에 재앙이 없으면 앞장서서 부르짖지 말고, 인도에 재앙이 없으면 먼저 칠 것을 도모하지 마십시오.

반드시 천재를 보고, 또 인재를 보고 나서야 도모할 수 있는 것입니다. 반드시 외적인 요인을 보고, 또 내적인 요인을 보고 나서야 곧 심리를 알 수 있으며, 반드시 밖의 사정을 보고 또 안의 사정을 보고 나서야 곧 의도를 알 수 있으며, 반드시 멀리하는 이를 보고 또 가까이하는 이를 보고 나서야 곧 진정성을 알 수 있는 것입니다."

"도의를 행하면 도의를 이룰 수 있고, 문을 향하면 문에 들어갈 수 있고, 예의를 세우면 예의를 이룰 수 있고, 강자와 다투면 강자를 이길 수 있습니다. 완전 승리란 싸우지 않고 이기는 것이며, 큰 싸움은 시작이 없어서 신명과 상통하는 것으로, 미묘하고도 미묘한 것입니다."

"처지가 같은 사람끼리 서로 구원하고, 뜻이 같은 사람끼리 서로 이루며, 미워함을 같이 하는 사람끼리 서로 돕고, 좋아하는 사람끼리 서로 따릅니다. 그러므로 갑옷과 병기가 없이도 이기고 충돌 계기가 없이도 공격하며, 참호가 없이도 지킬 수 있습니다.

큰 지혜는 지혜롭지 않은 듯하고 큰 묘책은 묘책이 아닌 듯하며 큰 용기는 용맹이 아닌 듯하고 큰 이익은 이익 같지 않아서 세상을 이롭게 하는 사람은 세상이 열어주고 세상을 해롭게 하는 사람은 세상이 막습니다."

"세상은 한 사람만의 세상이 아니고 세상 사람의 세상입니다. 세상을 쟁취하는 것은 야수를 쫓는 것과 같아서 온세상 사람이 모두 고기를 나누어 받을 마음이 있으며

배를 함께 타고 강을 건너는 것과 같아서 건너게 되면 모두 이익을 함께 하지만 실패하게 되면 모두 그 해를 함께 입게 되므로 그렇게 되면 모두 길을 열어주기는 하지만 막지는 않을 것입니다."

"백성에게서 취득함이 없는 사람은 백성들이 취득하게 하는 사람으로서 백성에게서 취득함이 없는 사람은 백성이 이롭다 하고, 나라에서 취득함이 없는 사람은 나라가 이롭다 하며, 세상에서 취득함이 없는 사람은 세상이 이롭다 합니다.

그러므로 도는 볼 수 없는 곳에 있고, 일은 들을 수 없는 곳에 있으며, 승리는 알 수 없는 곳에 있어서, 미묘하고도 미묘한 것입니다. 매가 덮치려 할 때는 낮게 날며 날개를 접고, 맹수가 덮치려 할 때는 귀를 세우고 몸을 숙이며, 성인이 움직이려 할 때는 반드시 어리석은 체합니다."

"지금 저 은나라는 모두 입소문으로 서로 감응하여 어지럽고 여색 좋아함이 끝이 없으니, 이것은 망국의 징조입니다.

제가 그 들판을 보니 잡초가 곡식보다 무성하고, 제가 그 백성들을 보니 그릇된 사람이 정직한 사람을 이기고, 제가 그 관리를 보니 포악하고 잔인하며 법을 무너뜨려 형벌을 어지럽히고 있지만 위아래가 깨닫지 못하고 있으니, 이것은 망국의 시기인 것입니다."

"대명이 발동하면 만물이 모두 비추어지고, 대의가 발동하면 만물이 모두 이로워지며, 큰 싸움이 발동하면 만물이 모두 복종하므로

위대한 성인의 명덕으로서 혼자만이 듣고 혼자만이 볼 수 있으니 즐거움이 아니겠습니까?"

2 문계文啓

문왕이 태공에게 묻기를, "성인은 무엇을 지켜야 합니까?"

태공이 대답하기를, "무엇을 근심하고 무엇을 아끼겠습니까? 만물을 모두 얻게 되는데 무엇을 아끼고 무엇을 근심하겠습니까. 만물이 모두 저절로 모여듭니다.

정치가 베풀어져도 그 감화됨을 알지 못하고, 때가 되어도 그 변화를 알지 못합니다. 성인이 이것을 지킴으로써 만물이 감화되는데, 무슨 끝이 있겠습니까. 끝나면 다시 시작되는 것입니다."

"여유 있을 때 유예(민정시찰)하고, 자나깨나 찾고서 깨달았으면 간직하지 않을 수 없으며, 이미 간직했으면 시행해야 하고, 이미 시행되었으면 다시 밝히려 해서는 안 됩니다. 대체로 천지는 스스로 밝히지 않는 까닭에 만물이 자라날 수 있고, 성인은 스스로 밝히지 않는 까닭에 이름이 빛날 수 있는 것입니다."

"옛 성인은 사람을 모아 가문을 이루고 가문을 모아 나라를 이루며 나라를 모아 세상을 이루었고, 땅을 나누어 현인을 봉하여 많은 나라를 이루었으니 이름하여 대기(大紀)라 합니다.

그 정치와 교화를 펼침에 있어 민속에 따라 모두 굽은 무리도 정직으로 교화하고 모습을 바꾸며, 모든 나라가 내통하지 않고 각각 사는 곳을 즐기며, 사람들은 그 윗사람을 경애하니 이름하여 대정(大定)이라 합니다.

아아, 성인은 안정을 힘쓰고, 현인은 올바름을 힘쓰지만 어리석은 사람은 바르게 할 수 없으므로 사람과 다투게 되어 윗사람이 수고로우면 형벌이 번거롭게 되고, 형벌이 번거로우면 백성이 근심하게 되며, 백성이 근심하면 곧 흩어져 도망하게 되고, 상하가 편안히 살지 못하여 여러 대가 편안하지 못하니, 이름하여 대실(大失)이라 합니다.

세상 사람들은 흐르는 물과 같아서 막으면 멈추고, 열어 놓으면 흘러가며, 안정되면 맑아지니, 아아, 신령함이여! 성인은 그 시작을 보면 그 끝을 압니다."

문왕이 말하기를, "안정하게 하려면 어떻게 해야 됩니까?"

태공이 대답하기를, "하늘에는 일정한 형상이 있고, 백성에게는 일정한 삶이 있으니 세상과 더불어 삶을 함께 하면 세상이 안정됩니다. 최상의 경지는 따라주는 것이고, 그 다음은 교화되는 것인데, 백성이 교화되어 정사를 따르게 됩니다.

이런 까닭으로 하늘은 아무것도 하지 않아도 일을 성취시키며, 백성은 주는 것이 없어도 저절로 부유해지니 이것이 성인의 명덕인 것입니다."

문왕이 말하기를, "공의 말이 내 생각과 같습니다. 아침저녁으로 생각하며 잊지 않고 활용하는 상도(常道)로 삼겠습니다."

3   순계|順啓

문왕이 태공에게 묻기를, "어떠해야 세상을 다스릴 수 있습니까?"

태공이 대답하기를, "위대함이 세상을 덮을 만해야 세상을 포용할 수 있고, 믿음이 세상을 덮을 만해야 세상을 결집할 수 있으며, 어짊이 세상을 덮을 만해야 세상을 회유할 수 있고, 은혜가 세상을 덮을 만해야 세상을 보전할 수 있으며, 권위가 세상을 덮을 만해야 세상을 잃지 않을 수 있습니다.

큰일을 함에 있어 의혹 한점 없다면 천운도 옮기지 못하고, 때의 변화도 옮기지 못할 것으로 이 여섯 가지가 갖추어진 다음에야 세상에 정치를 펼칠 수 있는 것입니다."

"그러므로 세상을 이롭게 하는 사람은 세상이 열어주고, 세상을 해롭게 하는 사람은 세상이 막으며 세상을 살리는 사람은 세상이 덕으로 생각하고, 세상을 말살하는 사람은 세상이 적으로 생각하며 세상을 철법으로 다스리는 사람은 세상이 소통하게 하고, 세상을 곤궁하게 하는 사람은 세상이 원수로 생각하며, 세상을 편안하게 하는 사람은 세상이 신뢰하고, 세상을 위태롭게 하는 사람은 세상이 재앙으로 생각합니다.

세상은 한 사람의 세상이 아니어서 오직 덕 있는 사람만이 그 자리에 머무를 수가 있는 것입니다."(철법 $\frac{1}{10}$ 조세법)

4　삼의三疑

무왕이 태공에게 묻기를, "나는 공을 세우려고 하는데, 세 가지 의문이 있습니다. 무력으로 강한 것을 치고, 가까운 사이를 떨어지게 하며, 무리를 흩어지게 할 수 없음을 두려워합니다. 어떻게 해야 됩니까?"

태공이 대답하기를, "사안에 따라서 계획을 신중히 하고 재물을 써야 합니다.

대체로 강한 것을 치려면 반드시 그들이 양성되어 강해지도록 하고 더욱 확장하도록 해야 하니 너무 강하면 반드시 부러지고 너무 확장되면 반드시 모자랄 것으로 강함을 공격하려면 강으로써 하고, 가까움을 떼어놓으려면 친밀로써 하며, 무리를 흩뜨리려면 무리로써 해야 합니다.

대체로 일을 도모하는 방법은 주도면밀을 보배로 삼는데 사건을 가지고 벌려놓고 이익을 가지고 유도하면 투쟁할 마음이 반드시 생길 것입니다.

그들의 친밀함을 떼어놓으려면 그가 아끼거나 총애하는 사람과 인연을 맺어 바라는 것을 해주고 이익될 것을 보여주어 소원해짐에 따라 뜻을 얻지 못하도록 하는 것으로 그 사람들이 이익을 탐하여 매우 기뻐하면 그때는 의문을 남겨두고 곧 중지해야 합니다."

"대체로 공격하는 법은 반드시 먼저 그의 총명을 가린 뒤에 강함을 공격하고 그 큰 세력을 깨뜨려서 백성의 피해를 제거하는 것입니다. 여색으로 빠져들게 하고 이익으로 먹여주며 흥미로 양성하게 하고 풍류로 즐겁게 하는 것입니다.

이미 그 친밀함을 떼어놓으면 반드시 백성을 멀리하게 만들어 꾀를 알아차리게 해서는 안 되고, 매달리고 받아들이도록 합니다. 이쪽의 뜻을 짐작하지 못한 다음에야 성공할 수가 있는 것입니다.

적진 백성에게 은혜를 베풀 때 재물을 아끼지 말아야 하고 백성은 소나 말과 같아서 자주 먹을 것을 주고 따라서 아껴주어야 합니다."

"마음으로 지혜를 열고 지혜로 재물을 열며, 재물로 백성의 마음을 열고 백성의 마음으로 충현을 열어서 충현의 계도가 있으면 세상에 왕도를 실천할 수 있는 것입니다."

5   논장論將

무왕이 태공에게 묻기를, "장수를 선별하는 방법은 어떻게 해야 됩니까?"

태공이 대답하기를, "장수에게는 오재(五材)와 십과(十過)가 있습니다."

무왕이 묻기를, "감히 그 조목을 묻겠습니다."

태공이 대답하기를, "오재라 함은 용(勇)·지(智)·인(仁)·신(信)·충(忠)입니다. 용감하면 범하지 못하고, 지혜로우면 어지럽힐 수 없으며, 어질면 사람을 사랑하고, 믿음이 있으면 속이지 않으며, 충성스러우면 두 가지 마음이 없습니다."

"십과라고 하는 것은 용감해서 죽음을 가볍게 여기고, 급해서 서두르며 탐내어 이(利)를 좋아하고 어질어서 사람을 해치지 못하며, 지략이 있으나 마음에 겁이 있고, 신의가 있어서 남을 잘 믿으며, 청렴결백하나 사람을 사랑하지 않고, 지혜가 있으나 마음이 느슨하며 강하고 용감하나 자기 고집만 내세우고, 나약해서 남에게 의지하기 좋아하는 것을 말합니다."

"용감해서 죽음을 가볍게 여기는 사람은 해롭게 만들고, 마음이 급해서 서두르는 사람은 오래 끌어야 하며, 탐내어 이(利)를 좋아하는 사람은 뇌물을 주어야 하고, 어질어 사람을 해치지 못하는 사람은 수고롭게 만들며, 지략이 있으나 마음에 겁이 있는 사람은 군색하게 만들고,

신의가 있으나 사람을 잘 믿는 사람은 속임수를 써야 하며, 청렴결백하나 사람을 사랑하지 않는 사람은 모욕을 주고, 지혜로우나 마음이 태만한 사람은 범해야 하며, 강하고 용감하여 자기 고집만 내세우는 사람은 일을 시켜야 하고, 나약해서 남에게 의지하기 좋아하는 사람은 일을 숨겨야 합니다."

"그러므로 전쟁은 나라의 큰일이요, 존망의 길입니다. 국운이 장수에게 달려 있어서, 장수는 나라의 보좌역으로 옛 왕들이 중히 여기는 직책이었습니다.

때문에 장수를 쓰는 일은 살피지 않으면 안 되는 것입니다.

그러므로 말하기를, 전쟁은 양쪽이 다 이길 수 없으며 또한 다 패할 수도 없으므로 군대가 출동해서 국경을 넘어 10일 전에 적국을 멸망시키지 못하면 반드시 군대가 격파되고 장수가 죽는다 라고 했습니다."(보병원정을 말함)

무왕이 말하기를, "좋은 말씀입니다."

6　선장選將

무왕이 태공에게 묻기를, "왕이 군사를 일으키려면 먼저 영웅을 가려내어 훈련시킨다고 하는데 장군의 높고 낮은 수준을 알려면 어떻게 해야 됩니까?"

태공이 대답하기를, "대체로 장군의 외모가 속뜻과 상응하지 않는

것이 열다섯 가지가 있는데,

어질면서 불초한 사람이 있고, 온순하고 선량하면서 도둑질하는 사람이 있으며, 외모는 공경하면서 마음은 교만한 사람이 있고, 겉으로는 청렴하고 삼가면서 마음속으로는 공경하지 않는 사람이 있으며, 자세하면서 실속없는 사람이 있고, 담담하면서 성의가 없는 사람이 있으며, 계책을 좋아하면서 결단력이 없는 사람이 있고, 과감한 것 같으면서 무능한 사람이 있습니다."

"어리석은 듯하지만 믿지 못할 사람이 있고, 흐릿하고 멍하지만 도리어 충실한 사람이 있으며, 큰소리치고 과격하면서 성과를 올리는 사람이 있고, 겉으로 용감하면서 마음속으로 겁내는 사람이 있으며, 엄숙하면서 도리어 편안한 보통사람이 있고, 엄격하면서 도리어 침착하고 성실한 사람이 있습니다.

기세가 허약한 듯하고 모습이 보잘것없으면서 밖에 나가서는 미치지 않는 곳이 없거나 이루지 못하는 것이 없는 사람이 있어서 세상이 다 천하게 여기지만 성인은 귀하게 여길 사람도 있습니다.

보통 사람은 이것을 알지 못하고 대단히 현명한 사람이 아니면 그 실제를 볼 수 없으니 이것은 장군의 외모가 속뜻과 상응하지 않는 사례입니다."

무왕이 말하기를, "어떻게 알 수 있습니까?"

태공이 대답하기를, "그것을 아는 데는 여덟 가지 경험이 있습니다. 첫째, 질문하여 자상함을 관찰하고, 둘째, 말을 궁지로 몰아 변통을 관찰하고, 셋째 간첩을 붙여 성의를 관찰하고, 넷째, 명백한 것을 질문하여 덕성을 관찰하고

다섯째, 재물로써 청렴을 관찰하고, 여섯째, 여색으로 시험해서 정절을 관찰하고, 일곱째, 곤란한 일로 말해서 용기를 관찰하고, 여덟째, 술로 취하게 해서 태도를 관찰하는 등이니 여덟 가지 기준으로 모두 비교해보았다면 어질거나 불초함이 구별될 것입니다."

제1편 상략上略(說禮賞 別奸雄 著成敗)

상략은 예와 상벌을 설명하고 간신과 영웅을 구별하며 성공과 실패의 예를 나타냈다.

대체로 장군을 주관하는 방법은 영웅의 마음을 사로잡기에 힘써야 하고 공이 있는 사람에게는 상을 내리고 녹봉을 주며, 군사들에게는 그 뜻이 통하게 해야 한다. 그러므로 군사들과 좋아하는 마음을 함께하면 이루지 못할 일이 없고, 군사들과 미워하는 마음을 함께하면 기울지 않을 마음이 없으므로

나라가 다스려지고 가문이 편안한 것은 사람의 마음을 얻었기 때문이고, 나라가 망하고 가문이 몰락하는 것은 사람의 마음을 잃었기 때문이다. 기질을 갖고 있는 사람은 모두 그 뜻 이루기를 바라고 있다. 성인은 하늘의 도를 살피고, 현인은 땅의 도를 본받으며, 지혜로운 사람은 옛일을 본보기로 삼는다. 그러므로 삼략은 쇠퇴할 때를 위하여 지어졌으니

'상략'은 예와 상벌을 말하고 간웅을 분별하며, 성공과 실패의 예를 나타냈고, '중략'은 덕행을 선택하며 권도와 임기응변을 알게 하였고, '하략'은 도덕을 설명하며 국가의 안위를 살피고, 어진 사람 해쳤을 때의 과오를 밝혔다.

그러므로 제왕이 '상략'을 깊이 알면 어진 사람을 임용하여 적을 사로잡을 수 있고, '중략'을 깊이 알면 장수를 등용하고 군대를 거느릴 수 있고, '하략'을 깊이 알면 성쇠의 근원을 알며 나라 다스리는 기강을 알 것이다.

군참에 말하기를, "유(柔)는 강(剛)을 제압하며, 약(弱)은 강(強)을

제압한다."고 하였으니 유는 덕(德)스러움이고 강(剛)은 해침(賊)이 며, 약은 모든 사람이 돕게 되고, 강(強)은 모든 사람이 공격하게 되는 것이다.

유(柔)도 쓰일 경우가 있고, 강(剛)도 베풀 곳이 있으며, 약(弱)도 쓰일 경우가 있고, 강(強)도 가해질 곳이 있으니, 이 네 가지를 겸하여 시의적절하게 통제하여야 한다.

일의 끝이 아직 나타나지 않았을 때는 사람들이 알지 못한다. 천지는 신명하여 사물과 함께 변화하며 변동은 일정하지 않아서 적의 전환에 따라 변화하므로 일이 앞서지 않게 하고 통제하에 따르게 해야 한다.

그러므로 끝없는 통제로 도모할 수 있고 하늘의 위업을 도와 성취시키며, 팔극을 바로잡고, 변방의 오랑캐를 막아 평정할 수 있으니 이와 같은 계책을 가진 사람은 제왕의 스승이 될 수 있다.

그러므로 "강함을 탐내지 않는 사람이 없지만 미묘한 도를 지키는 사람은 드물다."고 하였으니 미묘한 도를 지킬 수 있다면 곧 생명을 보전할 수 있으므로, 성인은 마음에 간직하고 일에 대응하여 나간다. 이 도를 펼친다면 모든 나라에 퍼지고, 거둘 때에는 술잔에도 차지 않는다. 미묘한 도를 머물게 하는 데에는 집이 필요 없으며, 지키는 데는 성곽도 필요 없고, 가슴속에 간직하면 적국이 복종하게 된다. 군참에 말하기를, "부드러우면서 강하면 그 나라는 더욱 빛날 것이고, 약한 듯하면서도 강하면 그 나라는 반드시 드러날 것이며, 순전히 부드럽고 순전히 약하면 그 나라는 반드시 영토가 깎일 것이고, 순전히 견고하고 순전히 강하면 그 나라는 반드시 망할 것이다."라고 하였다.

대체로 나라를 다스리는 일은 어진 사람과 백성을 믿는 것인데, 어진 사람 믿는 것이 자기 심복과 같으며, 백성을 부리는 것이 자기 사지와 같다면 묘안을 빠뜨릴 일이 없다. 이럴 때는 가는 곳마다 손발이 서로 맞으며, 뼈와 마디가 서로 돕는 것과 같아서 이것은 천도의 자연으로서 그 정교함에 빈틈이 없는 것이다.

군대와 국가를 다스리는 중요함은 백성의 심리를 살펴 온갖 정무를 시행하는 것이다. 위태로운 사람은 편안하게 하고, 미안해하는 사람은 기쁘게 하며, 배반한 사람은 돌아오게 하고, 억울한 사람은 놓아주며,

호소하는 사람은 사정을 살펴주고, 비천한 사람은 높여주며, 강한 사람은 통제하고, 대항하는 사람은 쇠약하게 하며

탐욕하는 사람은 넉넉하게 해주고, 하고자 하는 사람은 뜻을 펴게 하며, 두려워하는 사람은 의지하게 해주고, 계책이 있는 사람은 가까이 하며,

참소하는 사람은 전복시키고, 헐뜯는 사람은 돌아오게 하며, 반역하는 사람은 폐출하고, 횡포한 사람은 꺾으며, 세력이 넘치는 사람은 덜어지게 하고, 돌아오려는 사람은 부르며, 복종하는 사람은 살게 해주고, 항복하는 사람은 용서해 주어야 한다.

견고한 땅을 얻으면 지키고, 막힌 지형을 얻으면 막으며, 험난한 곳을 얻으면 주둔하고, 성을 얻으면 할당하며 땅을 얻으면 분할하고, 재물을 얻으면 나누어준다.

적이 움직이면 엿보고 적이 가까이에 있으면 대비하며, 적이 강하면 낮추고, 적이 숨으면 물러서며, 적이 침범하면 대기하고 적이 횡포하면 편안케 하며 적이 거역하면 정의로 하고 적이 화목하면 끌어들인다.

순조롭게 일어나면 꺾고 세력을 과시하면 깨뜨리며, 말을 퍼뜨려 그르치게 하고 사방에 그물을 쳐 걸려들게 하며 얻었으나 소유하지 말고, 점령했으나 지키지 말며, 빼앗았으나 오래 머무르지 말고 새로운 지도자를 세워 놓고서 탈취하지 말아야 한다.

다스리는 것은 자기요, 소유하는 것은 관리들이니 이(利)가 있는 것

을 어떻게 알겠는가. 저들 장수는 제후가 되고 나는 천자가 되어, 그 성곽은 저절로 보전되고, 그 땅은 저절로 갖게 된다.

세상에는 선조를 선조로서 공경할 줄은 알지만 아랫사람을 아랫사람으로 사랑하는 사람은 적으니 선조를 선조로 공경하는 사람은 친족다움이요 아랫사람을 아랫사람으로 사랑하는 사람은 군주다운 사람이다.

아랫사람을 아랫사람으로 아끼려는 사람은 농사와 양잠을 권장하여 시기를 잃지 않게 하고, 세금을 가볍게 하여 재물을 궁핍하게 하지 않으며, 부역을 적게 하여 괴롭히지 않아야 하니, 나라가 부강하고 가문이 화락한 다음에 관리를 선정해서 맡아 다스리게 한다.

대체로 책사란 영웅이다. 그러므로 "영웅을 모아들이면 적국이 궁핍해진다."고 하였다. 영웅은 나라의 근간이요, 서민은 나라의 근본으로서, 근간을 얻고 근본을 거두어들인다면 정치가 널리 시행되어 원망이 없을 것이다.

대체로 용병술의 중요함은 예로 높여주고, 녹봉을 많이 주는 데 있어서 예의로 높여 주면 지혜로운 용사가 오고, 녹봉이 많으면 의리 있는 선비가 죽음을 두려워하지 않는다.

그러므로 어진 사람에게 녹봉을 줄 때 재물을 아끼지 말고, 공로 있는 사람에게 상을 줄 때 때를 넘기지 않는다면 아래에 있는 사람들까지도 협력하므로 적국은 쇠약하게 된다.

대체로 사람을 쓰는 방법은 벼슬로 높이고 재물로 넉넉하게 해주면 선비가 스스로 올 것이며, 예의로 대우하고 의리로 격려한다면 용사는 목숨을 바칠 것이다.

대체로 장수된 사람은 반드시 병사들과 맛있는 음식을 함께 먹고, 편안함과 위태로움을 함께 해야만 적을 공격할 수 있는 것이다. 때문에 아군은 전승을 거두고 적은 패인만 있게 된다.

옛날 훌륭한 장수가 적과 전쟁을 하고 있는데, 한 통의 막걸리를 바치는 사람이 있어서 장수는 그것을 강물에 던지게 하고 병사들과 함께 그 흐르는 물을 마셨다고 하니 대체로 한 통의 막걸리로 강물을 술맛으로 맛볼 수는 없지만, 삼군의 병사들이 목숨을 바치겠다고 생각하게 된 것은 장군과 함께 술을 맛본다는 것이 자기 가슴속까지 미쳤기 때문이다.

군참에 말하기를, "군중의 우물을 파는 데 아직 물줄기에 도달하지 않았으면 장수는 목마름을 말하지 않고, 군대의 막사가 아직 세워지지 않았으면 장수는 피로함을 말하지 않으며 군대의 부뚜막에 아직 불을 때지 않았으면 장수는 배고픔을 말하지 않고 겨울에도 털옷을 입지 않으며,

여름에도 부채를 잡지 않고, 비가 와도 우산을 쓰지 않는다. 이것을 장수의 모범사례라고 한다."고 하였다.

편안함을 함께 하고, 위태로움을 함께 해야 하니,

그러해야 그 군대가 합칠 수는 있어도 떨어지지 않으며, 힘을 써도 피로한 줄을 모르니, 그것은 장수의 은공이 본래부터 쌓이고, 도모하려는 마음이 본래부터 합치되었기 때문이다. 그러므로 "은공 쌓기를 게을리하지 않는다면 한 가지로 만 개를 얻을 수 있다."고 하였다.

군참에 말하기를, "장수가 위엄스러운 까닭은 호령에 있고, 싸움에서 전승하는 원인은 군정에 있고, 병사가 전투를 가벼이 여기는 원인은 명령을 따르는 데 있다."고 하였다.

그러므로 장수는 명령을 환수하는 일이 없으며, 상벌에 반드시 확신이 있어 하늘과 땅 같아야만 곧 사람을 부릴 수 있고, 병사들이 명령을 따라주어야만 국경을 넘을 수 있는 것이다.

대체로 군대를 통솔하며 위세를 유지하는 것은 장수의 임무이고, 승리를 주관하고 적을 물리치는 것은 병사의 힘이다. 그러므로 혼란스러운 장수에게는 군대를 보유하게 할 수 없으며, 따르지 않는 병사에게는 적을 치게 할 수 없다.

성을 쳐도 빼앗지 못하며, 도읍을 도모해도 폐출할 수 없어서, 이 두 가지 공로가 없으면 병사의 힘이 피폐할 것이고, 병사의 힘이 피폐하면 장수는 고립되고 병사는 배반할 것이다. 수비한다 해도 곧 견고하지 못하고 싸우면 패주하게 되므로 이것을 노병이라고 말한다. 병사가 노쇠해지면 장수의 위엄이 행하여지지 않고, 장수가 위엄이 없으면 병사가 형벌을 가볍게 여기며 병사가 형벌을 가볍게 여기면 군대가 대오를 잃게 되고, 군대가 대오를 잃으면 병사가 도망하며, 병사가 도망하면 적이 승리 기세를 탈 것이고, 적이 승리 기세를 타면 군대는 반드시 패망하고 만다.

군참에 말하기를, "어진 장수는 군대를 통솔함에 있어 자기를 어질게 하고 나서 남을 다스리니 은혜를 베풀게 되면 병사들의 힘이 날로 새로워져서 싸우면 바람이 일어나는 것과 같고 공격하면 강물을 터놓은 것과 같다.

그러므로 그 군대를 적이 바라보기만 할 뿐 당할 수는 없고, 낮은 지역에 있다 해도 이길 수 없으므로 그것은 장수 자신이 앞장섰기 때문이다. 그러므로 그 군대는 천하의 영웅이 되는 것이다."라고 하였다.

군참에 말하기를, "군대는 상으로써 표면을 삼고, 벌로써 이면을 삼는다."고 하였다. 상벌이 명확하면 장수의 위엄이 행하여지고, 유능한 책임자를 얻으면 병사가 복종하고, 일을 맡은 사람이 어진 사람이라면 적국이 두려워할 것이다.

군참에 말하기를, "어진 사람이 가는 앞에는 적이 없다."고 하였다. 그러므로 책사는 낮추고 교만해서는 안 되며, 장수는 즐거워하지만 근심해서는 안 되고, 계책은 깊어야 하고 의심해서는 안 된다.

책사가 교만하면 병사들이 순종하지 않고, 장수가 근심하면 안팎이 서로 믿지 않으며, 계책이 의심스러우면 적국이 분발하게 되므로 이런 상태로 적을 공격하면 혼란만 생기게 된다.

대체로 장수는 나라의 운명으로, 장수가 승리를 거두게 되면 국가

는 안정을 얻게 된다. 군참에 말하기를, "장수는 청렴하고, 안정하며, 공평하고, 정돈할 줄 알아야 하며,

간청하는 말을 받아들이고, 하소연을 들으며, 인재를 맞아들이고, 충언을 채택하여야 하며, 적국의 풍습을 알고, 산천을 꿰뚫어 험난한 지형을 알아야 하며, 군권을 통제할 수 있어야 한다."고 하였다.

그러므로 어질고 현명한 사람의 지혜와 신성하고 총명한 사람의 사려와 나무꾼의 말이나 조정에 있는 사람의 말과 지나간 흥망성쇠에 관한 일은 장수가 마땅히 들었어야 하는 일들이다.

장수된 사람이 책사 구하기를 목마른 자가 물을 찾듯이 한다면 계책이 따를 것이다. 대체로 장수가 간청하는 것을 막는다면 영웅이 흩어지고, 계책을 따르지 않는다면 지모 있는 책사가 떠나며 선과 악이 동등하게 취급되면 공신들이 게으르게 되고,

오로지 자기 생각만 내세우면 아랫사람들이 허물을 윗사람에게 돌리게 되며 스스로 자랑하면 아랫사람의 공로가 적어지고, 참소를 믿으면 사람들의 마음이 떠나며 재물을 탐하면 간사한 사람을 제지할 수 없고, 자신의 일만 챙기면 병사가 방탕하게 된다.

장수에게 여덟 가지 과실 중에 하나가 있으면 군대가 복종하지 않고, 둘이 있으면 군대가 무질서해지고, 셋이 있으면 부하들이 도망치게 되고, 넷이 있으면 재앙이 나라에 미친다.

군참에 말하기를, "장수의 계략은 은밀함을 필요로 하고, 병사들은 하나가 되는 것을 필요로 하며, 적을 공격하는 것은 신속함을 필요로 한다."고 하였으니

장수의 계략이 은밀하면 간사한 마음이 끼지 못하고 병사들이 하나로 되면 삼군의 마음이 결속되며, 적을 공격하는 것이 신속하면 방비할 틈을 주지 않게 된다. 삼군에 이 세 가지가 갖추어지면 그 승리 계획을 빼앗기지 않을 것이다.

장수의 계략이 누설되면 군대의 위세가 없어지고, 밖에서 안을 엿

보게 되면 화를 제지할 수 없고, 재물이 진영으로 들어오면 간사한 무리가 모여드는데, 장수에게 이 세 가지가 있으면 그 군대는 반드시 패망한다.

장수에게 생각이 없으면 지모 있는 책사가 떠나가고, 장수에게 용기가 없으면 군사들이 적을 두려워하며, 장수가 함부로 행동하면 군대가 신중하지 못하고, 장수가 노여움을 옮기면 전군이 두려워한다. 군참에 말하기를, "군대에 재물이 없으면 용사는 오지 않고 군에 상이 없으면 용사는 전투에 나가지 않는다."고 하였다. "맛있는 먹이 밑에는 죽은 물고기가 있고 후한 상 밑에는 반드시 용사가 있다."고 하였다.

그러므로 예의로써 맞이하면 용사들이 찾아오고, 상을 내리면 용사들이 죽음을 무릅쓰므로 돌아오려는 용사를 예의로써 부르고 죽음을 무릅쓰는 용사를 상으로 표창하면 내가 찾는 사람이 이를 것이다. 그러므로 예의로 맞이한 뒤에 후회하는 사람에게는 용사가 머무르지 않고, 상 준 뒤에 후회하는 사람은 용사를 부릴 수 없으므로 예의와 상을 게을리하지 않는다면 용사가 다투어 죽음을 무릅쓸 것이다.

군참에 말하기를, "군대를 일으키려는 나라는 먼저 은혜 베풀기를 힘써야 하며, 공격하려는 나라는 먼저 백성을 기르기에 힘써야 한다. 소수로 다수를 이기는 것은 은혜를 베푼 덕이며, 약으로 강을 이기는 것은 백성의 도움이다."라고 하였다.

그러므로 어진 장수는 용사를 기르는 데 있어 자기 몸을 기르는 것과 바꾸지 않는다. 그리하여 삼군을 거느리기를 한마음같이 할 수 있어서 바로 그 승리가 온전할 수 있는 것이다.

군참에 말하기를, "용병술에 있어 중요함은 반드시 먼저 적의 정세를 자세히 살피는 것으로 그 창고를 보고 그 양식을 헤아리며, 그 강약을 점치고, 일기와 지형을 살피며, 그 틈을 엿본다."고 하였다. 그러므로 나라에 전쟁의 어려움이 없는데도 양식을 운반하는 것은 허약한 것이며, 백성에게 나물 기색이 있는 것은 곤궁한 것으로 천리길에 양식을 수송한다면 병사에게 주린 빛이 있을 것이고, 땔나무를 한 뒤에 밥을 한다면 군사는 오래도록 배불리 먹지 못할 것이다. 대체로 식량을 운반하는 곳이 천 리라면 1년 먹을 것이 없어지고, 2천 리라면 2년 먹을 것이 없어지며, 3천 리라면 3년 먹을 것이 없어지는데, 이것을 '나라가 공허해진다'고 하는 것이다.

나라가 공허하면 백성이 가난하고, 백성이 가난하면 상하가 서로 친밀해질 수 없으므로 적이 그 틈을 타서 밖에서 공격하고 백성이 안에서 도둑질을 하면, 이것을 '반드시 붕괴될 나라'라고 하는 것이다.

군참에 말하기를, "윗사람이 포학한 정치를 시행하면 아랫사람은 조급하며 각박해지고 백성에게 무거운 조세를 부과하고 자주 거두어들이며, 형벌이 끝이 없으면 백성들은 서로를 해치므로 이것을 망국의 시작이라고 한다."고 하였다.

"속으로는 탐욕스러우면서도 겉으로는 청렴결백한 체하며, 거짓으로 명예를 얻고 나라의 재물 착취하는 것을 보훈으로 생각하여 상하질서를 어지럽히며 몸을 가장해 정직한 듯한 낯빛으로 높은 벼슬을 차지하는 것을 도적의 시작이라고 한다."고 하였다.

군참에 말하기를, "모든 관리가 붕당을 이루어 각자가 친한 사람을 끌어들이고 간사하고 굽은 사람을 천거하며, 어진 사람을 누르거나 꺾고, 공(公)을 저버리고 사(私)를 내세우며, 동료끼리 서로 비방하면, 이것을 혼란의 근원이라고 한다."고 하였다.

군참에 말하기를, "강한 종족이 간악한 사람을 모아 지위도 없이 높이 있어 위엄이 떨치지 않는 곳이 없으며, 칡덩굴처럼 연결되어 있고, 공덕과 은혜를 내세워 지위와 권한을 빼앗고 아래 백성들을 업신여기며 나라 안이 시끄러워도 신하들은 은폐하고 말하지 않으니, 이것을 반란의 근본이라고 한다."고 하였다.

군참에 말하기를, "대대로 간악한 행동을 하고 고을 관리의 권한을 빼앗으며 나아가고 물러섬에 있어 자기의 편의점만 찾고 명백한 일도 글로 농간하여 군주를 위태롭게 하면 이것을 나라의 간신이라고 한다.”고 하였다.

군참에 말하기를, “관리는 많고 백성은 적으며, 존귀와 비천한 것이 서로 같고, 강자와 약자가 서로 노략질해도 제압하지 못해서 군자에게까지 파급된다면 나라가 그 재앙을 받게 된다.”고 하였다.

군참에 말하기를, “선행을 선으로 여기면서도 힘쓰지 않으며 악행을 악으로 여기면서도 물리치지 않아서 어진 사람이 가리워지고 불초한 사람이 높은 지위에 있다면, 나라는 그 피해를 입게 된다.”고 하였다.

군참에 말하기를, “지엽적인 무리들이 강대해져 두루 모여 세력권에 있으면서 비천한 사람이 존귀한 사람을 업신여겨 시일이 흐를수록 위세가 더욱 커지는데도 위에서 차마 폐출시키지 못한다면, 그 나라는 패망하게 될 것이다.”라고 하였다.

군참에 말하기를, “간신이 위에 있으면 전군이 모두 시비에 휘말려 위업을 빌려 스스로를 편들고 행동하는 것이 국민과 어긋나며, 나아감도 물러감도 없고 구차하게 위용만을 취하여 자기 마음대로 일을 처리하고 들고 놓을 때마다 공로를 자랑하며, 성덕 있는 군자를 비방하고, 거짓된 진술을 떳떳하다고 하며

선도 없고 악도 없이 모두 자기와 같게 하고, 해야 할 일을 지체하며, 명령을 아래로 전하지 않고, 가혹한 정치를 일삼으며, 옛 도를 고치고 일상적인 도를 바꾸려고 할 것이다. 군주가 이러한 간신을 쓰게 되면 반드시 재앙을 받는다.”고 하였다.

군참에 말하기를, “간사한 영웅들이 서로 칭찬하여 군주의 총명을 가리고 비방과 칭찬을 혼동하여 군주의 총명을 막으며, 각각 그 사적인 일로 아부하여 군주로 하여금 충성된 신하를 잃게 한다.

그러므로 군주가 다른 사람의 말을 살펴들어야 악의 싹을 볼 수 있고, 군주가 선비다운 현인을 초빙하여야 간사한 사람이 떠나게 되

고, 군주가 노련한 사람에게 일을 맡겨야 만사가 다스려지고, 군주가 은둔한 도인을 초빙하여야 책사의 참뜻을 얻을 것이고, 계책을 들음에 있어 나무꾼의 말까지도 들을 수 있어야 은공이 평가될 수 있을 것이고, 민심을 잃지 않아야 은덕이 넘쳐흐를 것이다." 라고 하였다.

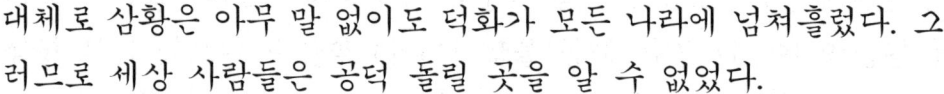

제2편 중략中略(差德行 審權變)

중략은 덕행을 구별하고 권도와 임기응변을 살피었다

대체로 삼황은 아무 말 없이도 덕화가 모든 나라에 넘쳐흘렀다. 그러므로 세상 사람들은 공덕 돌릴 곳을 알 수 없었다.

제왕은 하늘의 도를 살피고 땅의 법칙을 따라 왕명과 훈령이 있어 세상이 태평하였고

군신이 서로 공덕을 사양하여 모든 나라에 덕화가 널리 행하여졌으나 백성은 그와 같이 다스려지는 까닭을 알지 못했다. 그러므로 신하들이 예우와 상을 기다리지 않고도 공덕을 세우게 되어 아름답고 해로움이 없었다.

성왕은 백성을 다스리되 정도로 하여 그 마음을 낮추어 뜻으로 복종하게 하고, 법도를 마련하여 쇠퇴할 세상에 대비하며, 온나라 제후와 함께 의논하고, 제후의 직무를 폐지하지 않았다.

아무리 병력과 무기 준비는 했지만 전쟁의 근심은 없었으며 군주는 신하를 의심하지 않고 신하는 군주를 의심하지 않았으며, 나라가 안정되어 군주는 편안하고 신하들은 명예로운 도의로 물러갔으니, 과연 아름답고 해가 없었다.

패도는 장수를 통제함에 있어 권도로 하고, 장수를 결속시킴에 있어 신의로 하며, 장수를 부림에 있어 상으로 하였으니 신의가 쇠락하면 장수가 멀어지고, 상이 결여되면 장수가 명령을 따르지 않게 된다.

군세에 말하기를, "군대를 출동시키고 전쟁을 수행함에 있어 장수는 스스로 재량권을 행사해야 하는데, 군대의 진퇴가 조정 안의 통

제를 받는다면 전공을 세우기가 어렵다.”고 하였다.

군세에 말하기를, “장수는 지혜로운 사람도 부리고, 용맹스러운 사람도 부리며, 탐욕 있는 사람도 부리고, 우둔한 사람도 부린다. 지혜로운 사람은 공로 세우는 것을 즐거워하고, 용맹스러운 사람은 의지 실천하는 것을 좋아하며,

탐욕스러운 사람은 이익이 따라주기를 추구하고, 우둔한 사람은 그 죽음을 돌보지 않아서 지극한 성품에 따라 적당히 부려야 하니 이것을 군정의 미묘한 권도라고 한다.”고 하였다.

군세에 말하기를, “언변에 능통한 사람으로 하여금 적의 장점을 말하게 하지 말라고 하는 것은 병사들을 현혹시킬 우려가 있기 때문이고, 어진 사람으로 하여금 재물을 주관하게 하지 말라고 하는 것은 재물을 많이 베풀어 아랫사람을 따르게 하기 때문이다.”라고 하였다.

군세에 말하기를, “무당의 축원을 금지시켜 관리나 장수를 위해 군대의 길흉을 점치지 못하게 하라.”고 하였다.

군세에 말하기를, “의로운 선비는 재물로 부리려 하지 말라. 이유는 의로운 사람은 어질지 못한 사람을 위하여 죽지 않고, 지혜 있는 사람은 어두운 군주를 위하여 도모하지 않는다. 군주가 덕이 없으면 신하가 배반하고 위엄이 없으면 권력을 잃고 만다.

신하도 덕이 없으면 군주를 섬길 수 없고 위엄이 없으면 나라가 빈약해지고 만약 위엄이 많게 되면 자신을 쓰러뜨린다.”

그러므로 성왕이 세상을 다스릴 때에는 성쇠를 살피며 득실을 헤아려서 제도를 만들었다. 그러므로 제후는 2사(師)를 두고, 방백(方伯)은 3사를 두었고, 천자는 6사를 두었으니 세상이 어지러워지면 반역자가 생기고, 성왕의 은덕이 다하면 제후들이 동맹하여 서로 죽이며 공략한다고 하였다.

공덕이 같고 세력이 적수여서 서로 상대를 기울게 할 수 없으면 영웅의 마음을 사로잡아 군사들과 좋아함과 싫어함을 같이한 다음에

권도와 응변을 사용한다.

그러므로 계책이 아니면 혐의를 결단하고 의혹을 진정시킬 수 없으며, 기만술이 아니면 간신을 파멸하고 도적을 종식시킬 수 없고, 음모가 아니면 일을 성공시킬 수 없다.

대신이 '증략'을 깊이 알면 공덕을 온전히 하고 그 몸을 보존할 수 있다. 대체로 높이 나는 새가 죽으면 좋은 활은 감춰지고, 적국이 멸망하면 지략 있는 신하가 망하는데, 망한다는 것은 그 몸을 잃는 것이 아니라 위엄을 빼앗기며 권한이 폐쇄됨을 말한다.

이들을 조정에 봉하여 신하된 사람의 지위를 극진히 해주고 그 공적을 나타내며, 중앙에 해당하는 좋은 고을을 주어 그 가문을 넉넉하게 하며, 미인과 진귀한 보배로 그 마음을 기쁘게 해준다.

대체로 백성은 한 번 모이면 갑자기 해산시킬 수 없고, 권위는 한번 주면 갑자기 바꿔서는 안 된다. 병사를 돌려보내고 군대를 해체하는 일은 국가 존망의 단계이다. 그러므로 약하게 하기를 벼슬로 하고, 빼앗기를 나라로 하니, 이것을 패도의 책략이라고 한다.

그러므로 패도가 일어나는 것은 논박의 대상인 것이다.

사직을 보존하고 영웅을 망라함은 '증략'에 해당하는 권세이기 때문에 권세를 가진 군주는 이것을 비밀리에 운용한다.

제3편 하략下略(陳道德 察安危 明賊賢之咎)

하략은 도덕을 설명하고 안위를 살피며 현자를 해칠 때의 과오를 밝혔다

대체로 천하의 위태로움을 부축하는 사람은 곧 세상의 안전한 곳을 접거할 수 있고, 세상의 근심을 제거하는 사람은 곧 세상의 즐거움을 누릴 수 있으며, 천하의 재앙을 구원하는 사람은 곧 세상의 복을 얻을 수 있다.

그러므로 혜택이 백성에게까지 미치면 현인이 찾아오고 혜택이 곤충에게까지 미치면 성인이 돌아오니 현인이 찾아오면 나라가 강해지고 성인이 돌아오면 육합(六合: 天 地 東 西 南 北)이 하나가 된다. 어진 사람을 구함은 덕망으로 하고 성인을 부름은 천도로 한다. 어진 사람이 떠나가면 나라가 미약해지고 성인이 떠나가면 나라의 기강이 흔들리니 미약해짐은 나라가 위태롭게 되는 단계이며 흔들림은 나라가 망할 징조이다.

현인의 정치는 사람 복종시키는 것을 온몸으로 하고, 성인의 정치는 사람 복종시키는 것을 마음으로 하니 온몸으로 복종시킴은 시작을 도모할 수 있고, 마음으로 복종시킴은 끝을 보전할 수 있으므로 몸을 복종시키는 것은 예의로 하고 마음을 복종시키는 것은 예악으로 한다.

예악이란 종이나 경쇠나 거문고나 피리 등이 아니라 사람이 그 집안을 즐거워함을 말하고, 사람이 그 종족을 즐거워함을 말하며, 사람이 그 직업을 즐거워함을 말하고, 사람이 그 도읍을 즐거워함을 말하며,

사람이 그 정치와 명령을 즐거워함을 말하고, 사람이 그 도덕을 즐거워함을 말하니, 이와 같이 되면 군주는 곧 예악을 지어 절도있게 그 화락을 잃지 않게 해야 한다.

그러므로 덕이 있는 군주는 예악으로 사람을 즐겁게 하고, 덕이 없는 군주는 예악으로 자기 일신을 즐겁게 하니, 사람을 즐겁게 하는 사람은 장구(長久 시간적)하며 심장(深長 공간적)하고, 자기 일신을 즐겁게 하는 사람은 오래지 않아 망하게 된다.

가까운 것을 놔두고 먼 것을 도모하면 수고로우나 공적이 없고 먼 것을 놔두고 가까운 것을 도모하면 편안하면서도 좋은 결과가 있으니 편안한 정치에는 충신이 많고, 고달픈 정치에는 원망하는 백성이 많다.

그러므로 땅을 넓히는 일에 힘쓰는 사람은 영토가 황폐해지고, 은덕을 넓히는 일에 힘쓰는 사람은 나라가 부강해지며 자기 소유만을 소유하는 사람은 나라가 편안하고, 남의 소유를 탐내는 사람은 나라가 쇠잔해진다.

쇠잔하여 멸망에 이르는 정치가 여러 대에 걸쳐 근심을 받게 되어 규제를 지나치게 하면 아무리 이루어 놓았다 해도 반드시 실패한다. 나를 버려두고 남을 가르치려는 것은 역리이며, 나를 바르게 하고서 남을 교화하는 것은 순리이니 역리란 혼란의 초래이고 순리란 다스림의 요건이다.

도(道)·덕(德)·인(仁)·의(義)·예(禮)의 다섯 가지는 한결같은 본체로서 도는 사람이 밟는 길이고, 덕망은 사람이 얻어야 하는 일이고, 인의는 사람이 몸소 실천해야 하는 일이고, 도의는 사람의 마땅한 일이고, 예의는 사람 언행의 본체이니, 그중에서 하나라도 없어서는 안 되는 것이다.

그러므로 아침 일찍 일어나고 밤늦게 자는 것은 효례의 제도이고, 도적을 잡고 원수를 갚는 것은 정의의 결단이고, 측은한 마음은 인의에 발단이고, 내가 얻은 것을 남에게 얻게 함은 덕행의 길이고, 사람으로 하여금 고르고 평안하게 하여 그 거처를 잃지 않게 함은 도덕의 교화인 것이다.

군주에게서 나와 신하에게 내리는 것을 명이라 하고, 죽간이나 비단에 씌어진 것을 영이라 하며, 신하가 명령을 받들어 시행함을 정사라고 한다.

대체로 명령을 잃게 되면 영이 행하여지지 않고, 영이 행하여지지 않으면 정사가 서지 않으며 정사가 서지 않으면 도의가 통하지 않고, 도의가 통하지 않으면 간사한 신하가 우세하게 되며, 간사한 신하가 우세하게 되면 군주의 권위가 손상된다.

천 리 밖의 현인을 맞이하는 데는 그 길이 멀어 어렵고, 불초한 사람을 이르게 하는 데는 그 길이 가까워 쉽기 때문에 현명한 군주는 가까운 불초를 버리고 먼 현인을 취한다. 그러므로 공로를 온전히 하여 인재를 높여 주고 아랫사람이 힘을 다하게 한다.

한 사람의 선량을 폐하면 많은 선량이 쇠퇴하고, 한 사람의 악인을 상 주면 많은 악인이 돌아오니 선량한 사람이 그 복을 받고 악한 사람이 그 벌을 받는다면, 나라가 편안해지고 많은 선량이 이를 것이다.

많은 사람이 의심하면 나라가 안정되지 않고, 많은 사람이 현혹되면 백성이 다스려지지 않으니, 의심이 안정되고 현혹된 마음이 돌아와야 나라가 편안해진다.

한 가지의 영이 도리에 어긋나면 백 가지의 영이 도리를 잃고 한 가지의 악행이 베풀어지면 백 가지 악행이 연결된다. 그러므로 온순한 백성에게 선정이 베풀어지고, 흉악한 백성에게 극형이 가해지면 영이 시행되고 원망이 없을 것이다.

원망하는 사람으로 하여금 원망하고 있는 사람을 다스리게 하는 것을 역천이라 하고 원수로 여기는 관리로 하여금 원수로 여기는 백성을 다스리게 하면 그 화를 구원할 수 없다.

백성을 다스려서 평안하게 하고 평안을 이루어 청렴하게 한다면 백성이 그 거처를 얻게 되고, 세상이 평안하게 될 것이다.

위를 범하는 사람이 높은 자리에 있고, 탐욕스럽고 비루한 사람이 많다면, 아무리 성덕 높은 왕이라 해도 나라를 평안하게 다스릴 수 없다. 도리를 해치는 사람이 처벌을 받고, 탐욕스럽고 비루한 사람이 구애 받게 되면 교화가 널리 행하여지고 여러 악행이 사라질 것이다.

청렴결백한 선비는 지위나 녹봉으로 얻을 수 없고, 절개와 의리 있는 선비는 형벌과 위세로 위협할 수 없다. 그러므로 현명한 군주가 어진 사람을 구하려면 반드시 그러한 인품을 살펴서 불러들여야 한다.

청렴결백한 선비를 이르게 하려면 예의를 닦아야 하고, 절개와 의리 있는 선비를 이르게 하려면 도의를 닦아야 하니 그런 다음에 현인을 이르게 할 수 있고 통치 명분이 보전될 수 있는 것이다.

대체로 성인과 군자는 성쇠의 근원에 밝고, 성패의 단서에 통달하며, 치란의 기틀을 알고, 그 거취의 절도를 안다. 아무리 곤궁해도 망하려는 나라의 관직에 머물지 않고, 아무리 가난해도 어지러운 나라의 녹봉을 먹지 않는다.

이름을 숨기고 도를 체득한 사람이 때에 맞춰 움직이게 되면 조정의 신하가 지위를 다할 것이고 군주의 은덕이 자기와 합치된다면 뛰어난 공덕을 세우게 된다. 그러므로 그 공덕이 높아져 이름이 후세에까지 드날리게 된다.

성왕이 군대를 일으키는 일은 즐겨 하는 것이 아니라 폭군을 처벌하고 난신을 토벌하려는 것이다. 대체로 정의로써 불의를 토벌하는 것은 강물을 터서 횃불에 대며 측량할 수 없는 깊은 골짜기에 다가서서 떨어지려는 것을 밀치는 것과 같아서 그 승리는 필연적인 것이다.

고지식함으로 명리탐욕에 나아가지 않는 이유는 사람과 사물이 손상될까를 신중하게 생각하기 때문이다.

대체로 전쟁이란 상서롭지 못한 기량으로서 천도가 증오하는 것이지만 부득이해서 사용한다면 그것은 천도인 것이다.

대체로 사람이 길이 있는 것은 고기가 물에서 잠시도 떠나지 않는 것과 같아서 물을 얻으면 살고 물을 잃으면 죽는다. 그러므로 군자는 항상 두려워 삼가하며 도심을 잃지 않는다.

호걸이 직책을 맡으면 나라의 위엄이 약해지고, 살생의 권한이 호걸에게 있으면 나라의 위세가 없어진다.

호걸이 머리를 숙이면 나라가 오래 유지되고 살생의 권한이 군주에게 있으면 나라가 평안하고 선비와 장인과 농부와 상인의 재물이 취약하면 나라에 저축이 없게 되고 네 가지 직종 사람들의 재물이 풍족하면 나라가 평안하게 된다.

어진 신하가 안에 있으면 사악한 신하가 밖으로 나가고, 사악한 신하가 안에 있으면 어진 신하가 죽게 되며 안과 밖으로 마땅함을 잃게 되면 재앙과 혼란이 후대에까지 전해질 것이다.

대신이 군주를 의심하게 되면 간사한 무리가 모여들고, 신하가 군주의 존엄성에 해당하면 상하의 권위가 흐려지고, 군주가 신하 할 일을 감당하면 상하의 질서를 잃게 된다.

어진 사람을 해치는 사람은 그 재앙이 3대에 미치고, 어진 사람을 은폐하는 사람은 그 자신이 해를 입고, 어진 사람을 미워하는 사람은 그 이름이 온전하지 못하고, 어진 사람을 천거하는 사람은 복이 자손에게까지 미친다.

그러므로 군자는 어진 사람을 천거하는 일에 우선하기 때문에 아름다운 이름이 빛나게 된다.

하나를 이롭게 하려고 백 곳을 해롭게 하면 백성들이 성곽을 떠나가고, 하나를 이롭게 하려고 모든 곳을 해롭게 하면 백성들은 나라가 분산될 것을 염려하게 된다.

하나를 버려서 백 곳을 이롭게 하면 사람들이 그 은덕을 사모하게 되고, 하나를 버려서 모든 곳을 이롭게 하면 정치가 어지러워지지 않는다라고 하였다.

누구나 알기 쉬운 유학교양선집

초판 1쇄 인쇄 2014년 2월 24일
초판 1쇄 발행 2014년 2월 28일

지은이 김인규
펴낸이 김준영
펴낸곳 성균관대학교 출판부
출판부장 박광민
편 집 신철호 · 현상철 · 구남희
디자인 이민영
마케팅 박인봉 · 박정수
관 리 이경훈 · 김지현

등 록 1975년 5월 21일 제1975-9호
주 소 서울특별시 종로구 성균관로 25-2
대표전화 02)760-1252~4
팩시밀리 02)762-7452
홈페이지 press.skku.edu

ⓒ 2014, 김인규

ISBN 979-11-5550-045-3 13700